西北政法大学自编系列教材

# 动物保护法新编教程

DONGWU BAOHUFA XINBIAN JIAOCHENG

编　著〇陈娟丽　孙　江

中国政法大学出版社

2020·北京

**图书在版编目（CIP）数据**

动物保护法新编教程/陈娟丽，孙江编著. —北京：中国政法大学出版社，2020.8
ISBN 978-7-5620-9579-8

Ⅰ.①动… Ⅱ.①陈…②孙… Ⅲ.①野生动物－动物保护－自然资源保护法－中国－高等学校－教材　Ⅳ.①D922.681

中国版本图书馆CIP数据核字(2020)第142815号

出　版　者　　中国政法大学出版社

地　　　址　　北京市海淀区西土城路25号

邮　　　箱　　fadapress@163.com

网　　　址　　http://www.cuplpress.com（网络实名：中国政法大学出版社）

电　　　话　　010-58908435(第一编辑部)　58908334(邮购部)

承　　　印　　保定市中画美凯印刷有限公司

开　　　本　　787mm×1092mm　1/16

印　　　张　　17.5

字　　　数　　314千字

版　　　次　　2020年8月第1版

印　　　次　　2020年8月第1次印刷

印　　　数　　1~3000册

定　　　价　　49.00元

# 总　序

　　西北政法大学是一所法学特色鲜明，哲学、经济学、管理学、文学等学科相互支撑、协调发展的多科性大学。学校是西北地区法学教育研究中心和人文社会科学研究的重要基地，被誉为政法人才培养国家队的"五院四系"之一，是陕西省重点建设的高水平大学、一流学科建设高校，是全国政法大学"立格联盟"和西安高校"长安联盟"的成员单位。建校82年来，学校扎根祖国西部，形成了"政治坚定、实事求是、勇于创新、艰苦奋斗"的"老延大"优良传统，铸就了"严谨、求实、文明、公正"的校训，凝练了"法治信仰、中国立场、国际视野、平民情怀"的育人理念，培养了15万余名德才兼备、德法兼修的高素质专门人才。这些人才以"专业扎实、工作踏实、作风朴实、为人诚实"的特点深受用人单位和社会各界好评。

　　教材体系建设是育人育才的关键，高水平教材是培养德才兼备、德法兼修高素质专门人才的重要依托。习近平总书记提出："要抓好教材体系建设，形成适应中国特色社会主义发展要求、立足国际学术前沿、门类齐全的哲学社会科学教材体系。"西北政法大学历来高度重视教材建设，在积极推进"马工程"重点教材统一使用的基础上，鼓励和支持专业学术造诣高、教学经验丰富的教师参与教材编写，加强教材研究，创新教材呈现方式和话语体系，大力推进习近平新时代中国特色社会主义思想进教材、进课堂、进头脑。学校自2017年启动新一轮自编系列教材建设，重点编写系列特色教材、实践（实验、技能）类教材、双语教材，力求做到重点难点突出、理论实践结合、深度广度兼容、原理前沿兼顾，确保教材的科学性、前沿性，增强教材的针对性和实效性。

　　系列教材凝结着全体编写人员和出版社编辑的辛勤付出，欢迎选用，同时期望广大师生和实务界同行提出宝贵建议和意见。我们将及时根据使用和评价情况，丰富内容，优化结构，持续打造西北政法大学高水平特色系列教材，为哲学社会科学教材体系建设做出贡献。

西北政法大学

2019 年 8 月

# 部分法律文件全简称对照表

| 本书名称（简称） | 规范性法律文件全称 |
|---|---|
| 《宪法》 | 《中华人民共和国宪法》 |
| 《刑法》 | 《中华人民共和国刑法》 |
| 《环境保护法》 | 《中华人民共和国环境保护法》 |
| 《野生动物保护法》 | 《中华人民共和国野生动物保护法》 |
| 《海洋环境保护法》 | 《中华人民共和国海洋环境保护法》 |
| 《森林法》 | 《中华人民共和国森林法》 |
| 《草原法》 | 《中华人民共和国草原法》 |
| 《畜牧法》 | 《中华人民共和国畜牧法》 |
| 《传染病防治法》 | 《中华人民共和国传染病防治法》 |
| 《渔业法》 | 《中华人民共和国渔业法》 |
| 《国境卫生检疫法》 | 《中华人民共和国国境卫生检疫法》 |
| 《动物防疫法》 | 《中华人民共和国动物防疫法》 |
| 《进出境动植物检疫法》 | 《中华人民共和国进出境动植物检疫法》 |
| 《野生药材资源保护管理条例》 | 《中华人民共和国野生药材资源保护管理条例》 |
| 《实验动物管理条例》 | 《中华人民共和国实验动物管理条例》 |
| 《兽药管理条例》 | 《中华人民共和国兽药管理条例》 |
| 《进出境动植物检疫法实施条例》 | 《中华人民共和国进出境动植物检疫法实施条例》 |
| 《陆生野生动物保护实施条例》 | 《中华人民共和国陆生野生动物保护实施条例》 |

续表

| 本书名称（简称） | 规范性法律文件全称 |
|---|---|
| 《水生野生动物保护实施条例》 | 《中华人民共和国水生野生动物保护实施条例》 |
| 《自然保护区条例》 | 《中华人民共和国自然保护区条例》 |
| 《水产资源繁殖保护条例》 | 《中华人民共和国水产资源繁殖保护条例》 |
| 《濒危野生动植物进出口管理条例》 | 《中华人民共和国濒危野生动植物进出口管理条例》 |

# 部分国际公约等中英文对照表

| 中文译称 | 英文原称 | 发布时间/在中国生效时间 |
|---|---|---|
| 《国际捕鲸管制公约》 | International Convention for the Regulation of Whaling | 1946 年/1980 年 |
| 《南极条约》 | The Antarctic Treaty | 1959 年/1983 年 |
| 《濒危野生动植物种国际贸易公约》 | Convention on International Trade in Endangered Species of Wild Fauna and Flora | 1973 年/1981 年 |
| 《保护世界文化和自然遗产公约》 | Convention Concerning the Protection of the World Cultural and Natural Heritage | 1972 年/ 1986 年 |
| 《亚洲——太平洋水产养殖中心网协议》 | Asia Pacific Aquaculture Center Network Agreement | 1988 年/1990 年 |
| 《关于特别是作为水禽栖息地的国际重要湿地公约》 | Convention on Wetlands of International Importance Especially as Waterfowl Habitat | 1971 年/1992 年 |
| 《生物多样性公约》 | The Convention on Biological Diversity | 1992 年/1993 年 |
| 《卡塔赫纳生物安全议定书》 | Cartagena Protocol on Biosafety | 2000 年/2000 年 |

续表

| 中文译称 | 英文原称 | 发布时间/在中国生效时间 |
|---|---|---|
| 《中华人民共和国政府和日本国政府环境保护合作协定》 | Agreement on Environmental Protection Cooperation between the Government of the People's Republic of China and the Government of Japan | 1994 年/1994 年 |
| 《联合国海洋法公约》 | United Nations Convention on the Law of the Sea | 1982 年/1996 年 |
| 《养护大西洋金枪鱼国际公约》 | International Convention for the Conservation of Atlantic Tunas | 1966 年/1996 年 |
| 《中白令海峡鳕资源养护与管理公约》 | Convention on the Conservation and Management of Pollock Resources ——Central Bering Sea | 1994 年/1995 年 |
| 《执行 1982 年 12 月 10 日联合国海洋公约》有关养护和管理跨界鱼类种群和高度洄游鱼类种群的规定的协定 | Agreement for the Implementation of the Prorisions of the Vnited Nations covention on the Law of the Sea of 10 December 1982 Relating to the Conservation and Management of Stradding Fish Stocks and Highly Migratorg Fish Stocks | 1995 年/1996 年 |
| 《中华人民共和国政府和大韩民国政府渔业协定》 | Fisheries Agreement between the Government of the People's Republic of China and the Government of the Republic of Korea | 2000 年/2000 年 |
| 《中华人民共和国政府和越南社会主义共和国政府北部湾渔业合作协定》 | Beibu Gulf Fisheries Cooperation Agreement between the Government of the People's Republic of China and the Government of the Socialist Republic of Vietnam | 2000 年/2000 年 |
| 《南极海洋生物资源养护公约》 | The Convention For The Conservation of Antarctic Marine Living Resources | 1980 年/2006 年 |

# 部分外国组织中英文对照表

| 中文译称 | 英文原称 |
| --- | --- |
| 美国防止虐待动物协会 | American Society for the Prevention of Cruelty to Animals |
| 美国麻州防止虐待动物协会 | American Massachusetts Society for the Prevention of Cruelty to Animals |
| 英国维多利亚街保护动物免于解剖协会 | Victoria Street Society for the Protection of animals from Vivisection |
| 美国反动物解剖协会 | American Anti-Vivisection Society |
| 美国人道教育协会 | American Humane Education Society |
| 美国新英格兰反动物解剖协会 | American New England Anti-Vivisection Society |
| 美国动物福利大学联盟 | The Universities Federation for Animal Welfare |
| 美国国家医学实验协会 | National Society for Medical Research |
| 美国动物福利组织 | Animal Welfare Institute |
| 美国实验动物资源组织 | Institute for Animal Laboratory Resources |
| 美国动物保护立法联盟 | Society for Animal Protective Legislation |
| 美国反动物实验协会 | American Anti-Vivisection Society |
| 美国人道协会 | The Humane Society of the United States |
| 美国人道对待动物协会 | People for the Ethical Treatment of Animals |
| 美国野生救援组织 | Wild Aid |
| 英国皇家防止虐待动物协会 | Royal Society for the Prevention of Cruelty to Animals |

| 中文译称 | 英文原称 |
|---|---|
| 英国全国反解剖协会 | National Anti-Vivisection Society |
| 英国废除解剖联盟 | British Union for the Abolition of Vivisection |
| 英国动物保卫及反动物实验协会 | Animal Defense and Anti-Vivisection Society |
| 英国动物之友 | Friends´ of Animals |
| 英国"要美丽不要残酷协会" | Beauty without Cruelty |
| 英国"动物基金会" | Fund for Animals |
| 英国"农场动物福利咨询委员会" | Farm Animal Welfare Advisory Committee |
| 澳大利亚动物保护组织 | Animal Protection Institute |
| 国际动物福利基金会 | International Fund for Animal Welfare |
| 绿色和平组织 | Greenpeace |
| 国际灵长类动物保护联盟 | International Primate Protection League |
| 国家反动物解剖协会 | National Antivivisection Society |
| 天主教动物福利协会 | Catholic Society for Animal Welfare |
| 国际动物权协会 | International Association for Animal Rights |
| 世界动物保护协会 | World Society for the Protection of Animals |
| 世界自然基金会 | World Wildlife Fund |
| 亚洲动物基金 | Animals Asia Foundation |
| 国际爱护动物基金会 | International Fund for Animal Welfare |
| 国际野生生物保护学会 | The Wildlife Conservation Society |
| 国际素食协会 | International Vegetarian Union |
| 生而自由基金会 | Born Free Foundation |
| 国际自然和自然资源保护联盟 | International Union for Conservation of Nature and Nature Resources |
| 国际野生动物关怀组织 | Care for the Wild International |

# 目 录

# 第一章

# 动物概述

## 第一节　动物的概念和分类

不同学科对动物的概念界定是不同的。动物的分类是各学科界定动物概念的重要依据。特别在法学上，由于文化传统、社会发展路径以及理论基础等方面的不同，各个国家和地区在动物保护法中所指称的动物内涵亦存在着一定的差异。

### 一、动物的词源解释

人类对动物概念的认知经历了一个漫长的发展过程。动物学之父亚里士多德在他著名的《动物志》一书中，系统地描述了五百多种动物，但是并没有给出一个精确的定义，而是重在考察动物之间的差异及偶然性，此后才是考虑进而解释这些事物的原因。[1] 随着社会的发展，生产力的不断进步，以及探索领域的扩大，人类对"动物"一词的理解越来越准确。20世纪以来，各个学科相互渗透，"动物"的概念也更具客观性、科学性，但各种辞书的解释却不尽相同。

《辞源》中记载：动物"生物的一大类，区别于植物，固礼地官大司徒：'辩五地之物生：一曰山林，其动物宜毛物，其植物宜早（草）物。'文选张平子（衡）西京赋：'缭垣系，四百余里，植物斯生，动物斯止。'"[2] 《辞海》

---

〔1〕 （古希腊）亚里士多德：《亚里士多德全集》（第四卷·动物志），中国人民大学出版社1996年版，第394页。

〔2〕 广东、广西、湖南、河南辞源修订组，商务印书馆编辑部编：《辞源》（修订本1~4，第1册），商务印书馆1998年版，第379页。

对动物的定义是："生物的一大类，与植物和微生物共同组成生物界。包括原生动物、腔肠动物、扁形动物、线形动物、环节动物、软体动物、节肢动物、棘皮动物和脊索动物等，已知约有一百余万种，遍布于自然界。动物一般不能将无机物合成为有机物，只能以植物、动物和微生物为营养，因此动物具有与植物不同的形态结构和生理功能，并以此来进行摄食、消化、吸收、呼吸、循环、排泄、感觉、运动和繁殖等一系列生命活动。动物与人类关系密切。家养动物、鱼类和毛皮兽是人类重要的食物来源和工业及医药原料；许多昆虫和啮齿类动物危害农业和林业；许多低等动物是其他某些动物的寄生虫；有些动物能传播人和动物的疾病，以及植物病害的病源，危害人、畜和农作物。"[1]

《中国百科大辞典》第一卷第426页关于"动物"的条目记载："根据 L. 马吉利斯提出的五界分类，现有生物可分为原核和真核生物两大类。前者即原核生物界……后者可再分为原初生物界、真菌界、植物界和动物界……真菌、植物和动物都是多细胞生物，它们的一个主要区别是它们的营养方式。植物为自养，……真菌和动物都是异养生物……但真菌是寄生或腐生、分泌消化液于对象，将其分解后再吸收，而动物直接将其摄食入体内再消化利用……而且能否运动也不作为动物的分类特征……"[2]

《不列颠百科全书》对动物的解释为："动物：动物界的多细胞生物，据认为系独立地从单细胞的真核生物进化而来。动物和植物间最明显的不同在于动物细胞或无细胞壁，或其细胞壁由含氮物质构成，而植物的细胞壁是由碳水化合物之一纤维素构成。一般地说，动物与植物、真菌的区别在于能够自由进行空间移动。"[3]

《大美百科全书》中的解释为："许多生物可明显的看出是属动物还是植物，有些则不然，因此需有一套特定的标准作为分辨的依据。若暂时撇开原生动物（Protozoon）不谈，动物需具有以下特征：①多细胞的个体组织；②在生命周期中至少有一个阶段能移动；③须以现存食物摄取养分（他营性）；④能产生两种不同的生殖细胞（配子），如精子和卵子；⑤在发育过程中通常会形成胚胎。"[4]

---

〔1〕 辞海编辑委员会编：《辞海》，上海辞书出版社1988年版，第467页。

〔2〕 《中国百科大词典》编委会编：《中国百科大词典》，华夏出版社1990年版，第426页。

〔3〕 美国不列颠百科全书公司编著、中国大百科全书出版社《不列颠百科全书》编辑部编译：《不列颠百科全书国际中文版》，中国大百科全书出版社1999年版，第346页。

〔4〕 《大美百科全书》编辑部编：《大美百科全书》，外文出版社1994年版，第512页。

从以上之列举，可以看出，各辞书对"动物"定义在承认其生物属性的同时，采取了不同的方法和标准。有的用了运动性标准，有的是在细胞学的基础上以营养方式划分。

## 二、动物在各学科中的概念

### （一）动物的生物学定义

目前，世界上已鉴定的生物约有 200 万种，已知的动物约 150 万种，长期以来，生物学家在生物分界上做了大量研究工作，生物分界也有一个不断深入的历史过程，现今已形成包括病毒在内的六界学说。动物界（Alimalia）的定义是：多细胞真核生物，无细胞壁和叶绿体，不进行光合作用，借吞噬作用来摄食，具有神经系统，能对刺激产生反应，如昆虫、鱼、鸟、兽等。[1]

从上述动物的词源考察，我们也可以看出，对动物一般定义为：具有自我运动、感觉并具有消化食物能力的生物。因此，人也属于广义范围内的动物。有研究表明：人和很多哺乳动物的基因都有 90% 以上的同源性，就是说 90% 以上都是相同的。例如，人与类人猿之间的同源性在 99% 以上。因此，单从生物学意义上讲，人与动物并无根本不同，人与动物只不过都是在漫长的物种进化中产生的不同物种而已。

### （二）动物的法律概念

在法律上，涉及的动物一般是指除人以外的动物，这很明显是在将人与其他动物对照的基础上对动物作出的一个范围上的限定。因此，动物保护法对于动物应该是一种界定而不是定义，是通过对动物的范围的界定来明确该法所确立的保护及福利施予对象，而不是对于动物这一概念进行一种学理上的定义与解释。在动物保护视角下，"动物"一般仅指除人以外的脊椎动物。[2] 考察国内外关于动物的立法，不同的法律针对不同的调整对象，对"动物"的界定和范围的规范亦有差异。其中，英美普通法系国家的动物法律法规，对其具体法律适用的动物往往有比较详细具体的罗列，在 1981 年英国的《动物园执照颁发法》中，对动物的定义为："属于兽纲 Mammalia、两栖纲 Amphibia、鸟纲 Aves、爬行纲 Reptilia，鱼纲 Pisces 和昆虫纲 Insedta 以及其他的并非植物和真菌的多细

---

〔1〕 姜云垒、冯江主编：《动物学》，高等教育出版社 2006 年版，第 2 页。
〔2〕 孙江：《动物福利立法研究》，法律出版社 2008 年版，第 4 页。

胞有机体……"〔1〕《智利民法典》第 608 条规定："天然自由并独立于人类而生存的动物为野生或未驯化的动物，如野兽和鱼；通常依赖人类生存的动物为家养动物，如鸡、绵羊；其天性为野生但已习惯于被养殖之生活，并已识别人类之特定控制方式的动物，为驯化动物。驯化动物如保持受人类保护或照料的习惯，适用关于家养动物的规定，失去这一习惯时，重新归于野生动物。"〔2〕 而欧洲大陆法系国家的动物法，一般不对动物提出具体定义。例如，瑞士《联邦动物保护法》只是简单说明该法适用于脊椎动物。

新加坡《畜鸟法》在"防止虐待动物"一章里，认定"动物"应该"包含任何野生或经驯养之兽、鸟、鱼、爬行动物或昆虫等"。香港《防止残酷对待动物条例》中的"动物"为"任何哺乳动物、鸟雀、爬虫、两栖动物、鱼类或任何其他脊椎动物或无脊椎动物，不论属野生或驯养者"。〔3〕 这些动物概念贯彻得非常彻底，甚至包括昆虫和无脊椎动物，其中传达的就是所有动物都不应受到虐待的生态理念。这就意味着人类对非常弱小的动物也表达了法律关照。从一定意义上说，这样的法律规定反映的是一种理想意义上的"动物"范畴。

我国《野生动物保护法》规定保护的野生动物，是指珍贵、濒危的陆生、水生野生动物和有重要生态、科学、社会价值的陆生野生动物。该法规定的野生动物及其制品，是指野生动物的整体（含卵、蛋）、部分及其衍生物。《动物防疫法》所称动物，是指家畜、家禽和人工饲养、合法捕获的其他动物。《进出境动植物检疫法》规定"动物"是指饲养、野生的活动物，如畜、禽、兽、蛇、龟、鱼、虾、蟹、贝、蚕、蜂等。

而在我国台湾地区"动物保护法"中的"动物"是指"犬、猫及其他人为饲养或管领之脊椎动物，包括经济动物、实验动物、科学应用、宠物及其他动物"。其中：经济动物：指为皮毛、肉用、乳用、役用或其他经济目的而饲养或管领之动物；实验动物：指为科学应用目的而饲养或管领之动物；科学应用：指为教学训练、科学试验、制造生物制剂、试验商品、药物、毒物及移植器官等目的所进行之应用行为；宠物：指犬、猫及其他供玩赏、伴侣之目的而饲养

〔1〕 童攀林主编：《中华小百科全书第 9 部生物学卷医学卷》，四川辞书出版社 1998 年版，第 326 页。
〔2〕 杨立新：《关于建立法律物格的设想》，载 http：//www. law-walker. net/news. asp？ ctlgid＝74&id＝36319，最后访问日期：2020 年 7 月 18 日。
〔3〕 莽萍："动物福利考验人类道德"，载《中国青年报》2002 年第 13 期。

或管领之动物。[1] 这种立法模式，既明确了《动物保护法》要保护的对象，又表明了立法者关注的重点，是一种操作性较强的规范方式。此外，我国台湾地区"野生动物保育法"规定野生动物系指一般状况下，应生存于栖息环境下之哺乳类、鸟类、爬虫类、两栖类、鱼类、昆虫及其他种类之动物。

还有一些国家在具体的法律规范中分别对特别适用的动物予以定义，如瑞典在其《动物福利法》中规定，此法的适用对象是驯化动物和被囚禁的动物或用于某种特殊用途的动物。在《饲养动物类保护一般规定（98/58/EC）》中规定，动物包括鱼类、两栖类和爬虫类，不包括野生动物、体育和马戏用动物、实验用动物和无脊椎动物。

由此可见，由于各国的文化、种族、习惯和宗教信仰等差异，使"动物"一词的内涵和外延没有一个统一的标准，因此就不能强求给出"动物"一个放之四海而皆准的定义。但大多数国家的动物保护法皆重在保护与人类社会关联密切的动物种类，如驯养动物等。因为这些动物不仅数量庞大，而且其生存在相当大的程度上要依赖于人类的态度和行为，也最容易受到伤害。现实中，有些动物就是为被肉食而生，有的是用来被奴役和取其皮毛的，甚至有些动物就是为了各类实验而被培育。这就容易造成歧视，让人们以为可以任意使用、屠宰或关押动物。动物保护法律制度恰恰首先是要求人们对动物取之有道，防（禁）止虐待动物，满足其康乐之需求。

### 三、动物的分类

#### （一）动物的自然分类

按不同的标准，动物有不同的分类。现在我们所用的动物分类系统，是以动物形态或解剖的相似性和差异性的总和为基础的。根据古生物学、比较胚胎学、比较解剖学上的许多证据，基本上能反映动物界的自然类缘关系，称为自然分类系统。动物分类系统，由大而小，有界、门、纲、目、科、属、种等几个重要的分类阶元（分类等级）。由此动物可分为 38 个门。整体划分，动物界可分为两大门类，即根据动物身体中有没有脊椎而分成为脊椎动物和无脊椎动物两大主要门类。脊椎动物中包括：鱼类，爬行类，鸟类，两栖类，哺乳类等五大类。无脊椎动物中包括：原生动物，扁形动物，腔肠动物，棘皮动物，节

---

[1] 莽萍、徐雪莉编：《为动物立法——东亚动物福利法律汇编》，中国政法大学出版社 2005 年版，第 73~74 页。

肢动物，软体动物，环节动物，线形动物八大类。[1]

（二）动物在法学上的分类

从世界各国立法实践考察，诸多有关动物保护以及福利的法律法规所指的动物一般是指脊椎动物。在此基础上，以动物与人类的关系为标准，将动物分为两大类：生活在野外、不被人控制、喂养的野生动物和被人基于各种目的而饲养的驯养动物。

根据各国立法实践，一般法律所指的只是野生动物中脊椎动物中的一部分，而不是全部野生动物。立法中通常以动物种群数量划分为濒危野生动物和一般野生动物。也有以经济价值、珍稀为标准进行分类的，如分为一级和二级保护野生动物。还有以野生动物对生态以及人类产生的功能，划分为有益野生动物和有害野生动物。

驯养动物通常按照其不同功用而细分为五类：①农场动物，指人类为了食品生产并且获得经济利益而饲养的动物。②实验动物，指人类为了科学研究而饲养的动物。如《北京市实验动物管理条例》第 2 条就明确指出，"本条例所称实验动物，是指经人工饲养、繁育，对其携带的微生物及寄生虫实行控制，遗传背景明确或者来源清楚的，应用于科学研究、教学、生产和检定以及其他科学实验的动物"。③伴侣动物，又称宠物，是指那些适于家庭饲养，用于丰富人类精神生活，提高人类生活质量的动物。④工作动物，又称役使动物，是指为人类所利用来为人类提供服务的动物，包括警犬、牧犬、耕牛、拉车或驮运物品的马等。⑤娱乐动物，主要指为人类表演或者供人观赏的动物，包括动物园内的动物、马戏团动物以及在影视业中使用的动物等。在实践中，上述分类还存在交叉的情况。如：家养犬只，既是伴侣动物，有时也因守护财产被认为是工作动物。[2]

## 第二节　人与动物的关系

人与动物的关系是人与自然关系的一个重要方面，人对动物的态度是人对自然的态度的具体表现之一。人类与自然的关系，与其他生物同自然的关系迥然不同。人类对于自身与自然的关系的不同看法，将直接导致对于人与动物关

---

〔1〕 周正西、王宝青主编：《动物学》，中国农业大学出版社 1999 年版，第 3 页。
〔2〕 孙江：《动物福利立法研究》，法律出版社 2008 年版，第 5 页。

系的不同认识。自然界为人类的生存和发展提供了丰富的物质资源，其中不同的动物物种作为地球生态系统中的组成部分，在维持生态平衡方面也发挥着重要的功能。随着人类技术水平的飞速发展，其对包括动物在内的自然界的索取也越来越多，由此引发的环境危机也前所未有地凸显出来，过度索取引发的大量动物物种的灭绝，不仅会导致生态失衡，甚至直接威胁着人类的生存。至此，人们开始认真审视自我行为，开始重新认识人与自然的关系，重新认识人与动物的关系，并将其上升到人类道德伦理层面，之后逐渐通过法律和条约来约束自己的行为。在这个利用、审视、重塑的过程中，形成了三种典型的环境伦理观点：古典人类中心主义、自然中心主义和现代人类中心主义。三种不同的观点出现在不同时期，当然也深刻地影响着人类对于自身与动物关系的认知。

**一、古典人类中心主义视野下人与动物的关系**

古典人类中心主义形成于20世纪50年代之前，它主张自然界与人类有主客之分，是人类对人类生存系统中人与环境主客体关系的一种认识理念。它认为，"人是大自然中唯一具有内在价值的存在物，环境道德的唯一相关因素是人的利益，因此，人只对人类负有直接的道德义务，人对大自然的义务只是对人的一种间接义务"。[1] 只有人才有责任和权利，一切非人存在物皆无所谓责任和权利，既没有内在价值也没有什么尊严。在这种认识理念下，人是最高级的存在物，一切以人为核心，人类行为的一切都从人的利益出发，以人的利益作为惟一的尺度，只依照自身的利益行动，并以自身的利益去对待其他事物，改天换地，征服自然，做自然的主宰，挣脱自然对人类的束缚，谋求人类的幸福。

（一）人"天生"就是其他存在物的目的

在古典人类中心主义看来，人是一种自在的目的，他的一切需要都是合理的，他可以为了满足自己的任何需要而对自然有着绝对的支配权利。亚里士多德明确表示，"植物的存在是为了给动物提供食物，而动物的存在是为了给人提供食物……由于大自然不可能毫无用处地创造任何事物，因此所有的动物肯定都是大自然为了人类而创造的"。[2] 传统基督教继承了亚里士多德的这一观点，认为自然和动物都是上帝为给人提供衣食来源而创造的，除了人，任何存在物都没有内在价值。例如，将基督教的神学思想和亚里士多德的哲学融合在一起

〔1〕 何怀宏主编：《生态伦理——精神资源与哲学基础》，河北大学出版社2002年版，第337页。
〔2〕 （古希腊）亚里士多德：《政治学》，商务印书馆2006年版，第23页。

的托纳斯·阿奎那就在其《理性造物与其他造物的区别》中宣称:"在一个由上帝、天使、人、动物、植物与纯粹的物体组成的'伟大的存在链'中,人更接近上帝和天使。上帝是最完美的,其他存在物的完美程度取决于它们与上帝接近的程度,那些较不完美的存在物应服从那些较完美的存在物。在自然存在物中,人是最完美的,其他存在物是为了人的存在而存在,因此。人可以随意使用动物、植物。对动物的残酷行为之所以是错的,是由于这种行为会鼓励和助长对他人的残酷行为。"[1]

(二)动物是一种"自然的机器"

到了 17 世纪,笛卡尔主义盛行,认为非人类动物没有思维,完全缺乏任何意识体验。动物没有语言的能力,不像我们人类可以交流精神生活。所以,动物是一种"自然的机器",是没有任何思维的躯体,是像缺乏精神意识的电动兔子一样的生物玩具。动物只有物质的属性,它与无生命的客体没有任何区别。因此,我们可以随意对待它们。笛卡尔甚至认为,动物感觉不到痛苦,因为痛苦是作为"亚当之罪"而存在的,而动物与亚当之罪没有任何关系,因此它们不可能痛苦。当我们折磨动物时,它们并未真正感到痛苦,它们只是表现得好像是在受苦。[2]

在这样的认识论影响下,人是动物的绝对的主人,动物之于人是绝对的客体,可以任意对待这些不能与之交流的生命,即使善待动物,也是出于人类自身的利益考虑,比如康德和洛克在论述人与动物关系问题时都主张,人不应当虐待动物,不是出于动物自身的价值或者权利,而是我们负有仁慈地对待动物和不残酷对待它们的间接义务。因为对动物的温柔情感能够发展成对人类的仁慈情感,对动物残忍的人在与他人交往时也变得心狠手辣。康德明确宣称:"只有人才有资格获得道德关怀……就动物而言,我们不负有任何直接的义务。动物不具有自我意识,仅仅是实现目的的一个工具。这个目的就是人……我们对动物的义务,只是我们对人的一种间接义务。"[3]

这种观点重点强调人的主观能动性、重要作用和重要地位,它突出人对自

---

〔1〕 [意]托纳斯·阿奎那:"理性造物和其他造物的区别",载 S. J. Armstrong、R. G. Botzler 编:《环境伦理学:分歧与共识》1993 年版,第 298~301 页。

〔2〕 [法]笛卡尔:"动物是机器",载 S. J. Armstrong、R. G. Botzler 编:《环境伦理学:分歧与共识》1993 年版,第 281~285 页。

〔3〕 [德]康德:"我们对动物只具有间接义务",载 L. P. Pojman 编:《环境伦理学》1994 年版,第 27~28 页。

然的改造作用，重视人与动物以及自然界中其他物质的区别。

## 二、自然中心主义视野下人与动物的关系

20 世纪 50 年代前形成的另一种观点是自然中心主义，也被称之为生态中心主义。此观点人之于自然的中心地位遭到了绝对的否定，认为一切生命体都与人一样具有目的性、主动性、主导性、创造性和能动性。它尽可能淡化人在自然中的特殊性，强调人与动物的共性和人与自然的关系，认为在人与自然之间应存在着伦理关系，人不过是自然界的一部分，人在改造和利用自然的过程中应"道德地"对待自然，生态伦理的主体不应仅仅是人，还应包含自然在内，人不过是自然中的一部分。[1] 这种认识理念，把自然当作是最高的主体，人应当以生态为中心并顺应自然，人对于自然的作用甚至是一种"宇宙之癌"，意即人在宇宙中为了自身的发展而做出的行为如同癌细胞一样过分扩张，剥夺了其他生物的空间，破坏了自然的和谐。自然中心主义认为古典人类中心主义是以对人类理性的绝对信任为前提的，但是理性本身未必值得信赖。而且，不是每一人类成员个个能说话，能自由选择（譬如白痴、婴儿等），但我们并未因此而否定他们的内在价值。因此，在他们看来，人与动物的关系表现为：

（一）动物有天赋价值，应获得适当的尊重

在自然中心主义的世界里，所有的生命体一般说来都有其内在于自身的"固有价值"，因此，动物和人是处于平等的地位，应该受到同等的尊重，人不是动物存在的目的，我们没有理由不去善待这些无辜的生命。

（二）动物亦有意识、思维和情感，不仅仅是工具

1871 年，达·尔文发表了《人类的由来及性选择》（或译成《人类起源》）宣称人和低等动物有着共同起源，人是由古猿进化而来。这个观点震惊了当时的学术界和宗教界，也因此从根本上改变了科学对人和动物关系的看法，对神学、哲学、社会学、政治学以及法学都产生了前所未有的影响。

1. 动物有着同人类相似的神经和感觉器官，动物可以感知痛苦和快乐。18世纪中叶，英国开始出现要求改变对动物的态度和减少虐待动物行为的呼声，人们开始意识到动物具有同人相似的感知，是具有生命的生灵，能感觉到痛苦和快乐。1776 年，英国牧师汉弗雷·彼瑞马特在其博士论文中写道："痛苦终究是痛苦，不论是施加在人身上还是施加在动物身上……动物像人一样会感到疼

---

〔1〕 何怀宏主编：《生态伦理——精神资源与哲学基础》，河北大学出版社 2002 年版，第 337 页。

痛。动物有着同人类相似的神经和感觉器官。"[1]

2. 动物不是没有思维的生物玩具。科学家发现，动物和人一样也有家庭、父母、兄弟姐妹，也有亲情，也有喜怒哀乐等七情六欲，动物会用工具，甚至有创新意识和自由的语言交流方式。这都是能证明动物有思维的证据。

更让人惊讶的是，随着新的科学研究进展，认为只有人类拥有语言而其他动物没有语言的看法也开始变得站不住脚。近年来，一项重要的基因研究成果，是科学家发现了一个被称为 FOXP2 的基因，这个基因同语言和语言障碍有关，对运用语言至关重要。它使人类可以灵活控制嘴和喉部肌肉，发出复杂的声音。但是，这一基因并不是人类所独有的。通过将人类 FOXP2 基因编码的这一蛋白质和猩猩及老鼠的同一蛋白质进行比较，科学家发现，组成人的这一基因差异氨基酸序列，同黑猩猩的相比，在总数 715 当中仅有两处不同，其他均相同。在该领域研究的发展中，科学家于 2004 年发现，一些善于唱歌的鸣鸟，带有同人几乎完全相同的 FOXP2 基因。[2] 总之，人们已经不再固守十八九世纪认为动物是不能思考、没有感觉的机器的那种过时和不科学的观念。

因此，我们可以说，在自然中心主义视野下，道德价值主体的界限被从人类扩展到动物，认为人类应当承认动物的内在价值，维护动物的平等权益，承认动物享有被尊敬对待的基本权利，而享有被尊敬对待的基本权利就意味着具有不被伤害的基本权利，这是一个首要权利。此外，我们也不应该干涉动物的生活。"如果动物不受苦的利益具有道德意义，我们就必须废除而不仅仅是规制动物财产制度，我们也必须停止我们不以之使用于人的方式来利用动物。"[3] 只要人类仍旧把动物看作物并将其作为人类的财产而继续加以利用，动物权利就无从谈起。

### 三、现代人类中心主义下人与动物的关系

现代人类中心主义倡导人与自然和谐相处，是人类中心主义和自然中心主义相互融合、相互渗透的产物，主张人是价值世界的中心。[4] 它从人类整体的

---

[1] 曹菡艾：《动物非物——动物法在西方》，法律出版社 2007 年版，第 92 页。

[2] 曹菡艾：《动物非物——动物法在西方》，法律出版社 2007 年版，第 32～33 页。

[3] [美] G. L. 弗兰西恩：《动物权利导论：孩子与狗之间》，张守东、刘耳译，中国政法大学出版社 2005 年版，第 260～261 页。

[4] 现代人类中心主义反对那种认为"人是宇宙中心""人是自然主宰"等意义上的人类中心主义，只承认人是价值世界的中心，在此基础上维护人的合理的利益与需求。

永续性的角度去具体地理解和确立人自身生活的自觉意识。在将人的内在目的性作为自己行动的最高原则和最后的基本依据的同时尊重自然客观发展规律，把自然不仅看作对象而且看作人类自身价值的载体，倡导要尊重自然，热爱自然，合理保护、利用自然，提高人类的自身素质，从而实现社会生产力和自然生产力相和谐，经济再生产与自然再生产相和谐，经济系统与生态系统相和谐，最终实现人类社会可协调和可持续发展。现代人类中心主义是可持续发展观的生态伦理学基础，在人类与生态环境的相互作用中将人类的长远利益置于首要地位，认为人类的长远利益和整体利益应成为人类处理自身与包括动物在内的生态环境关系的根本价值尺度。因此，在现代人类中心主义视野下，人与动物的关系是对立统一的。

（一）动物是人类不可缺少的资源

动物资源是人类必须而且应该加以利用的资源。动物种类繁多，有多样的特性和功能，这使得动物世界呈现出丰富的可利用性，且具备满足人们生产和消费需求的能力，如动物提供给人类食物、皮毛、药材等。单就药物来说，发展中国家80%的人口依赖植物或动物提供的传统药物，以保证基本的健康。动物通过其本身的行为为人类的生产生活产生间接的影响，如蝴蝶传播花粉，促进了某地的果树品种的改良和产量的增加。动物为人类科学的发展提供有益启示，人类通过科学的动物实验来为医学服务。通过对野生动物种群数量的监测，判断生态系统的稳定状态，进而采取措施维持生态平衡。有些动物还能作为人类的生活伴侣，满足人类精神需求和道德需求。因此，动物的存在对我们人类社会的促进是不可或缺的，地球上没有了动物，人类的生产生活将寸步难行。

（二）人类要善待动物

人类必须承认动物在整个生态环境中的价值，尤其是野生动物的生态作用。在生态系统中，人与动物以及与其他生物、非生物之间的物质循环、能量流动、信息传递，有着相互依赖、相互制约的辩证关系。当生态系统丧失某些物种时，就可能导致系统功能的失调，甚至是整个生态系统的瓦解。曾经，在农牧业生产中，由于人们过量使用农药和杀虫剂，将一些有益的昆虫和动物也杀死了，失去了天敌的鼠、虫便开始泛滥成灾，最终也为农牧业生产带来巨大灾难。正是由于动物对人类的这种作用，要求我们必须保护动物，必须合理开发利用动物资源，将人类的开发利用行为限制在合理的范围和幅度之内，以确保生态平衡和动物资源的持续利用。[1]

在人类社会不断发展的过程中，我们还需要继续利用动物资源，因为目前我们还没有找到动物的替代品以实现对动物利用体制的废除。虽然，在宰杀、利用动物的过程中，动物的确可以感知痛苦，在某种程度上也可以说它们还具备一定程度的思维能力。然而动物还远远没有达到"理性"这一要求，即使我们按照动物权利论的要求对其施以平等对待，动物也没有能力作为权利主体来主张、行使并实现自己的权利，它只能是作为客体，由人间接地对其加以善待。而这，也应该是在我国进行动物立法、动物法研究和教学中应予以秉承的态度。

由上可知，无论是古典人类中心主义、自然中心主义还是现代人类中心主义，虽然在对人与动物的关系认知上有差异、甚至矛盾，但都认可动物应受到保护这一事实。

## 第三节　动物的价值

人类在接触动物、利用动物、保护动物的进程中，对动物价值的多元性有了发展性的认知。动物不仅能够满足人类衣食住行的需求，而且也被越来越多地利用到科学研究、娱乐休闲领域。在为了满足上述社会发展的需求，对动物滥捕乱杀而造成生态系统严重不平衡的负面影响时，人们逐渐认识到了动物所具备的生态价值和伦理价值。因此，对动物生存价值的关注应该是多维度、综合性的，应在探寻其对人类社会所产生的社会价值的同时，了解和掌握其生态与伦理价值，并以此为基础来考虑人与动物的相恰互适性。

### 一、动物的社会价值

动物的社会价值就是对我们人类社会所做出的贡献。动物与人类社会最为密切的行为关系，突出表现在动物的经济价值及对其的利用上。因此，动物的社会价值包括了经济价值、科研价值和审美娱乐价值。

（一）动物的经济价值

"经济价值"就是任何事物对于人和社会在经济上的意义。动物的经济价值就是动物之于人和社会在经济上的意义，即动物之于人和社会所具有的使用价

---

[1] 杨源："人与动物关系的法理学探讨"，载《探索·创新·发展·收获——2001年环境资源法学国际研讨会论文集》。

值。从远古时代到现代文明，人类一直都在本能与意识、自在与自为、理性与非理性之间徘徊着索取自然，把植物、动物变成食物、燃料，衣着……这个过程本身就是一个人类生存、生活和生产的自然过程。当基本需求被满足，人类智慧增加、欲望膨胀后，为了提高物质生活水平，食要精美，衣要华丽，就开始扩大对动物的需求，以至于忽略了动物的其他价值功能，首要直观感受到和意识到的也正是动物的经济价值。

1. 动物的食用价值。动物曾经是人类的主要蛋白质来源，即便在今天，它的这种价值仍然是存在的。动物性食物作为一大类食物，主要为人体提供蛋白质、脂肪、矿物质、维生素 A 和 B。它包括畜禽肉、蛋类、水产品、奶及其制品等，它们之间的营养价值相差较大，只是在给人体提供蛋白质方面十分接近。

（1）动物性食物的营养成分[1]。肉类可分为畜肉和禽肉两种，前者包括猪肉、牛肉、羊肉和兔肉等，后者包括鸡肉、鸭肉和鹅肉等。肉类食物中含有丰富的脂肪、蛋白质、矿物质和维生素。肉的成分变化不仅取决于肥肉与瘦肉的相对数量，也因动物种类、年龄、育肥程度及所取部位等的不同而呈显著差异。

常见的蛋类有鸡蛋、鸭蛋、鹅蛋等，各种禽蛋的营养成分大致相同。鸡蛋蛋清中的蛋白质含量为 11%~13%，水分含量为 85%~89%。蛋黄中仅含有 50% 的水分，其余大部分是蛋白质和脂肪，二者的比例为 1∶2。此外，鸡蛋还含有碳水化合物、矿物质、维生素、色素等。

水产品包括各种鱼类、虾、蟹、贝类和海藻类（海带、紫菜）等，其中以鱼类为最多。鱼类的营养成分因鱼的种类、年龄、大小、肥瘦程度、捕捞季节、生产地区以及取样部位的不同而有所差异。总的来说，鱼肉的固形物中蛋白质为其主要成分；脂肪含量较低，但其中不饱和脂肪酸较多；鱼肉还含有维生素、矿物质等成分，特别是海产咸水鱼含有一定量的碘盐和钾盐等。它们对人体健康有重要意义。

奶类是一种营养丰富，容易消化吸收，食用价值很高的食物，不仅含有蛋白质和脂肪，而且含有乳糖、维生素和无机盐等。鲜奶一般含水分 87%~89%，蛋白质 3%~4%，脂肪 3%~5%，乳糖 4%~5%，矿物质 0.6%~0.78%，还含有少量的维生素。牛奶是人类最普遍食用的奶类，与人乳相比，牛奶含蛋白质较多，而所含乳糖不及人乳，故以牛奶替代母乳时应适当调配，使其化学成分接

---

[1] 参见"动物性食物的营养价值"，载 http：//zhidao.baidu.com/question/2107791.html，最后访问时间：2020 年 7 月 18 日。

近母乳。

（2）动物性食物的营养特点。肉、禽、鱼、蛋、奶均属于动物性食物，从营养的角度看，它们不仅含有丰富的蛋白质、脂肪、无机盐和维生素，而且蛋白质的质量高，属优质蛋白。肉、禽、鱼、蛋、奶等食物在营养上主要具有如下几个特点：

第一，蛋白质量多、质好。肉类的蛋白质主要存在于肌肉中，骨骼肌中除去水分（约含75%）之外，基本上就是蛋白质，其含量达20%左右，其他成分（包括脂肪、碳水化合物、无机盐等）约占5%；鸡肉的蛋白质含量在20%~25%之间，鸭肉为13%~17%，鹅肉为11%左右；鱼及其他水产动物种类极多，蛋白质含量相差较大，但大多数在15%~22%之间；全蛋（可食部分）蛋白质的含量也与蛋的种类、品种、产地等因素有关，鸡蛋为11%~15%，鸭蛋为9%~14%，鹅蛋为12%~13%；鲜奶的主要成分是水，其含量约在85%以上，牛奶蛋白质的含量在3%~4%之间，羊奶约为4%，马奶2%，水牛奶4.7%，牦牛奶0.5%。肉、禽、鱼、蛋、奶、蛋白质的氨基酸组成基本相同，均含有人体8种必需氨基酸，而且含量都比较充足，比例也接近人体的需要，都具有很高的生物价。[1] 肉、禽、鱼的氨基酸含量为80%左右，奶约为85%，蛋最高达94%。一般认为蛋中蛋白质几乎能全部被人体消化吸收和利用，为天然食物中最理想的优质蛋白质。所以在进行各种食物蛋白质的营养质量评价时，一般以全蛋蛋白质作为参考蛋白质。各种肉类和奶类的蛋白质消化吸收率也很高，一般为85%~90%。奶中的蛋白质含有丰富的赖氨酸，所以，奶是谷类食物良好的天然互补食物。

第二，饱和脂肪酸和胆固醇含量较高。肉、禽、鱼、蛋、奶所含的脂类物质不完全一样，但一般地说，饱和脂肪酸和胆固醇的含量都比较高。畜肉的脂肪含量依其肥瘦有很大的差异。其组成以饱和脂肪酸为主，多数是硬脂酸、软脂酸、油酸及小量其他脂肪酸。羊脂中的脂肪酸含有辛酸、壬酸等饱和脂肪酸，一般认为羊肉的特殊膻味与这些低级饱和脂肪酸有关。禽肉脂肪熔点较低，在33℃~44℃之间，所含亚油酸占脂肪酸总量的20%。鸡肉脂肪含量约为2%，水禽类为7%~11%。鱼类脂肪含量较低，一般为1%~3%，主要分布在皮下和脏器周围，肌肉中含量很低。鱼脂肪主要由不饱和脂肪酸组成，熔点较低，通常

---

[1] 生物价是一种评估蛋白质营养价值的生物方法，指对保留氮量与吸收氮量之的百分比值。生物价（BV）＝保留氮量/吸收氮量×100。

呈液态，人体的消化吸收率为 95% 左右。海水鱼中不饱和脂肪酸的含量高达 70%~80%，用它来防治动脉粥样硬化和冠心病能起到一定的效果。蛋的脂肪含量与蛋的种类有关，去壳的鸡蛋约为 10.5%，鸭蛋和鹅蛋约为 14.5%。不管是哪种蛋，脂肪主要集中在蛋黄，鸡蛋蛋黄的脂肪含量高达 33.3%，鸭蛋和鹅蛋蛋黄脂肪含量更高，达 36.2%；蛋白的脂肪含量很低，鸭蛋蛋白含量为 0.03%，鸡蛋和鹅蛋为 0.02%。蛋中的脂肪主要由不饱和脂肪酸组成，在常温下为液体，容易被人体吸收。蛋黄中含有大量的卵磷脂、脑磷脂和神经鞘磷脂，这些成分都是人脑及神经组织发育生长所必需的营养物质。奶中脂肪的含量也与来源有关，脂肪以很小的微滴分散在乳浆中，所以很容易被人体所消化吸收。脂肪的组成以饱和的棕榈酸和硬脂酸为主，约占 40%；饱和的短链脂肪酸丁酸和己酸约占 9%；不饱和的油酸占 30%，亚油酸和亚麻酸仅占 3%；其余为月桂酸和肉豆蔻酸等。畜肉中胆固醇的含量依肥度和器官不同有很大的差别，如瘦猪肉为 77 毫克/100 克，肥猪肉为 107 毫克/100 克；内脏的胆固醇含量比较高，如猪心为 158 毫克/100 克，猪肝为 368 毫克/100 克，猪肾为 405 毫克/100 克；脑中胆固醇的含量最高，猪脑达 3100 毫克/100 克等。

第三，碳水化合物含量低。肉、禽、鱼、蛋、奶中碳水化合物的含量都很低，在各种肉类中主要是以糖原的形式存在于肌肉和肝脏，其含量与动物的营养及健壮情况有关。瘦猪肉的含量为 1%~2%，瘦牛肉为 2%~6%。各种禽肉碳水化合物的含量都不足 1%。各种鱼类碳水化合物含量相差较大，低的不足 0.1%，如海蟹、比目鱼等，高的超过 7%，如福建的鲳鱼。蛋品中所含的碳水化合物很少，主要是葡萄糖。由于蛋的容积有限，营养成分主要以脂肪和蛋白质为主，所以糖的含量低，鸡蛋为 1%~2%，鸭蛋为 0.3%~2%，鹅蛋较高，为 3%~4%。奶中所含的碳水化合物为乳糖，不同动物的含量有所差别。牛奶为 5%，羊奶 4.3%，马奶 5.8%，水牛奶 4.8%。乳糖的甜度仅为蔗糖的 1/6，它具有调节胃酸，促进胃肠蠕动和消化腺分泌的作用。

第四，无机盐含量比较齐全。肉类中无机盐的含量与肉的种类及成熟度有关，肥猪肉和瘦猪肉分别为 0.70% 和 1.10%；肥牛肉和中等肥度的牛肉分别为 0.97% 和 1.20%。肉类是铁和磷的良好来源，并含有一些铜，肌肉中所含的铁和铜没有肝脏多，钙在肉中的含量比较低，为 7 毫克~11 毫克/100 克。铁在肉类中主要以血红素铁的形式存在，消化吸收率较高，不易受食物中的其他成分干扰。各种禽类无机盐的含量均在 1% 左右，其内脏的含量稍高，为 1.1%~1.5%。鱼类中无机盐的含量稍高于畜禽类，为 1%~2%，并且是钙的良好来源。海产鱼类还含有丰富的碘。蛋类所含无机盐主要为铁和磷，大部分集中在蛋黄里。在奶类中含有丰富的无机盐元素，牛奶为 0.7%，羊奶为 0.9%，马奶为 0.4%。奶中富含有钙、磷、镁、钾、钠、硫等外，还含有铜、锌、锰等微量元素。它们在奶中大部分与酸类物质结合成盐类。牛奶中钙与磷的比值为 1.2∶1，接近于人奶（人奶为 1∶1）。

第五，维生素含量丰富。肉、禽、鱼、蛋、奶均含有丰富的维生素，畜、禽肉及其内脏所含的 B 族维生素比较多，尤其是肝脏是多种维生素的丰富来源，如 100 克羊肝中约含维生素 A 29900IU[1]，硫胺素 0.42 毫克，核黄素 3.57 毫克，尼克酸 18.9 毫克，抗坏血酸 17 毫克。鱼类也是 B 族维生素的良好来源，海产鱼类的肝脏所含的维生素 A 和 D 极为丰富，是其他食物无法相比的。蛋中的维生素，主要集中在蛋黄，其种类有维生素 A、D、硫胺素、核黄素，蛋清中也含有较多的核黄素。牛奶含有人体所需的各种维生素，其含量随着乳牛的饲养条件、牛奶的加工方式和季节的变化而有所不同。

2. 动物的药用价值。动物入药在中国有几千年的历史。随着现代医学的发展，动物药用价值以及中医的现代化日益受到关注。例如，五灵脂（复齿鼯鼠等的粪便）、海螵蛸、蝉蜕等都是常用的动物性药物。尤其是我国土地辽阔、地形复杂、气候多样，因之有许多居世界首位，或为中国所独有的珍稀动物物种。加之中医所应用的药材，大多为取之于动、植、矿的天然药物，所以在中国许多种类动物被用作药品。按入药的部位来划分，有全身入药的，如全蝎、蜈蚣、海马、地龙、白花蛇等。以蛇为例，《中国毒蛇学》就蛇体的各个部分——蛇毒、蛇肉、蛇胆、蛇油、蛇鞭、蛇血、蛇蜕、蛇皮、蛇信、蛇骨、蛇内脏等，从保健学、营养学、医药学等方面作了详尽的介绍。中医药典记载："蛇性温、归肝、脾二经，治诸风虚症、疱、疮、顽癣等。"《本草纲目》记载了 17 种蛇的形态和药用功效：蛇胆，清肝明目、去脂降压、降火除痘；蛇蜕，祛风、解毒、明目、杀虫；蛇鞭，壮阳补肾、填精益髓、强身固本；蛇油，柔嫩肌肤、去皱防衰、防冻治烫；蛇毒，治疗瘫痪、小儿麻痹症；蛇酒，治肿痛风湿、通栓降压、舒筋活络；纯蛇粉，嫩肤养颜、去皱除斑、强身健骨；蛇参，滋阴补阳、祛病强身等。部分的组织器官入药的，如虎骨、鸡内金、海狗肾、乌贼骨等。分泌物、衍生物入药的，如麝香、羚羊角、蜂王浆、蟾酥等。排泄物入药的，如五灵脂、望月砂等。生理的、病理的产物入药的，如紫河车（人的胎盘）、蛇

---

[1] 维生素 A：1 国际单位（IU）= 0.300 微克（μg）。

蜕为生理的产物，牛黄、马宝为病理的产物等。

　　按药用动物的物种来划分，我国已知可作药用的动物已达九百余种，跨越了动物界中的 8 个门动物（按近代对动物界的分类可达 11 门）。从低等的海绵动物到高等的脊椎动物都有。从分布来看，从东到西，自北向南；从高山到平原；从陆地到海洋，均有分布。特别是我国海岸线长，海洋药用动物无论从种类到产量，都有很丰富的资源。

　　但是，近年来由于生态系统平衡失调，药用动物资源已遭到不断地破坏，野生药用动物日益减少，某些珍稀药用动物已濒于绝迹，一些地区大量捕杀野生药用动物，致使要收集少量的样品也很困难。此外，一些获取所需药用野生动物器官的手段也缺乏人道表现，如活体取用熊胆入药的方式就非常残忍。对此，我们不仅不赞成，而且建议应予以限制或改进。当前，为了更好地保护及合理使用药用动物资源，需要建立一些相应的保护野生药用动物的措施，禁止乱捕乱猎野生药用动物。在适当的地区建立某些种的药用动物的自然保护区，以保存药用动物的物种。对于用量大，而医疗上又急需的药用动物品种，若仅依靠野生不能完全满足供应的，可进行人工驯化、饲养。此外，近年来，研究人员对于药用动物的有效成分也在着手研究，取得了一定的成果，这对今后进行人工合成，或寻找更有价值的替代品提供了线索或科学依据。

　　3. 动物的农、林、牧、副、渔生产促进价值。动物的生存，从一个或多个层面可因农、林、牧、副、渔业的发展而有所改变。青蛙消灭田地里的害虫，猫头鹰在狩猎满足自己食用需要的同时，也在客观上为人类保护庄稼。而这些看得见、摸得着的实际作用，往往是人类现有的技术都望尘莫及的。又如，野生动物，可增加单位土地面积上的产品产量，扩大土地利用率。野生动物不仅可以生活在农、林、牧业所没有和不能利用的土地上，而且可以生活在已被利用了的土地上。经营和生产野生动物产品，就意味着扩大化了土地的利用率，增加了单位土地面积上的产品产量，因而对发展山区经济具有重大的意义。而通过对野生动物的合理狩猎和驯养、繁殖，所得的产品不仅可以增加人民的收入，同时可以控制危害农、林、牧业野生动物的种群数量，从而稳定农、林、牧业的生产。通过驯养繁殖野生动物，既能有效地保护野外的动物资源，又能满足社会对野生动物的需求。通过对危害农、林、牧业生产的野生动物进行适当猎捕，不仅可增加收入，更重要的还可以保障农、林、牧业的生产。

　　（二）动物的科研价值

　　通过动物，我们得以观察自然的运作过程，了解生态系统的运转规律。动物所包含的多样化基因，使我们的生命世界得以完整。我们通过学习它们，发展我们的文化和科技。若无猿猴的灵动、仙鹤的飘逸，何来中国古老的体操五禽戏？若蝙蝠很早就灭绝了，我们的雷达如何得以被发明？如果蜻蜓很早灭绝，我们当代的直升机技术可能会极为低下……

虽然从目前来看，有些动物物种少有或完全没有直接经济价值，但许多物种在提供新药、作为生物控制资源、作为新工艺的原料等方面具有巨大的潜能。如，野生生物种类繁多，人类对它们做过比较充分研究的只是极少数，大量野生生物的使用价值目前还不清楚。但是可以肯定的是，这些野生生物具有巨大的潜在使用价值。一种野生生物一旦从地球上消失就无法再生，它们的各种潜在使用价值也就不复存在了，这是人类社会的巨大损失，也是其潜在的经济价值的体现。

另外，国内外有大量的动物被用于医学领域的动物实验，它们主要用于测试机械损伤、烧伤等外伤以及新型药品效能。利用动物身体投入科研，曾经在科学界非常风靡，但近年来越来越多的实验动物被人造材料代替，如目前已有人工制造的表皮、韧带、肌肉组织、血管等，医疗实习亦可借助电脑科技来完成。人们从动物伦理方面呼吁取缔动物实验，或者在必要的动物实验中减轻或避免动物所受的折磨。动物在科学实验方面的价值需要有关道德伦理方面的组织和规范来保护，使得动物的科研价值更合理、更科学、更道德地实现。

（三）动物的旅游审美娱乐价值

旅游业号称"无烟工厂"，是经济创收的一条极好途径，自然状态下的动物作为旅游观赏的主要对象之一，正在发挥着它特有的作用和价值。这种旅游投资不多，见效很快，收益也很高。如千岛湖旅游区以动物为主的景点颇多，吸引了诸多游客前往观赏，通过游客的往来，产生了巨大的经济效益。人们在紧张的工作之余，通过对自然状态下的动物的观赏而恢复精力和振奋精神。很多人为能在自然界中欣赏野生动物而感到极大的满足，野生动物不仅丰富了人们的文化生活，使人得到休息，而且也扩大了人们的视野，增长了很多知识。

另外，动物的存在还有美学价值，它们可以陶冶人们的情操，美化人们的生活。鹰击长空，鱼翔浅底，曾给我们人类带来无尽的遐想。而山野中鸣唱的小鸟，浅草中潜行的爬虫，森林中奔驰的猛兽，它们的姿态，它们的声音、它们的色彩是最完美的自然杰作，少了它们，我们的世界将变得无比死寂、苍白和乏味。动物在人类进步文化发展中，几乎无所不在。

## 二、动物的生态价值

包括人类在内的所有生物在地球生态系统中都占有特定的生态位，[1] 在地球生态系统的物质、能量及信息流动循环中起着特定的作用。就全局而言，生物间的关系是相互作用、相互依存、相互制约的共生关系。这种关系告诉我们，整个地球生态系统是一个利益整体，其中任何物种的存在都是目的与手段的统一，既表明某种生物存在着，并需要其他生物也存在着，同时也表明某种生物存在着，其他的生物也需要它的存在。[2] 只有具备了整体生态意识，充分认识局部与整体的关系，才能从宏观上把握动物自身的真正价值。

所谓生态价值，是以自然环境为核心的价值关系。生态价值既可以指生态系统及其要素的价值，也可以是与生态环境有关的价值。生态价值泛指涉及生态的一切价值现象及其本质。生态价值关系有两个内容：一是包括人类在内的生命现象满足自然环境的需要，二是自然环境满足包括人在内的所有生命现象的生存要求。换句话说，生态价值就是生命现象与其环境之间的相互依赖和满足需要的关系。[3] 据此，动物的生态价值主要有：

（一）动物的生存对人类及其他生物具有生命支撑价值

从生态学角度看，地球是一个进化的生态系统，该系统中，每个因子都具有价值。人是这个进化过程所产生的一个晚期的但却是杰出的作品。人类文明的发展，使我们具有了许多高超的技能，但仍不能摆脱自然生态系统的限制。人类的福祉植根于自然，其价值是无法用货币来衡量的。自然群落中的个体生命都以各自的方式贡献于环境的总体质量，从而贡献于对人类生命的支撑。在人类出现以前，自然生态已持续了几十亿年，创造了成千上万种物种。地球并不是我们珍视它才有了价值，而是有了价值我们才珍惜它。因此，从这个意义上讲，动物亦具有对地球生物生命支撑的价值。

从整个生态系统来说，人与动物以及动物与动物之间不仅仅有着天然的相互依存关系，而且我们进步中的绝大部分知识正是来源于动物对环境适应能力带来的启示。如果世界没有了它们，我们就失去在这个世界的参照，我们也就

---

[1]　生态位（Ecological niche）是指一个种群在自然生态系统中，在时间空间上所占据的位置及其与相关种群之间的功能关系与作用。
[2]　雷毅：《生态伦理学》，陕西人民教育出版社2000年版，第45页。
[3]　胡安水："生态价值的含义及其分类"，载《东岳论丛》2006年第2期。

失去对自我加以认识的可能。

（二）动物的生存具有内在价值

动物本身是具有自然价值的，认识动物的内在价值，提高和放大人类的道德伦理责任，更有利于实现人类对自身和动物生命的保护。

对自然的内在价值的认识，乔治·爱德华·摩尔[1]（G. E. Moore）认为，自然的内在价值系指由自然自身所决定的，而非人为所规定的那种意义存在，它是对自然界自我目的性的一种表征。约翰·奥尼尔（John O'Neill）[2]认为，在生态学中内在价值有三方面所指：其一，相对于工具价值而言的，内在价值是指非工具性价值，即它不是在充当其他事物工具时所获得的意义规定，而是自我决断的，是其自身作为目的所决定的；其二，指事物自身的独特属性所决定的意义存在；其三，指与评价者无关的"客观价值"，即不管评价者是否在场，是否认可，这种价值是仍然存在的。所以自然的内在价值最重要的还是指自然的内在目的性、非工具意义。[3]此外，理论界还有其他的一些学说，但共识是认为，自然的内在价值主要指自然不需要人来决定，与人的需要无关，具有非工具意义的内在目的性。由此可知，动物亦具有同样的内在价值。

同时，我们应看到，"系统是价值的转换器"。也就是说，在地球生物圈内，各种生物与环境之间的互利互惠关系实质上就是一种价值的转换，各物种一方面实现着自身的内在价值，另一方面又满足着其他物种的需要以及它所从属的更大系统的需要，表现出各种工具价值，自然系统这个生命之源将它们二者结合在一起。"内在价值只有植入工具价值中才能存在。没有任何生物体仅仅是一个工具，因为每一个生物体都有其完整的内在价值。"[4]

（三）动物的生存有利于维护整个生态系统稳定、完整、有序

任何一个生命系统都有其自身的目的，那么这个目的便是这个系统的价值之所在。生态系统有内在价值，人类和动物的价值都属于它的组成部分。同时生态系统对于人类和动物来说也具有工具价值，没有生态系统的支持，人类与

[1] 乔治·爱德华·摩尔（George Edward Moore 或 G. E. Moore，1873 年 11 月 4 日~1958 年 10 月 24 日），英国哲学家，属于分析哲学学派，主要贡献为伦理学。
[2] 约翰·奥尼尔（John O'Neill），美国社会学家，多伦多约克大学的知名社会学教授，他同时也在多伦多大学的比较文学研究中心和研究生院兼任教学和研究工作。他兼任国际季刊《社会科学的哲学》的助理编辑以及《国际现象学和道德科学文丛》的主编。
[3] 李培超：《自然的伦理尊严》，江西人民出版社 2001 年版，第 138 页。
[4] ［法］阿尔贝特·史怀泽著，［德］汉斯·瓦尔特编：《敬畏生命》，陈泽环译，上海社会科学院出版社 1995 年版，第 9 页。

动物就不能存在和发展。因此，无论从自然尺度还是人的尺度来看，生物共同体的完整、稳定和优美是人类和一切生命的共同利益之所在。而生物共同体的不完整、不稳定和丑陋对于包括人类在内的整个生命世界都是有害的，是对人类和所有生命共同利益的破坏，对于人来说是恶不是善。动物，实际上也包括人，对于维护整个生态系统稳定、完整、有序具有重要的价值和意义，这是其最高的内在价值，它遵循的是生态系统的整体尺度，而不是服从于哪一个物种的特殊要求。

在生态系统中，通过食物链和食物网，各种生物之间可以相互制约，从而使得它们的数量相对稳定，并促进生态系统的物质循环，这种现象就叫作生态平衡。如果生态系统中某种动物的数量发生了变化，生态平衡就不能保持了，那么生态系统的稳定、完整和有序化就会遭到破坏。

动物在生物圈中的作用有：①动物在维持生态平衡中起重要作用，如果食物链或食物网中的某一种生物发生了变化，会影响整个生态系统。②动物可以促进生态系统的物质循环：在生态系统中物质和能量是沿着食物链和食物网从一种生物流向另一种生物。③动物有帮助植物传粉、传播种子的作用：有些植物经动物传粉后，产量有明显的增加，而动物也获得了它们所需的花粉、花蜜。缺少了虫媒传粉，受精结实就受到了很大的影响。

很多事实表明，目前没有任何证据证明生物是在多样化进程中，却有各种原因在造成物种不断灭绝。2003 年度国家自然科学一等奖获得者、中国科学院古生物研究所研究员陈均远说，目前看来，人类是最庞大的，但其实也是最脆弱的物种。生命历史告诉我们，貌似庞大的物种，往往在自然环境变化时最先退出历史舞台。恐龙统治中生代一亿多年，人类今天也像恐龙，如果地球进入极端环境，那么我们很可能会最先退出历史舞台。"人类不可能离开其他物种单独生存，我们与其他物种是相依相伴的兄弟姐妹关系，不可能单独存活下来。"[1] 人类同样不能离开动物而单独存活。

现代生态文明是一种内向的文明。它关心如何使有限的财富带来更大的幸福，而不是如何获取最大限度的财富；它更关注内在的心性满足，而非对动物的无限占有欲；它强调广义人际关系的和谐，包括代内和代际人际关系的和谐。为此，我们必须以保护动物等物种为己任，给后代留下完整和稳定的生物圈。

---

〔1〕 "我们从哪里来？到哪里去？"，载央视网，http://www.cctv.com/news/society/20050621/102791. shtml，最后访问时间：2020 年 7 月 18 日。

### 三、动物的伦理价值

对动物的认知，会影响人类伦理品质的高度。从理论上确认包括内在价值在内的动物的多元价值，有助于在道德实践上养成敬畏生命、尊重自然的伦理品质。"敬畏生命"伦理学的最早提出者是法国思想家阿尔贝特·史怀泽[1]，他寻求重建自然和伦理之间的联系，对人们提出的基本要求是："像敬畏自己的生命意志那样敬畏所有生命意志""在自己的生命中体验到其他生命"，满怀同情地对待生存于自己之外的所有生命意志。他对善恶本质的认识是："善是保持生命、促进生命，使可发展的生命实现其最高的价值。恶则是毁灭生命，伤害生命，压制生命的发展。"[2] 这是必然的、普遍的、绝对的伦理原则。我们从中可以看到，史怀泽是说所有生命都有内在价值，值得我们敬畏和尊重。生命不是"中立的"，不是没有任何价值的宇宙间的"存在"。生命本身即是善，它激起尊重并渴望尊重。他认为敬畏生命伦理的关键在于行动的意愿，它可以把有关行动效果的一切问题搁置一边。它描述的是一种品性和素质，而非行为规范，但是现代人确实需要这样一种品性。

在人的精神追求、伦理品格中，敬畏生命应是我们对这个世界所采取的一种态度，这种态度决定我们是什么样的人，而不仅仅是我们该做什么。一个有道德的人应持这样的态度：敬畏任何有固有价值的生命，正是通过对动物等其他生命的同情和关心，人把自己对世界的自然关系提升为一种有教养的精神关系，从而赋予自己存在的意义。自然本身不懂得敬畏生命，它以最有意义的方式产生着无数生命，又以毫无意义的方式毁灭着它们。包括人类在内的一切生命，都对生命有着可怕的无知。能够敬畏生命正是人能够高于其他生命的本质所在。正是通过对动物等其他生命的感受、体验、使我们感受到了整个世界的存在，从而使我们的存在获得了一种比所有生命都更宽广的纬度。敬畏生命不等于不利用动物等生命物种的生命价值，但是它把在何种情况下，可以为一个生命而伤害和牺牲另一个生命的决定权和选择权留给了个人，因而个人也获得了更大的道德自由和自主权。它可以帮助我们意识到这种选择所包含着的伦理

---

[1] 阿尔贝特·史怀泽（Albert Schweitzer, 1875~1965），法国人，当代具有广泛影响的思想家，他创立的以"敬畏生命"为核心的生命伦理学是当今世界和平运动、环保运动的重要思想资源。

[2] ［法］阿尔贝特·史怀泽著，［德］汉斯·瓦尔特编：《敬畏生命》，陈泽环译，上海社会科学院出版社1995年版，第9页。

含义和道德责任，它可以使我们避免随意地、粗心大意地、麻木不仁地、极其功利地伤害和毁灭其他生命。

我们对动物的认识已经经历了从事实认识到科学认识再到价值认识，进而转向伦理认识的深化过程，这并不意味着否定前者或肯定后者，而是表明人的主体意识的升华，以一个更广大、更长久的"人类自我"——人与自然界的一体化为主体意识，因此也是更加理性的、全面的自我意识，是更高伦理品质的存在。

从某种意义上，我们可以说尊重动物的伦理价值，能够折射出我们在人与自然问题上的人文精神，反映普遍的人类自我关怀，表现为对人的尊严、价值、命运的维护、追求和关切等方面。环境伦理学认为，生态系统或者说大自然是一个整体，"物物相关、相生相克"，每一个物种都是构成生态系统的必不可少的成员。"如果它灭绝了"就会影响到其他物种的生存，以致影响整个生态系统的完整性，这就是生物所具有的内在价值，也是我们要敬畏生命的原因。我们必须重视动物的内在价值，改变那种动物只是为了给人吃而生的传统价值观。如果人们树立了正确的动物生态伦理价值观，就会觉得藏羚羊毛的披肩没有任何美感可言，反而是不道德的象征。收藏象牙制品不但不再令人骄傲，反而是一种罪过。我们曾经认为值钱的那些动物制品，就会因为缺少道德的支持变得一文不值。而我们身边环境的美丽完整和稳定是人类健康福祉所系，是社会永续发展的基础，那才是最宝贵的。

两百多年来，我们的繁荣大多是依赖于地球上丰富多彩的生命创造的，人类对自然的功利性开发和使用已经使世界1/10的鸟类和1/4的哺乳动物濒临灭绝。鱼类、贝类和甲壳纲动物濒临灭绝的物种几乎高达2/3。为功利目的灭绝这个星球上的其他生物将使人类自身面临什么命运，这是需要我们关注的问题。我们对动物生命的认识不能仅局限于它们可以为人所用，而需要转向深刻全面的价值认识，人类应该有能力在自然世界和价值世界之间架起一座理性桥梁。地球上的三大主要生命力量：自然、动物和人类。我们都是地球这个大家庭的成员，我们彼此联结根本无法相互隔离。

🌀 思考题

1. 法学对动物的界定。
2. 现代人类中心主义下人与动物的关系。
3. 列举动物的社会价值。

# 动物权利与动物福利

远至 35 亿年前，地球上诞生了第一个具备细胞的生命结构。历经漫长的地质年代，沧海桑田般的岁月变迁，脊椎动物和人类最终出现。人类经历了采集渔猎时代、畜牧农业时代、无限制利用时代，最终进入动物保护时代，祈望人类与动物和谐相处、共同进化，使地球更加美丽宜居。动物权利和动物福利的思想就是在动物保护运动中逐渐形成的。

## 第一节 动物保护运动的起源

动物保护是指为了挽救濒临灭绝的动物种类、控制种群数量以及使动物个体免受伤害，由人类社会采取各种保护措施和手段，从而使动物得以安全、健康地生活和繁衍后代。此处"保护"的含义是"保存"或"保育"，广义的动物保护应具有两层含义：第一层含义是，为了保存物种资源或保育生物的多样性，人类社会所提供的各种有效的保护措施。如各国颁布野生动物保护法律法规，以保护濒危的野生动物；建立野生动物自然保护区，用以保护动物的生活环境；对具有特色的畜禽地方品种实施保种计划，以丰富可利用的遗传资源；等等。在这个意义上的动物保护，是以物种资源或种群为对象的保护，包括野生动物、家畜地方品种和培育品种等。这类保护的科学理论是以遗传学、动物行为学和动物生态学为基础的。第二层含义是，保护动物免受身体损伤、疾病折磨和精神痛苦等，减少人为活动对动物造成的直接伤害。在这一视角下，也可以认为是动物的福利、动物的康乐。萨姆布朗斯和哈罗德·古亦特分别对动物保护的这一含义予以了概括。萨姆布朗斯认为，动物保护是指使动物免受或者减轻痛苦、折磨及损伤。[1] 哈罗德·古亦特认为，动物保护是指避免对动物的残忍行为，改善对动物的处置方式，减少动物的应激反应和紧张，并对动物的试验进行监督。[2]

**一、环境伦理学的出现——动物保护主义兴起的渊源**

在现代社会中，环境问题是被广泛关注的问题之一。同时，亦是一个综合性的问题，它是"由于文化本身的不成熟而引发出的一个重大的社会问题，一个人类问题"[3]。因此，环境问题的解决，不能仅仅依赖经济和法律手段，还必须同时诉诸伦理信念，进行一场深刻的思想革命。而环境伦理学正是要通过对人与自然之间道德关系的研究和探索，把人类的道德关怀扩展到整个生态环境领域，从而为人类保护自然，解决环境问题，提供新的价值导向和科学的理论指导。在这些新的价值思考和导向之下，人类对于动物的态度也在悄然发生着的变化。

（一）丰富的自然也可能被穷尽的事实以及"熵学说"的提出，促使人类调整对待自己赖以生存的自然环境，包括对待动物的态度

1. 生产力的发展，让人类意识到自然资源并非永不枯竭。长期以来，由于知识和技能的发展和进步，人类曾经一度以为自己的发展方向和向自然界的索取可以永无止境，然而随着生产力发展水平的进一步提高以及对自然环境的依赖程度的不断深化，人们发现原来自然资源并不是永不枯竭的，它终会有被穷尽的一天。尤其是 20 世纪中叶以来，"二战"的结束给人们提供了一个相对和平而稳定的发展空间，人类补偿性消费惯性和年轻一代及时行乐心态，极大地刺激了对物欲的追求，这些都为社会生产发展提供了极大的内在需求动力，推动了经济社会的高速发展。在相对被动的自然界和自然资源面前，人类的行为几乎达到了疯狂和忘乎所以的程度。被科学技术发展牵动的巨大社会生产力，已经接近可以穷尽某种不可再生资源的地步。人类在生产过程中和狂热消费过程中释放出的负能量——废水、废气、废渣对自然环境产生巨大的负面影响，已有了从整体上威胁到人类生存发展的可能性。然而，以目前的科技水平，人

---

〔1〕 陆承平主编：《动物保护概论》，高等教育出版社 2009 年版，第 5 页。

〔2〕 Harold D. Guither, Animal Rights: History and scope of a Radical Social Movement. Southern Illinois University Press, 1998.

〔3〕 郑慧子：《批判与建构——一个关于文化的未来发展的构想》，河南大学出版社 2000 年版，第 7 页。

类能达到的空间活动，还是建立在地球表面提供的物质和能量基础上的，我们不可能"提着自己的头发离开地球"，于是，人类开始重新审视自己与整个世界的关系。

2. "熵学说"的提出使人类意识到生存环境不断恶化是一个客观规律。牛顿所揭示的热力学第一定律告诉我们，宇宙中的物质与能量是守恒的，它们既不能被创造也不能被消灭，它们只有形式的变化而没有本质的变化。近三百年来工业社会的确立和进步，也正是基于这一原理。社会的发展，其实就是人们以各种科学技术手段来改变各种能量载体的存在形式。然而正如恩格斯指出："我们不要过分陶醉于我们人类对自然的胜利。对于每一次这样的胜利，自然界都对我们进行报复。每一次胜利，起初确实取得了我们预期的结果，但是往后和再往后却发生完全不同的、出乎预料的影响，常常把最初的结果又消除了。"[1] 1981 年，美国杰里米·里夫金和特德·霍华德两人发表《熵——一种新的世界观》，给了陶醉于对自然改造成果中的人们当头一棒。

熵学说原理即热力学第二定律，最早于 1868 年为德国物理学家鲁道夫·克劳修斯所揭示。这一定律告诉我们，物质和能量虽然是守恒的，但在表现形态上它只能"沿着一个方向转换，即从可利用到不可利用，从有效到无效，从有序到无序。""无论在地球上还是在宇宙任何地方建立起任何秩序，都必须以周围环境里的更大混乱为代价。"因为"宇宙的能量总和是个常数，总的熵是不断增加的"。熵就是最后不能再被转化做功的无效能量的总和。这种情况在封闭系统中表现得最为明显：当熵达到最大值时，表示一切有效能量均消耗殆尽。当有效能量和无效能量完全相等时，则意味着整个系统的全面崩溃。[2]

这一学说的出现，让人类从一个新的理论视角开始观察和思考人类日趋恶化的生存环境以及人与自然的关系。

（二）环境保护运动的兴起，促进了环境伦理学的形成，也为动物保护主义的出现构建了理论平台

事实上，伴随着 19 世纪中后期西方的第一次环保运动与 20 世纪上半叶的第二次环保运动的兴起以及科学的生态学的产生及成熟，人类生态学向社会方向偏移，最终发展演化形成了环境伦理学，由此，也为动物保护主义的生成奠定

---

[1] 中共中央马克思恩格斯列宁斯大林著作编译局编：《马克思恩格斯选集》（第 3 卷），人民出版社 1972 年版，第 154、457 页。

[2] 邝福光编著：《环境伦理学教程》，中国环境科学出版社 2000 年版，第 52 页。

了伦理学的理论基础。

早在古代环境问题就已经出现了，但那时，主要表现为生态破坏，环境污染不具有普遍性。随着近代工业文明的到来，环境问题才逐渐成为一个具有普遍意义的社会问题。环境问题的产生是一个由量变到质变的过程，它的不良影响是一个积累过程。18 世纪末到 20 世纪初，随着工业革命的逐步深入，环境污染和破坏日益严重，环境问题主要表现在森林的锐减、野生动物及其栖息地数量的陡然下降等方面。20 世纪 30 年代到 70 年代是环境问题的凸现时期，这一阶段出现了举世闻名的"八大公害"事件：马斯河谷事件、多诺拉烟雾事件、洛杉矶光化学烟雾事件、伦敦烟雾事件、四日市哮喘事件、水误病事件、骨痛病事件、米糠油事件。[1] 到 20 世纪 80 年代中叶，环境问题已经发展到全球的范围，并导致环境危机。随之而来的是十几年的时间内，前后 3 次的环境保护运动的展开。但其结果并没有使资源与环境问题得到有效的解决，反而更加恶化了。正是在这种现实情况下，环境运动从 60 年代针对具体的环境破坏行为，发展到 70 年代观念和制度层面上的全面反思。人们便试图从世界观、道德观和价值观等层面去寻找环境问题产生的根源，进而直接促使了环境伦理思想的转向与多元化发展。

正是基于这样的一些考虑，有良知和有责任感的当代人从道德的视角出发并发现，地球上一个物种凌驾于所有其他物种之上统治所有物种，这样的生态系统是不稳定的。所有物种都有生存价值和生存权利，它们生活在同一个地球上，只有和谐相处、互利共生，才能可持续发展。因而人类行为只考虑人类利益的伦理已经不够了，需要有考虑地球生命和自然界的伦理。于是，人们结合现代生态科学、环境科学的理论与实践，开始探求人与生态环境关系、人与动物关系的新观念、新思路，构建新理论。

（三）环境伦理思想的产生与发展变化，影响着动物保护主义的生成

基于古希腊哲学家普罗泰戈拉"人是万物的尺度"的思想，以及笛卡尔主客二分和康德"人是惟一的目的存在物"的思想长期对人们的影响，使人类往往把自然界的事物和过程孤立起来，把自然万物看作静止的、永恒不变的东西，认为自然界只有机械运动，相信人与自然的二元对立。同时认为，科学认识的目的就是探索自然奥妙，利用和征服自然，为人类的幸福服务。其结果是随着人类征服改造自然的能力与效率得到巨大提高，自然的形态与结构可由人类随

---

〔1〕　余谋昌：《当代社会与环境科学》，辽宁人民出版社 1986 年版，第 28 页。

意改变，天然的自然不断被弱化、人工化。人与自然的亲缘与亲密的关系被遮蔽，人成了唯有心智和理性的纯主观、纯理性的人，自然是纯客观、纯物质的自然。自然被对象化为与人类毫不相干的外在物。而环境伦理学是对传统思想方法和机械论世界观的一种转向：它要正本清源，确立一种全新的世界观，重新确认人在自然中的位置、角色和作用，重新认识人与自然的真实关系，重构人与自然的和谐关系。

在这种情况下，一些有识之士人承担了创立环境伦理学的责任，并写下了一系列有关这方面的著作。法国思想家史怀泽写的《文化和伦理》被认为是生态伦理学的奠基之作。史怀泽认为崇拜生命是伦理学的基础，尊重生命是伦理学的灵魂，人对他周围的所有生命负有个人责任。理性对自然界的统治不是纯粹的进步，它固有一些毛病，征服自然赋予人一种力量，人类会用这种力量来作恶，只有理性对人类的信念和意愿进行统治时，人们才能把自己的意愿与周围的福利加以比较，合乎道德地行事。美国科学家和生态哲学家奥尔多·利奥波德通过自己的科学实践、观察和思考，提出了"大地伦理"思想。这一思想主要体现在其去世后的 1949 年出版的《沙乡年鉴》中。他指出："土地道德观把智人从土地群落的征服者变成了群落中的一名普通公民，这意味着尊重自己的异种伙伴，尊重整个群落体系""当一个事物有助于保护生物共同体的和谐、稳定和美丽的时候，它就是正确的，当它走向反面时，就是错误的"。[1] 所谓和谐，就是指这个共同体的完整和多样性，保留至今尚存的一切生物。可以说这是一种比较完整形态上的环境伦理思想。美国女海洋生物学家雷切尔·卡逊于 1962 年写出了《寂静的春天》，卡逊警告人们已经出现的环境危机，为已存在的问题提供证据，她的呐喊唤醒了人们的环境意识。更可贵的是卡逊运用了科学的生态学理论，对人类对待自然的行为进行了道德思考并关注人类的长远利益和地球的未来。这些思想在一定程度上也影响着人类对待动物的态度和想法。

（四）现代生态科学、环境科学及人类文明范式的当代转换是环境伦理学以及动物保护主义产生的科学基础和文化背景

生态科学和环境科学所研究的世界是人与自然相互统一的、有机的整体世界，整体性是生态科学和环境科学的基本特征，整体论理念是生态科学和环境科学的基本观念。在生态科学和环境科学中，自然科学、人文科学和社会科学

---

〔1〕　［美］奥尔多·利奥波德：《沙乡年鉴》，吉林人民出版社 1997 年版，第 192、194、213 页。

走向综合，由于各科学门类和各学科的交叉，使得构建一个完整、统一的科学的世界前景成为可能。由此可能看出生态科学、环境科学与生态环境哲学的共通性：生态学的世界观也就是生态环境哲学的世界观，生态学的方法与观点也可能成为环境伦理学的方法与观点，或为环境伦理学所吸收和转换。生态科学与环境科学为环境伦理学的产生提供了科学的理论基础。

我们知道人类社会的文明发展已经历了两个主要形态：传统的农业文明和近代以来的工业文明。当一种文明带给人类的福利是以人类面临灾难和毁灭为代价时，这种文明的发展及其存在的合理性和正当性就受到怀疑，其内在的缺陷和弊病必会引起反思和批判，因而，这种文明形态就要被矫正、改造和更新。关于生态危机与人类文明发展关系的研究表明，人类以往一些文明的没落，直接原因是这些文明的发展引发环境破坏而导致的生态灾难。如果说农业文明时期，环境破坏与生态危机是局部的、表层的，还没有超出自然的修复能力，那么，在工业文明时期，环境破坏和生态危机则是全面而深层的，远远超出了自然自身的修复能力。人类文明要向前发展，需要对旧有的文明形态进行革新，通过对社会、个人的一种观念和思想的介入，唤起人们生态意识的觉醒和回归自然家园的意识。只有从价值观上摆正了大自然的位置，在人与自然之间建立了一种新型的伦理关系，才能构建人、社会、自然之间的和谐关系，实现新的文明范式。

20 世纪 50 年代，人类的科学技术水平进一步提高，人类开始步入信息化时代，人类群体间、集团间、国家间的活动开始出现区域化和一体化的趋势，人类和自然环境的关系以及相互作用也出现了集团化、区域化和国际化的趋向。人类向自然索取、开发、利用、改造的行为上升到了集团或国家间的行为，从而引发了社会环境与自然环境之间的伦理道德关系。人类传统的单纯意义上的人与人之间的伦理关系便发展为不仅包括人与人之间，还包括人与自然之间、人与社会之间以及社会与自然之间的多层次的立体交叉关系，大大地扩大和延伸了传统伦理学研究领域。非人类中心主义环境伦理学说兴起并逐渐成为引起世人关注的全球性话题，对动物予以保护的思想也就具有了根植的背景和土壤。

**二、人类进入动物保护时代**

人爱护动物的形象，并非由来已久。一直到 20 世纪初，人类对动物的剥削利用，以致造成动物痛苦或死亡，都还一直是西方社会普遍存在的现象，而当时少数胆敢就这个现象提出道德质疑的人，往往被其他人视为疯子或是无可救药的理想主义者。直到近数十年来，因为蓬勃发展的动物解放运动，西方人对待动物的态度才有了长足的进步。

（一）西方同情动物思想与动物解放运动的萌芽和兴起

在动物解放运动兴起之前，西方人对于动物的态度源自人类中心主义，其核心观念是"只有人类才有道德身份，其他事物只有在服务于人类利益时才有伦理价值"。[1] 尽管西方社会对待动物的态度以"人是主宰"为基调，但是同情关怀动物的思想并没有就此消失，而是交织在这种"以人为主宰"的普遍论调里。西方哲学史上那些具有博大同情的善者对动物的怜悯和关怀虽然被淹没在人类几千年来对动物的残酷虐待之行径中，但一直在引起人们的感情共鸣。

1. 古罗马时代同情动物思想的萌芽。古罗马时代的学者奥维德、塞内加、坡菲瑞和普鲁塔克等对所有遭受痛苦的动物都表示怜悯，同时厌恶人类为了取乐，在餐桌上或竞技场上使用有知觉的动物。公元 3 世纪罗马法学家乌尔比安认为，动物法是自然法的一部分，因为后者包括了"大自然传授给所有动物的生存法则，这种法则确实不为人类所独有，而属于所有的动物"。[2] 这是西方哲学史上对"关于动物是否具有道德地位"，或"人对动物是否具有直接的道德义务"问题的最早表述。有几位基督教圣徒也表示过对动物的某种关怀。如圣巴西勒写过一篇祈祷文，劝人善待动物。圣克里索斯托也有过类似的说教，还有圣以撒的教导。甚至还有像圣诺特等一些圣徒蓄意阻挠狩猎，从猎人手中救下雄鹿和野兔等。[3]

2. 近代西方的仁慈主义思想。文艺复兴时期，达·芬奇因关怀动物的痛苦而成为素食者，布鲁诺受哥白尼新天文学的影响，反对人类中心论，他大胆申言"面对无限宇宙，人只不过是一只蚂蚁"，从科学的角度动摇了人类的中心统治地位。法国启蒙思想家、作家和哲学家伏尔泰针对给动物带来最痛苦后果的笛卡尔的机械论哲学讽刺道："自然已经把所有的感觉器官安置在动物身上，难道它们会感觉不到任何东西？……不要设想自然中会存在着这种荒谬的盾。"[4]

英国著名思想家约翰·洛克在其《关于教育的几点思考》中谈到，动物是能够感受痛苦的，毫无必要地伤害它们在道德上是错误的。他主张人们不仅要

---

〔1〕 ［美］戴斯·贾丁斯：《环境伦理学》，林官明、杨爱民译，北京大学出版社 2002 年版，第 105 页。

〔2〕 ［美］纳什：《大自然的权利》，杨通进译，青岛出版社 1999 年版，第 17 页。

〔3〕 曹文斌："现代西方动物解放思想发轫"，载《遵义师范学院学报》2007 年第 5 期。

〔4〕 ［美］汤姆·雷根、卡尔·科亨：《动物权利论争》，杨通进、江娅译，中国政法大学出版社 2005 年版，第 60 页。

善待以往那些被人拥有且有用的动物，而且还要善待松鼠、小鸟、昆虫——事实上是"所有活着的动物"。[1] 休谟亦表达了一种相当普遍的情绪，认为人们有义务按人道法则文雅地使用这些动物。康德也倡导人们对动物应予以仁慈，反对虐待动物的行为。

　　在这些仁慈主义思想的影响下，虽然人类残酷对待动物的事实并没有发生根本性变化，但各种有影响力的人物结合起来改善了人们对待动物的态度，人们逐渐认识到动物确实会感受到痛苦和享受到快乐，应当得到某种程度的道德考虑，人与动物的关系自此出现了些许转机，善待动物的思想已开始纳入人们的思考，为动物保护运动的兴起埋下了伏笔。

　　3. 现代西方动物解放运动的兴起。1780 年，功利主义哲学家边沁发表了《道德与立法原理导论》，认为，"可能有一天，其余动物生灵终会获得除非暴君使然就绝不可能不给它们的那些利权"。[2] 边沁最早提出将动物纳入人类的道德共同体中。由于 18 世纪知识的进步，19 世纪动物的状况有了某些实际的改善，即通过法律形式反对任意虐待动物。

　　几年以后，达尔文在日记里写道："人类妄自尊大，认为自己该当是神创的伟大杰作。愚见以为，人其实是由动物创造出来的。"1871 年，达尔文正式出版了《人类的由来及性选择》，改变了人类和动物之间存在截然不同的鸿沟的传统观念，指出人类其实是由动物进化来的。随着进化论普遍被人接受，由进化论所激起的知识巨变已开始改变人们对待动物的态度。

　　当人们普遍对第一次世界大战的惨痛历史予以追思，并对生命无比珍惜时，前文所提到的 20 世纪最伟大的人道主义者史怀泽也因战争期间义务行医以及关怀动物的善举，而荣获"诺贝尔和平奖"，他的"敬畏生命"伦理学更是开创了动物伦理的先河。从此，动物的地位达到了一个前所未有的高度。

　　1975 年，美籍澳裔哲学家彼得·辛格的《动物解放》，在伦理学的高度上对动物的道德地位进行了论证。书中以大量的篇幅列举了人类对具有感知能力的动物的残酷虐待和屠杀行为，引起了西方社会关爱动物人士的高度同情和关注，此书被誉为动物解放运动的"圣经"，标志着现代西方动物解放运动的兴起。此后，许多动物解放组织如雨后春笋般地涌现出来，要求解放动物的口号此起彼伏，西方社会也由此揭开了善待动物的新篇章。

---

〔1〕　〔美〕纳什：《大自然的权利》，杨通进译，青岛出版社 1999 年版，第 20 页。
〔2〕　〔英〕边沁：《道德与立法原理导论》，时殷弘译，商务印书馆 2003 年版，第 49 页。

（二）动物保护兴起和发展的规则表现

德国的库尔特·拜尔茨在其著作《基因伦理学》中指出，动物界的生存法则是："没有尊重兔子'权利'的狐狸，也不会有兔子进行'尊重'青草和白菜的生存利益的训练，而青草和白菜也同样把它们生长的土地仅仅当作一种资源来看待。生物体仅仅出于各自生存和繁殖的利益才同环境发生交往，在交往中，会短期地、机会主义地——与人类相似——谋求整个种类的利益，而从长期看，有时则发生同类相残甚至自我毁灭。"

而人类相对于动物界不同的是，不断地通过自身实践，调整着人与动物的关系，调整着对待动物的显性或隐性规则。

在近代人类对动物无限制利用和残杀之前的古代社会，图腾崇拜是最原始的动物保护方式，体现了人对自然的敬畏和顺应态度。

而当人类从"采集渔猎时代"到"畜牧农业时代"，其对待动物的态度转为顺应自然。我国《秦律·田律》中规定，在每年的 7 月之前，不许捕猎幼兽、幼鸟和拾鸟蛋，不准设置猎捕野兽的陷阱和网置，不准向河里投置毒药捕杀和杀害鱼鳖。这一规定反映了人类自觉地按照自然生态规律利用动物资源的诉求。

近代以来，科技进步带来了法学思想的转变。人在很大程度上可以支配自然、改造自然，法律也把自然环境中越来越多的有利于人的东西纳入到财产法之中，包括动物。人支配和利用动物的关系在民法中比较典型的表现就是"先占原则"。先占原则在美国早期的野生动物案件审判中得到运用，野生动物在法律上属于最先占有和控制它的人。野生动物在其所属的土地上时，该土地的所有者对此野生动物具有优先占有权。

民法的这一传统，在 20 世纪八九十年代至 21 世纪初，奥地利、德国、俄罗斯等国相继对《民法典》进行了修改才有所改变。如前文所述，德国 1990 年《民法典》的修改。奥地利在 1988 年修改了《民法典》，其第 285a 条规定："动物不是物，它们受特别法的保护。关于动物的规定仅于无特别规定的情形适用于动物。"俄罗斯在制定《民法典》时，对动物作出规定："对动物适用关于财产的一般规则，但以法律和其他法律文件未有不同规定为限。""在行使权利时，不允许以违背人道主义的态度残酷地对待动物。"欧洲国家民法典的修正，体现了人对待动物态度在法律上的变化，也意味着人类已经进入了动物保护时代。

（三）动物保护兴起的其他实践表现

现代的动物保护运动是从西方开始的。其根本原因在于资本主义的发展带来生活方式的变革，并激发了人们对"权利"的全新认知。17 世纪开始，宠物成为英国中产阶级生活方式的一部分。首先，宠物是财产的一部分、宠物属于个人的概念被人们接受。其次，人们日渐意识到人和动物的相互依赖、不可分割的感情关系。这间接地挑战了人主宰动物的观念。最后，西方家庭的宠物都有自己的名字，也就是有自己的"身份。"名字的出现给予动物独立于他人的身份。

除了人们的生活方式的变革外，随着工业革命的发展产生的中产阶级在发出自己的声音的同时与传统的贵族阶级划分了界线。传统的贵族阶级喜欢打猎，因为打猎激发战争。他们喜欢斗鸡或逮熊，因为这些活动代表了贵族所欣赏的生活方式。居住在城市里的中产阶级对此没有什么兴趣，他们呼吁的是停止这些无谓的杀戮，指责这些活动的对动物的残酷性。

18世纪，非人类中心的观念愈来愈受到广泛地认可，人们对残酷对待动物行为的谴责也日渐强烈。这种道德的觉醒与英国多年实行的宰杀动物方式有关。那种毫不人道的宰割方式激发了人们的厌恶和愤怒。1790年，素食运动在英国广泛发展，动物屠宰厂在压力下停止在公共场所屠杀动物，宰杀行为必须在不为人所见的情况下进行。

1809年，一位英国勋爵在国会提出一项提案，要求禁止虐待马、猪、牛、羊等动物。这项提案在当时遭到了人们的嘲笑，结果，虽然在上院获得通过，但在下院被否决。到了1822年，世界上第一个反对虐待动物的法律才在英国获得通过。尽管这个法令仅仅适用于体型大的家养动物，比如牛、羊、猪、马等，而把狗、猫和鸟类排除在外，但是，它仍然被认为是动物保护史上的里程碑。随后，爱尔兰、德国、奥地利、比利时和荷兰等国也通过了反虐待动物法案。之后美国的"反虐待动物法案"被认为超越了英国的反虐待动物法令，因为它禁止虐待所有动物，包括野生动物和驯养动物。这直接促进了动物福利的改善，并为进一步思考动物权利问题奠定了基础。

1824年，英国议会的议员和3位神职人员组成了两个委员会。一个委员会负责发表刊物，教育大众，影响大众观念。另一个委员会制定条例，监察对待动物情况。结果在委员会成立的第一年，这个委员会就处理了一百五十多例残酷对待动物的事例。1840年，维多利亚女皇给予这个委员会"皇家"的名义，从此这个委员会就被称作为"皇家防止残酷对待动物协会"[1]。

维多利亚时代最重要、也是影响最深远的动物保护活动是反对用活体动物

〔1〕　曹菡艾:《动物非物——动物法在西方》，法律出版社2007年版，第96页。

进行实验运动。这个运动的起因是一个法国的科学家用没有麻醉的猫和狗做解剖实验。他的做法引起公众的愤怒不满，成千上万的人开始抗议这种毫不人道的实验行为。英国于 1876 年制定了残酷对待动物法案，要求任何要实验的研究者都必须向政府提出申请，获得批准才能用动物做实验。反对用活动物进行实验运动是 20 世纪动物保护运动的直接先驱[1]。

美国人伯格认为，残酷地对待活着的动物，会使人道德堕落，并变得野蛮起来。而一个民族如果不能阻止其成员残酷对待动物，也将面临危及自身和文明衰落的危险。在他的努力下，1866 年美国防虐待动物组织（ASPCA）成立。之后，1877 年善待动物组织（AMA）成立；1883 年抗活体解剖动物组织（AAVSS）成立；1899 年善待动物教育团体（AHES）成立；1952 年动物福利组织（AWI）成立；1954 年美国人道协会（HSUS）成立。目前，在美国已有几千个动物保护团体活跃在全国各地。

随后，动物保护主义者又转向观赏动物和环保需求。1994 年有人联名向美国农业部控告某马戏团在猩猩演出时"用电击棒以及铁棒驱打"，且禁闭猩猩"于狭小铁笼中"，这些行为都严重违反动物福利法。经农业部派加州兽医部门调查后发现，关闭猩猩的铁笼不但空间大，且装有空调和电视，价值 50 万美元，也没有发现用铁器驱打动物之事，方始平息。洛杉矶市政府每年将街头无主猫捕捉处死后，卖给有关单位利用，2 万只死猫价值 5 万美元，所赚费用贴补市政建设。动物保护组织又作干预，认为这笔钱是"血债"，绝不能容忍。市政府被迫每年花费 7.8 万美元，将猫送化肢站烧成肥料。[2]

从动物立法的发展进程看，动物保护主义初起时仅涉及濒危动物，后逐渐扩展到宠物和实验动物。近年已扩及普通家畜家禽，甚至连动物园内的动物展出，都受到监视和警告。动物保护主义已形成一股政治力量，类似绿色和平组织，从方方面面介入各类社会活动。1992 年 2 月 12 日，欧洲议会通过了有关化妆品法令 76/768 号修正法令，凡属化妆品原料含有"已经过动物试验合格的化学药物"自 1998 年 1 月 1 日起不得上市，其后 12 国部长会议又补充，如果届时仍找不到非动物试验的检验方法，则可把施行日期推迟不少于 2 年时间。这个法令是政府与国际动物保护组织长期斗争的调和结果，有 250 万人签名支持这

---

[1] 曹菡艾：《动物非物——动物法在西方》，法律出版社 2007 年版，第 103 页。
[2] 刘瑞三、王建飞："保护实验动物资源、提高动物实验质量——迎接国外动物保护主义的挑战"，载《上海实验动物科学》1997 年第 1 期。

项修正法令。[1] 到了 20 世纪后期，不仅欧美国家，世界上大多数国家，包括亚洲和拉美、非洲一些国家都制定了反对虐待动物的法律，动物福利协会和各种动物保护组织纷纷涌现。现在，人们已经达成共识，残害和毁灭生命是不正确的，爱护和促进生命繁荣才是人的基本责任，而一个文明的国家应该为保障动物不受虐待而设立人道的法律。

## 第二节　动物权利理论

### 一、动物权利主义的兴起

"动物权利"起源于英国，自 20 世纪七八十年代开始，随着世界范围环境保护运动的兴起，"动物权利论"的观点盛行。动物权利论被认为是现代动物保护运动的"发动机"和"牵引器"。但对于动物权利，国人大多缺乏了解，原因很简单，人权为国人普遍接受也就是近几年的事，因此，在动物权利问题上，尚需要一个认识和学习的过程。

20 世纪 70 年代之后，随着非人类中心主义环境伦理的兴起，人们开始渐渐放弃与自然对立的人类中心主义发展观，将人类的道德责任范围扩展到整个自然界。当人类的道德关怀视野扩展到人以外的存在物时，动物首当其冲地成了被考虑的对象。

动物保护运动主要有两个派别：动物权利主义和动物福利主义。动物权利主义反对人类利用动物的所有方式，包括食用、科学实验、狩猎等。他们认为，人类利用动物，不论是在实验室用动物做试验还是在农场饲养动物，或者射猎野外生存的动物，从原则上讲，都是错误的，是不道德的，是应该停止和取缔的做法。主要原因是这些做法均给动物带来痛苦，而且那些被人利用或食用的动物被人类作为工具、手段和目的，这在道义上是非常错误的。动物权利派认为，问题不在于是否减少动物的痛苦，问题是动物有自身的存在理由，人类没有权利剥夺动物的存在、生存权利。人类和动物应是在同一地平线上平等的存在。作为人类，我们应该认识到，动物具有应该受到人类尊敬的最基本的权利。拥有感知力、能够自知的动物应该享有支配自己生命的基本权利。动物跟人类

---

〔1〕　刘瑞三、王建飞："保护实验动物资源、提高动物实验质量——迎接国外动物保护主义的挑战"，载《上海实验动物科学》1997 年第 1 期。

一样具有感受快乐和痛苦的能力，也具有最基本的愿望：不受饥渴、没有痛苦、有安全感、有自由和快乐、能和自己的同类和家庭成员生活在一起。所有生命，包括动物，或者至少说哺乳动物或脊椎动物，都具有这些最基本的愿望和生存权。

然而，这并不是说动物应该具有同人类一样的各类权利。很显然，动物不具有选举投票、受教育等众多人类所独有的权利。但是，人类同所有生命共同享有一个地球，彼此相互依存，人类不能不依赖其他生命生存。此外，人类更不应该以"万物主宰"而自居，任意杀戮残害其他生命。所以，给予动物权利其实就是将人类从以自我为中心的"物种歧视"偏见中解放、解脱出来。总之，动物权利派认为人类应当以人道方式对待自己，同时，人类也应当以人道方式对待他者，包括动物。

动物权利早在十八九世纪就已提出，但动物权利运动作为社会运动仅有30多年的历史，主要是在1975年彼得·辛格出版了《动物解放》一书之后，动物权利运动才有了理论基础和根源。动物慈善组织"伦理对待动物协会"（PETA）和"人道协会"（Humane Society）是这个派别的代表。

动物权利论的代表人物有彼得·辛格、汤姆·雷根、费恩伯格、G. L. 弗兰西恩、爱德华·约翰逊、玛丽·沃伦等。动物权利论者主要受边沁和密尔的功利主义的启发，把有感觉能力的个体的需要和利益视为评价行为正确与否的最后基础，坚持"导致不必要的痛苦的行为是错误的"这一原则的普遍适用性。

### 二、彼得·辛格的动物解放理论

1974年，澳大利亚哲学家J. 帕斯莫尔撰写的《人类对自然的责任》一书出版，指出传统哲学和宗教把人类视为自然界绝对主宰的观点是错误的，人类应该热爱和保护大自然。这是当代哲学家最早以传统哲学观点反思环境问题的著作。然而，帕斯莫尔的伦理观念依旧是以人为中心的，认为自然本身并无内在价值可言，人类关注、尊重自然并非对自然负有责任而是利益使然。1975年，美国哲学家彼得·辛格在其《动物解放》一书中把道德价值的主体的界限从人类扩展到动物，认为动物有着与人相似的感受能力，人类应当承认动物的内在价值，维护动物的平等权益。这为动物保护提供了理论依据，成为人与自然之间传统伦理观念的一个突破口。彼得·辛格也成为动物解放理论的代表人物，他的动物解放理念的哲学依据是以边沁的功利主义为基础的。

边沁认为：功利，简单地说就是"快乐原则"，它指的是快乐是一种内在的善，凡是能带来快乐的就是道德的，带来痛苦的（包括给自己或任何其他个体带来的痛苦）就是不道德的。正是基于此种理论，彼得·辛格把动物的快乐和痛苦引入人类的道德考虑中。彼得·辛格同时认为，拥有感知能力是获得这种道德考虑的先决条件，凡是有感知能力者均应有感觉快乐和痛苦的功能。在这一原则下，动物与人同样具有利益，所以应享受同样的法律待遇，否则就是物种歧视。而这种歧视就如同性别歧视、种族歧视等一样是不能容忍的。

他在《动物解放》一书中，开篇即指出："凡是解放运动都意在结束某种不平与歧视……本书的目的是想要使你的态度与做法面向一个非常大的族群：就是除了人以外的其他动物。我认为我们目前对这些动物的态度是千年累积的偏见与歧视之结果。我认为，我们没有任何理由拒绝把我们的基本道德原则扩及动物——除非是为了保留因欺压他们而获得的私利。我要求你认知你对其他物种的态度是一种偏见，其可议程度不亚于种族偏见与性别歧视。"[1] 由此可见，支撑彼得·辛格的理论最主要的观念就是平等。

彼得·辛格认为，首先，动物虽然智力上有限，但有时反而比人类更能感到痛苦，因此应纳入利益平等考虑的范围。其次，除非诉诸宗教或玄想，否则人的神圣性与动物的非神圣性都不能够证明。因此，不能因想当然的认为动物的生命不具有神圣性和动物无自我意识，而对其予以物种歧视。同时，他还列举了许多人和动物、动物之间超越生理需要和生理机能的表现动物有感情的例子来说明动物是有感情的。以此说明，利益平等考量是基本道德原则，也是人类平等乃至人与动物平等的理论根据。一方面，凡具有感知能力者即具有利益，彼此相似的利益应得到相似的考量。另一方面，即使以人人均持有的事实性质而论平等，这一标准也应及于动物，因为，某些动物的综合心智能力确实比某些人高。故此，他认为人类与非人类动物平等就是必然的结论，应维护动物的平等权益。

### 三、汤姆·雷根的动物权利论

美国当代哲学家汤姆·雷根认为彼得·辛格从功利主义出发对动物的道德地位所做的论述是不够充分的，他从康德哲学出发对动物权利进行了论述并提出了自己的观点。康德提出，每个生灵都有内涵价值，也就是说，这个生灵具有独立于被他人利用的自身所固有的独特价值，即"天赋价值"。雷根同意康德

---

〔1〕 ［美］彼得·辛格：《动物解放》，祖述宪译，青岛出版社 2004 年版，第 134 页。

有关本有内涵价值的理论，但他将生灵的范围扩大到包括人类以外的动物，不同意康德的人对动物仅有间接义务的观点。在雷根看来，作为正在体验生命的个体，动物具有为其本身的价值，这就是所谓的"天赋价值"。天赋价值不同于其他的评价，它与个体的经验无关。正是动物身上的这种价值赋予了它们一种道德权利，基于这种天赋价值，动物可以成为道德主体。动物和人一样，都是生命的主体，是有思维，有欲求，有意识，有记忆，具有未来感，能感知快乐和痛苦的生命，都应该享有被尊敬对待的基本权利。而享有被尊敬对待的基本权利就意味着具有不被伤害的基本权利，这是一个首要权利，此外，我们也不应该干涉动物的生活。在大自然中动物之间的交往不存在谁侵犯谁的问题，因为动物不是为自己行为负责任的道德主体。只有人与动物打交道时，动物的权利问题才会显现出来，因为只有人才能够意识到动物的权利。

汤姆·雷根明确声明自己是一个动物权利倡导者，声明自己积极投身于动物权利运动，完全意识到自己的观点是激进的甚至是极端的。他明确指出动物运动的目标是要废除对动物的剥削，完全废除商业性的动物农业，完全废除皮毛工业，完全废除科学对动物的利用。汤姆·雷根的动物权利论也被称为"强势动物权利理论"。

### 四、G. L. 弗兰西恩的动物权利论

弗兰西恩从批判边沁和辛格的功利主义理论缺陷出发提出了自己的观点。他认为，"边沁的研究方法中至少存在两个严重缺陷。首先，断言在事实上动物有知觉但却没有自我意识或持续生存的利益，这在概念上是成问题的。其次，一旦边沁承认人和动物有质的差别……他就使我们不可能在道德上重视动物的权益……那么我们就不能运用平等考虑原则"。由此，弗兰西恩提出自己的观点："如果动物不受苦的利益具有道德意义，我们就必须废除而不仅仅是规制动物财产制度，我们也必须停止我们不以之使用于人的方式来利用动物。"[1] 弗兰西恩尖锐地指出，只要人类仍旧把动物看作物并将其作为人类的财产而继续加以利用，动物权利就无从谈起。他从法学的视角，对于动物权利提出了一个简明而新颖的辩护思路。

---

[1] 孙江：《动物福利立法研究》，法律出版社 2008 年版，第 38 页。

### 五、玛丽·沃伦的动物权利论

沃伦针对雷根的强式动物权利论提出弱式动物权利论。沃伦认为，动物拥有权利的基础不是它们所拥有的天赋价值，而是它们的利益。动物是拥有它们自己的利益的，而动物拥有利益的前提是，它们能够感受快乐或痛苦。在沃伦看来，所有拥有感觉的动物（并不仅仅指雷根所说的某些高等哺乳动物）都拥有权利，但是，与动物权利相比，人的权利是一种较强的权利，范围也要广泛得多，比如人可以有言论、集会、结社、游行、示威等种种自由权利，而这些对动物来说毫无意义。沃伦也承认，与人类相比，动物的夭折可能不是一个太大的悲剧，但仍然是一种不幸。应该说，动物拥有生存权，只是一般来说，它们的这种权利比人的生存权要弱一些[1]。

玛丽·沃伦的这一理论本质上来说是对雷根"强势动物权利论"的修补，也被称为"弱势动物权利论"。

### 六、对几种动物权利理论的简要评说

以上几种动物权利理论中，占主导地位的是彼得·辛格的动物解放论和汤姆·雷根的动物权利论，玛丽·沃伦和弗兰西恩的动物权利论分别是对雷根和辛格的动物权利论的不足之处进行修正的动物权利论。

由上述陈述可以看出，各种权利理论之间存在着如下差别：首先，理论基础不同，辛格的动物解放论是从边沁的功利主义出发，雷根的动物权利论是从康德的道义论出发，沃伦的弱势动物权利论是从利益论出发，弗兰西恩的动物权利论是从人对动物的态度出发。其次，论述权利的依据不同，辛格以动物的感知能力为依据，雷根以"天赋价值"作为依据，沃伦以动物有感知能力进而拥有利益为依据，弗兰西恩以动物有不受苦的利益为依据。再次，权利的内容也有不同，辛格的动物权利内容是"平等的考虑"，雷根的动物权利内容是"获得尊重对待的平等权利"，沃伦的动物权利内容是"趋乐避苦"，弗兰西恩的权利内容是"不被当作财产对待"。最后，权利主体的范围不同，辛格将权利主体的范围限定为有感知能力的动物，包括一切农场动物、鸟类、哺乳类动物以及海洋生物，雷根将权利主体的范围限定为某些高等哺乳动物和鸟类，沃伦将权利主体的范围限定在一切有感觉能力的动物，弗兰西恩的权利主体包括一切受

---

[1] 孙江：《动物福利立法研究》，法律出版社 2008 年版，第 37 页。

人类剥削的动物。

此外，它们之间也是有联系的：首先，都从不同角度论证动物权利成立的理论；其次，都从道德权利角度出发对动物权利的应然内容作出界定；最后，都主张对现有的不公正的剥削动物的体制予以废除（这里指的是绝大部分的动物权利论者）。其中，辛格的动物解放论和弗兰西恩的动物权利论、雷根的动物权利论和沃伦的弱势动物权利论还具有逻辑上的前后关系，即后者是在批判前者的基础上提出自己的动物权利理论。

辛格从功利主义出发对动物的道德地位所作的论述是值得称赞和有说服力的，但却不能令人满意。我们认为，辛格的理论缺陷有两点：①他从动物有感知能力出发，必然将一部分动物排除在权利大门之外。正如在他的《动物解放》中所说，他是严格按照这个标准来进行素食选择的，首先，是工厂化农场的一切肉蛋产品，其次，是鸟类和哺乳类，最后，是海洋动物。在海洋动物中，牡蛎、蛤、贻贝、扇贝等软体动物是非常简单的生物，不能确定它们是否有感觉痛苦的能力，所以辛格有时还会吃它们。感知能力不是一个理想的标准，它限制了享有权利的动物的范围。②辛格认为动物因其具有感受痛苦和快乐的能力而将其列入道德考虑，但列入道德考虑与实际拥有权利是两回事，一个是应然状态，另一个是实然状态，列入道德考虑并不必然拥有权利，感受痛苦的能力并不必然推理出实际拥有权利。因此，感知能力是一个很好的标准，但不是最好的标准。

雷根的天赋价值论比辛格的感知能力有说服力得多，但雷根的理论也有不足之处。包括：①对"天赋价值"定义不详，雷根虽然一再强调动物是拥有"天赋价值"的主体，但对"天赋价值"本身却言之甚少。尤为重要的是，雷根没有证明拥有天赋价值与拥有权利之间的必然联系。他并不认为动物真的拥有权利，他只是说，如果所有的人都拥有权利，那么至少某些动物也拥有权利。当然，这只能说是提出了问题，而不是解决了问题。②他没有说明如何区分拥有权利和没有权利的界限，即哪些动物拥有权利。要在权利的拥有者和非拥有者之间划一条泾渭分明的界限是很难的。因为在雷根所说的作为生活主体的动物和不作为生活主体的动物之间总有某些模糊的过渡状态，处于这个区域的动物，既不是完全的生活主体，又不是毫无苦乐感受的低等动物。[1]

沃伦以利益为基础为动物辩护的弱势动物权利论，比雷根的强势动物权利

---

[1] 参见杨通进："动物拥有权利吗"，载《河南社会科学》2004 年第 6 期。

论温和了许多，更容易为人接受。她强调动物权利的同时，更强调人权高于动物权利，符合现今的社会条件，具有一定合理性和可操作性。弗兰西恩从批判功利主义论证动物权利的弊端出发，得出动物受剥削的根本原因，是把动物当作资源看待，并得出废除现有剥削动物的制度和动物建立一种全新的关系的目标，他的理论无疑是激进和彻底的。

综上所述，我们可以看出，动物权利主义的基本原则是：非人类动物就其本质上来说应该有行为的自由；有在它们自己的生活圈中生活、居住的自由；有远离人类的伤害、虐待和剥削的自由，也就是说动物有权利不受人类的伤害、虐待和剥削，享有和人类一样的权利。人类对非人类的动物的剥削是基于人类的"物种主义"。动物权利运动试图将人类彼此之间的相互尊重与关爱扩展到其他的动物。因此，动物权利主义者不支持畜牧业、动物实验，以及为了人类的利益而利用动物，比如一些工作性的动物和娱乐性的动物。在现今社会来说，无论是在法律的建制上还是在现实生活中的可操作性上，动物权利说恐怕也仅仅是动物保护的一种理想模式，并不能被广泛地接受。

## 第三节 动物福利思想

动物福利是动物保护运动的另一个基本派别。20 世纪 60 年代以后，由于集约式饲养动物迅速扩展带来的问题和公众动物保护意识的觉醒，动物福利问题在西方国家逐渐成为公众关心的问题。科学家、兽医和动物保护人士等开始注意研究动物福利的标准和界定，以便保护动物的基本利益，使动物免受不必要的痛苦。许多国家也开始进行本国的动物福利立法。

从哲学角度看，动物福利派以功利主义（Utilitarianism）哲学思想为基础。动物福利理念的产生在西方国家已有上百年的历史，动物福利作为一种社会运动，较动物权利历史更为悠久。很多动物福利和动物保护组织以动物福利理念为指导思想，倡导改善和提高动物福利。例如，"皇家防止虐待动物协会"是这个派别的代表。

### 一、动物福利的概念

"福利"（Welfare），按其字面理解，通常为改善社会成员物质、文化生活，提高其生活质量的代名词。福利一词在汉语词典上的意思是健康和舒适的生活状态，在英文词典里为"Welfare"，是由"Well"和"Fare"两词合成的复合词，"Well" 的意思是好，"Fare" 的意思是生活，两者合起来就是"美满的生活""安乐的人生之路"。在《韦氏辞典》（Merriam Webster Dictionary）上 Welfare 有两个释义：幸福健康的生活状态；给需要帮助者提供金钱或必需品上的援助。可见，福利的概念主要与这几个词有关：健康、幸福、舒适。要准确定义福利二字并不容易，这是因为：①健康、幸福、舒适这些词都是个体的主观感受，不同个体的感受和标准都不尽相同。而幸福这类个体精神感受的概念对于不同的个体来说感受可能完全不同。②这些概念是仅仅针对人还是包括一切有感知的生物，即使针对的是人类，不同种族和不同民族的人对这些概念的理解也存在很大区别。如若取最一般的相对共性概念，则根本无法明确阐明福利概念的意义。如此看来，福利一词在法律术语中原本就很难界定。

通常，福利一词被用来形容人的状态和人以外的动物的状态，现在被人们普遍使用，例如，人的福利、社会福利、福利金、动物福利等[1]。动物福利（Animal Welfare）的概念是由英国动物学专家休斯于 1976 年提出的，当时指的是饲养农场中的动物与其环境协调一致的精神和生理完全健康的状态。[2] 1988年美国环保学者弗雷泽提出，动物福利的目的就是在极端的福利与极端的生产利益之间找到平衡点。[3] 而后，在 1990 年，我国台湾地区学者夏良宙提出，就对待动物立场而言，动物福利可以简述为"善待活着的动物，减少死亡的痛苦"。[4] 我国则有学者认为动物福利就是让动物有一个宽松的生活和生存环境，饮食正常，无疾病，无心理紧张压抑，不受痛苦伤害等。[5] 当"福利"和"动物"组合起来后形成的新概念亦始终难以形成一个统一的定义。

可见，动物福利的概念并不是福利概念在动物身上的简单延伸，动物福利更加强调保证动物康乐（Well-being）的外部条件。所谓动物的康乐，是指动物"心理愉快"的感受状态，包括无任何疾病，无任何行为异常，无心理的紧张、压抑和痛苦等。[6] 目前，"动物福利"泛指动物应该享有免受虐待和享有适当生活标准的福利，即"让动物在康乐的状态下生存，也就是为了使动物能够康

〔1〕 曹菡艾：《动物非物——动物法在西方》，法律出版社 2007 年版，第 59 页。
〔2〕 宋伟："中国法学界应当关注的话题：动物福利法"，载《上海实验动物科学》2002 年第 4 期。
〔3〕 刘国信："世界各国的动物福利立法"，载《肉品卫生》2005 年第 3 期。
〔4〕 刘国信："世界各国的动物福利立法"，载《肉品卫生》2005 年第 3 期。
〔5〕 刘永鑫："解读英国动物福利法完善我国动物福利立法"，载《绿色中国》2005 年 12 期。
〔6〕 陆承平主编：《动物保护概论》，高等教育出版社 1999 年版，第 52~53 页。

乐而采取的一系列行为和给动物提供相应的外部条件"。[1] 被国际社会所广泛承认的动物福利观念，是应该怎样合理、人道地利用动物，尽量在动物的繁殖、饲养、运输、饲养、表演、实验、展示、陪伴、工作、治疗和扑杀过程中，减少其痛苦，不得使其承担不必要的痛苦、伤害和忧伤。而不是不能利用动物或一味地保护动物。

## 二、动物福利的标准

根据剑桥大学动物福利学教授唐纳德·布鲁姆的观点，福利必须是指每个动物（包括人在内）个体本身的特征，而不是人们给予的外界的东西。

布鲁姆说，一个个体的福利指的是该个体对应付其所处环境而努力的状态。福利指的是该个体在某一特定时刻的特征，说明该个体当时状况如何。布鲁姆指出，动物在一生中面临很多不同的问题和挑战，他们同人一样，使用不同方式来解决和应付这些问题。应付的意思包括动物对自己身体状态的正常调节和应激反应。布鲁姆说，应激反应的生理显示迹象包括肾上腺素活动提高、心速加快、惊恐行为等。这些需要耗费更多的身体能量，因此只有当动物预测正常调节行为不够时，这些生理迹象才出现。当动物无法应付或可能应付失败时，动物就经历了紧张压力或是在承受痛苦。

我们可以以此为标准来描述一个动物的福利或一个人的福利的好坏状态。布鲁姆总结出了评估动物福利的衡量方式和标准：

表 2-1　动物福利衡量方式和标准

| 普通评估方法 | 评估 |
| --- | --- |
| 福利差的直接指标 | 有多差 |
| 测验<br>（a）回避<br>（b）正面喜欢 | （a）动物不得不面对希望避免的情形或刺激的程度<br>（b）非常喜欢的程度 |
| 测量表现成长行为和其他生理功能的能力 | 正常行为或生理或生物发育无法发生的重要程度 |

---

[1] 宋伟编著：《善待生灵—英国动物福利法律制度概要》，中国科学技术大学出版社 2001 年版，第 5 页。

布鲁姆教授研究设计出了一套测量动物福利差的基本指标，包括：寿命缩短、成长或繁殖的能力下降、身体受伤害、疾病、免疫压抑、身体竭力应付、行为竭力应付、行为病理学数据、自我麻醉、表现出的行为回避程度、正常行为压抑程度、正常身体运作过程和身体发育被压抑的程度。类似的，还有一个动物福利好的基本测量指标，包括：表现出的多种正常行为、表现出的非常喜欢的行为程度、快乐的身体指示迹象、快乐的行为指示迹象。在测量动物福利方面，牛津大学动物学教授玛丽安·斯坦普·道金斯提出了两个衡量标准：①动物的健康状况；②动物是否得到它们想要的东西。而且我们还需要透过动物的眼睛、从动物的视角来认识动物福利，听到动物的心声。

如果我们将以上理论用于具体动物福利评估，我们可以说疾病、伤痛、行动困难、发育不正常等都表明动物福利很差。如果动物居住条件很差，例如，家禽被长期关在拥挤的笼子里，无法伸展翅膀和腿脚，其肌肉和骨骼变得虚弱、不健康，由此造成家禽应付环境的能力下降，这也就说明这些家禽的福利状态较差。类似的，研究表明被长期关养在围栏里的猪，其骨骼只有正常猪骨骼强度的65%，这也表明其福利较差。这些都是可以客观、准确测量出来的。我们还可以使用行为测验。如果一个动物避免某一物体或者强烈表示不喜欢某一物体，这也表明了动物福利状态。如果一个动物希望用某种自然姿势躺下或站立，但因为居住的空间太小，进行多次努力却无法成功，这也表明动物福利差。其他表明动物福利的行为测验包括动物的反常行为，例如，自我伤害、猪咬尾巴、鸡叨毛、特别富有侵略性行为等，都表明动物福利状态差。

对于动物评估的客观性，布鲁姆教授认为，福利评估同道德伦理判断应该加以区分。例如，评估动物在运输过程中的福利状态，科学家可以对动物在不同运输方式中的身心状态进行科学客观地比较，比较动物运输过程中的具体身心健康指标数据和行为。在此评估基础上，人们可以做出伦理道德的选择，例如，决定使用何种运输方式、运输条件等。

总之，动物福利是一个科学概念。长期以来，人们已经达成共识的是动物福利包括动物身、心健康两方面，涉及动物感受痛苦和快乐的各种广泛感受。应该让动物享有身体健康，免受饥渴、苦寒、病痛、过多劳作等体力上的折磨，同时也应该享有心理健康，免受精神折磨和创伤的困扰。

**三、动物福利的内容和分类**

动物福利概念的引入是人类意识观念的进步，是人类基于利用动物和保护动物的权衡中提出的。人类应该合理、人道地利用动物，要尽量保证那些为人类作出贡献的动物享有最基本的权利，反对使用那些极端的利用手段和方式。动物福利的目的就是要在极端的福利与极端的生产利益之间找到平衡点。

当前，对驯养动物福利内容的认识，较为一致的观点是，动物福利涵盖了五个方面的自由。这五项自由最初是由英国农场动物福利理事会建议提出的，包括：①不受饥渴和营养不良困扰的自由；②不在恶劣环境中生活的自由；③不受痛苦、伤害和疾病的自由；④享有表达正常天性的自由；⑤受恐惧和忧虑紧张的自由。[1]

动物福利的五项自由已被许多国家关注并成为制定动物福利法律、法规的基本考量，在相关的动物保护法律中也予以了体现。例如，欧盟理事会有关用于农畜目的的动物保护法令中就规定了用于农业目的的动物的居住条件、喂养条件、身体健康和心理健康等的具体指标。然而，"福利"更多地被运用在驯养动物身上，对野生动物福利的认识和思考尚付阙如，事实上野生动物亦有"动物福利"的需要。

国际上通行的动物福利的分类方法，是将动物福利分为农场动物福利、实验动物福利、伴侣动物福利、工作动物福利、娱乐动物福利和野生动物福利。在遵循总的动物福利原则下，具体到每一项动物福利，都因其特殊的地方而有所区别。例如，农场动物一般是以养殖屠宰为目的的，因此农场动物福利就要对如何养殖、屠宰进行限制，尽量使农场动物在养殖时确保康乐之状态，在死亡时尽量免受痛苦。而伴侣动物一般不涉及被屠宰的问题，因此伴侣动物福利侧重的是对其康乐生活状态的保护，例如，免受虐待、遗弃等。

### 四、辨证地理解人类对动物的利用和对动物福利的保护

人们对于动物的充分利用和对动物的福利保障是相辅相成的。完全忽视动物的福利而使用动物，必然会给动物带来许多问题，如生病的牛、马不能为主人很好地工作；不能处在良好生活状态的宠物会变得抑郁或烦躁不安，自然不能给其主人带来快乐；不能处在良好生活状态的畜牧动物，其体内激素分泌失

---

[1] 对于动物福利的内容，祖述宪教授将其译为"五项基本福利"，即：①不受饥渴：提供充足的清洁水和食物以维护动物健康和精力。②不受困顿：提供合适的环境，包括房舍和栖息场所。③不受疼痛、伤病的折磨：预防疾病，及时给伤病动物诊治。④不受恐惧和痛苦：确保动物拥有良好的条件和对待，避免精神上的痛苦。⑤自由表达正常习性：提供足够的空间、适当的设施以及与同类动物伙伴在一起。这种翻译亦有其可取之处，在此，我们也一并介绍与读者。

调，对于最终的食品质量和产量都会有影响；不能处在良好生活状态的实验动物，也无法给科学实验带来希望的实验结果等。同时，在制定动物福利标准时，应结合社会和经济发展状况。因此，动物福利不能忽视两个方面：①动物福利的改善有利于人们对动物的利用，当福利条件满足动物康乐时，便能最大限度地发挥动物的作用。②在社会条件允许时，重视动物福利，改进动物利用中不利于动物康乐的利用方式，尽可能使动物免受不必要的痛苦。

在动物立法方面，几乎所有西方现行的有关动物保护和动物福利的法律多为动物福利法，特别是禁止动物虐待法规，旨在保护动物免受虐待，改善动物的生活品质。此类法律也越来越多地包含人对动物的法律关照责任。例如，有责任为动物提供饮食和住宿，不仅是要善待动物，不虐待动物，而且要尽到最起码的关照责任。这些认识和主张提倡用渐进的方法改善动物福利。

这些主张的目的主要有：确定人类对动物的整体责任和个人责任的性质和范围；为动物提供保护，使之免受虐待和残酷行为；制定如何对待动物的法规；在法律上规定对待动物的最低福利标准；促进提高动物福利；鼓励负责任的动物拥有和饲养做法；改善动物和人类健康和公共安全；教育公众了解有关动物的需要；在出现动物虐待等问题时，在法律上允许第三方介入，改变传统财产权的法律；让政府决策人注意和重视动物福利问题；影响法庭对动物的态度；建立这样一个原则，即对动物是一个人民普遍关心的、合理合法的社会公正问题；提供机会以便进一步推进动物保护立法的发展。

总之，动物福利派认为，人类可以适当、合理的利用非人类动物，例如，用于研究试验、食用、猎取、用于体育娱乐和其他用途，但在此利用中，如果对人类的利益大于动物能承受的限度，这样才可以接受。他们提出人类应该合理、人道的利用动物，应尽量保证为人类做出贡献和牺牲的动物享有最基本的权利，既包含了对动物的保护，也包含了对动物的合理利用。动物福利概念的引入是人类意识观念的进步。

**五、动物权利与动物福利之辨析**

比较动物福利与动物权利两个概念可知，动物权利包含着动物福利的内容，但动物福利的概念则是基于如何科学、合理、人道地利用动物这一角度提出的。两个不同的概念，在保护对象和保护内容上各有侧重。

动物权利论强调的是人与动物之间是完全平等的。因此，动物权利论禁止人类一切使用或利用动物的行为。而动物福利论并不追求人与动物之间的平等，且承认人在这个世界上的主导地位。动物福利的哲学基础与动物权利的不同，动物福利者认可动物的人性的、负责任的使用以满足人类的需要。动物权利者在人类需要与动物利益发生冲突时，将动物放在第一位。动物福利论强调的是善待动物，希望人在利用动物的时候能尽量使用最为友好的方式。

在法律层面适用时，动物福利保护法律强调的是人类应当提供给动物的福利，这说明动物所得到的好处只能是人给予的，而且动物并非主动要求而是被动接受的。这与"权利"的行使特征是截然不同的。从现行法律规范的类型来看，只有法律对动物价值和福利的确认规范及对人的应为、可为、禁为等行为的规范。动物福利只有一些自由、设施、条件等需求用语。对动物价值和福利确认，其实只是法律规范中的确认性规范。法律对人的要求属于法律规范中的行为规范，针对的都是人，法律并未赋予动物作为法律关系的主体、主动行使权利的地位。瑞士 1997 年颁布的《牲畜权利法》，虽然采用了"权利"一词，但根据其法律内容和该国动物保护基本法的标题——《动物福利法》来看，"权利"应作"福利"来理解。

我们认为，与动物权利论相比较而言，动物福利论更为实际也更能为大多数人所接受。在社会发展进程中，人类有义务在利用动物的过程中减少它们的痛苦，仁慈地对待动物，不虐待动物。但是，也有人认为这是一种虚伪的做法，既然动物的最后的命运是被人类食用或以其他的方式为人类的利益而死亡，那么动物生存时的福利好坏又有何意义呢？既然最后的结果还是死亡，那么我们追究动物的生存方式、死亡方式又有何价值呢？动物权利派会认为，既然要保证动物的福利，那就从根本上来做：不利用动物，不食用它们的肉，不用它们的毛皮做衣服或不利用它们做试验。其实，这是一种极端的想法，不具有现实的意义。我们说，人的生命也会走向死亡，这是必然规律，那是否意味着我们在活着的时候可以不用考虑我们的生活质量，连最起码的健康和愉悦的生活也是浪费呢？但是实际上，从古至今，我们一直积极的追求幸福美好的生活，努力寻求更健康的生活方式，尽量让人生充满愉悦。那么动物也是如此，我们的生活在现在来看是无法避免利用动物的，那么在利用它们的过程中尽量减少它们的痛苦，给它们提供必要的福利保证就显得十分的必要。

此外，动物福利这一理念更容易得到共识和推广。激进的动物权利论者的理想是美好的，但这需要极高的道德水平、生产力水平以及人们相应生活习惯的改变，在现阶段这些还难以实现。动物权利作为非人类中心主义的环境伦理观在伦理学上也许能成立，在实践中却难以想象，激进的动物权利论者的一些行为也常常会对生态环境造成适得其反的效果。所以，激进的动物权利论并不适合现在的情况。而动物福利论更贴近我们的现实生活，具有可操作性，能够达到人和动物"双赢"的目的。西方国家的动物福利法已有百余年历史，动物福利观念得到了统治阶层和广大民众的认同和支持，这也是有目共睹的。

随着社会经济的发展和文明的进步，爱护动物、保护动物的观念越来越为民众所接受，并成为大多数人的心声，而落实到行动上需要全社会甚至全人类这个整体的支持。但是激进的做法有时候反而会适得其反，不仅无法将爱护、保护动物的理念加以推广反而会引起反感。20世纪70年代，美国极端的动物保护组织主张动物也有权利，且具有和人同等的地位，人类没有权利利用动物。他们采取了一系列的所谓的动物保护的行动，包括破坏毛皮加工厂、烧毁动物实验室，甚至对虐待动物的人武力报复。这样的方式给社会造成了极大的混乱，对保护、爱护动物的观念的推广并没有起到积极的作用，反而引起很多人的强烈反弹。所以，动物福利的观念既符合了人类爱护、保护动物的良好愿望，也为人类通过发展逐渐地减少利用动物的愿景留下了一定的空间，动物在这一理念推广下的生存质量也会得到很大的改善。

⊝ **思考题**

1. 彼得·辛格的动物解放论主要内容。
2. 动物福利的五大自由主要内容。
3. 动物权利与动物福利的异同。

# 动物保护法概述

## 第一节　动物保护法的法理内涵

### 一、动物保护法的含义

动物保护法（Animal Protection Law）是指国家制定或认可的有关动物保护、管理以及合理利用的法律规范的总和。传统意义的动物保护法首先是为了人类能够永续利用自然，维持生物多样性，强调动物种群的延续。随着人类人文精神的不断进步，动物保护法开始更多地关注动物活着的状态，即转而以动物的生存质量为关注焦点。无论是对动物现有的生存状态的关注，还是对它们的终极归宿的关注，本质上都是对动物福利的关注。动物保护法的保护对象由早期可以利用的野生动物，到驯养动物的一部分，逐渐扩大到所有受人类影响的动物。内容由单纯禁猎、防止虐待向改善动物的生存环境和减少痛苦等基本福利，甚至动物的精神福利层面发展。

因此，这里提到的动物保护法是现在国际上通行的动物保护立法模式，许多国家也称其为动物福利法，这是对野生动物、驯养动物全面保护的立法，不仅单纯保护动物，还要给予动物福利保障。

法律上的动物保护，有如下含义：第一层含义，是禁止人的行为，维持物种的自然生存状态及其种群的适当数量，维持生态系统的稳定性和人类对动物及其制品需求的持续性。第二层含义，是管理人对动物的行为，以抑制人对动物行为为目的，保障动物物种的存续和种群的适当。第三层含义，是鼓励人的积极行为，维持和增进动物物种以及种群数量的稳定，以满足人们生存和发展的需求。第四层含义，是尊重动物生存周期的基本需求，禁止和限制人对动物在其生存期间不必要的伤害，这方面主要关注动物福利。

我国早在 1950 年就由中央人民政府公布了《古迹、珍贵文物、图书及稀有生物保护办法》（已失效）和《古文化遗址及古墓葬之调查发掘暂行办法》（已失效），开始了中华人民共和国的野生动物保护工作，到 1988 年全国人大常委会又颁布了《野生动物保护法》，从而使我国野生动物保护工作较早步入法制化、规范化轨道。但因缺乏动物福利意识，到目前为止始终未能给予与人类朝夕相伴的驯养动物以足够的关注。

本书在以下内容中凡提到"驯养动物"的法律保护表述均为"动物保护法"或"动物福利法"，除非另有特别说明，否则视为未作区分，均在动物福利层面使用这一概念。

**二、动物保护立法产生的原因及特点**

*（一）动物保护立法产生的原因*

动物保护立法的产生是基于多方面的因素，总的来说，主要有以下几个方面：

1. 经济原因。动物保护立法是建立在相当程度的经济基础之上的。马克思主义哲学认为，经济基础决定上层建筑。故动物保护立法首先出现在工业革命的发源地——英国，后来随着经济中心的转移，动物保护立法的中心也逐渐由英国转移到了美国。此外，经济水平也决定了动物福利的提高和动物保护立法的产生和发展。随着人类经济水平的提高，人类福利日益提高。通常只有在人类生活水平的提高的同时或之后，才会有精力和财力来考虑改善动物的福利。例如，宠物福利基本上就取决于人类的生活状况。这也是为什么我们会看到人类在经济状况极端恶化的条件下，为了生存而不得已杀死自己饲养的宠物狗的现象。所以，我们可以得出这样结论——人类只有在解决了基本温饱问题，逐步提高了人类自身福利水平的前提下，才会开始关注和保护动物的福利。

2. 文化原因。宗教深刻地影响了西方动物保护立法。产生于西方的动物保护法带有很深的宗教印记（"摩西十诫"中就有保护动物福利的内容）。西方基督教主张人类和非人类的动物之间的平等。在中世纪占据主流的宗教法和深受宗教影响的自然法中，我们都能找到动物保护立法的影子。许多法学家认为，自然法是动物保护立法的渊源。而自然法的历史渊源是宗教，因此，可以说，动物保护立法的历史渊源是宗教，也就是说，宗教是动物保护立法的文化根源，它深刻地影响了西方的动物保护立法。

3. 理论原因。传统的立法是以人类中心主义为其哲学基础的。与以往的立法不同，以保护动物福利为中心内容的动物保护法，它的理论基础却是现代人类中心主义。它将人类的长远利益和整体利益作为处理自身与动物关系的根本价值尺度，要求人类在利用动物的同时，还必须保护动物，必须合理开发利用动物资源，将人类的开发利用行为限制在合理的范围和幅度之内，以确保生态平衡和动物资源的持续利用。动物保护立法深刻贯彻了现代人类中心主义，把道德关怀的范围由人扩展到动物，并进一步维护动物的康乐。

（二）动物保护法的特点

与其他法律相比，动物保护法有其自身的特点：

1. 具有伦理道德性。无论人类怎样强调动物与人的不同，有一点是毋庸置疑的，那就是它们都同人一样害怕伤害，恐惧死亡。动物福利理念建立的前提，是认为动物和我们人类一样有感知、有痛苦、有恐惧、有情感需求。动物保护法强调"善待动物"。动物保护法是用法律这个有效的工具规范人们的行为，保护动物，是人类对自然界观念的更新，也是社会文明进步的象征。

2. 具有明显的边缘科学的特点。动物保护法研究处于多种学科的交汇点上，融汇了多种学科的知识并对多种学科产生影响，因而具有比较明显的边缘学科的特征。它不仅与动物保护、环境保护等学科密切联系，还与畜牧业、兽医业、商业贸易等领域紧密相连。所以，理解动物保护法不能仅仅从动物保护的角度考虑，还需把它与相关的学科关联起来，这样才能有较为全面的理解。

3. 立法的终极目的是善待人类自己。法治是人类追求并实现完善自身理想的一种方式，关怀人类自己自然是最终归宿。表面上看，保护动物在一定程度上限制了人类对待动物的自由和权利，但正是这种限制，在更深层次上体现出人类关怀自己生存发展的价值取向。这将有助于人类和自然的和谐以及人类社会自身的和谐。因此，关爱动物归根到底其实也是尊重和关爱人类自己，今天立法保护动物正是关怀明天人类自身的需要。

4. 与科技紧密联系。既然动物保护法保护对象是动物，那么它就与许多有关动物的科学有密切的联系。一方面，对于动物生存状态的测量是以人类对于动物的生理、心理和行为的科学为依据的。动物的生理变化可以通过对动物的心跳、血压、呼吸、瞳孔以及体内激素等进行测量。动物行为的异常可以在一定程度上反映动物的生活状态，如动物在紧张时会心跳加快、血压升高等，动物在遭受痛苦时会全身颤抖、蜷缩、发出叫声乃至面部表情扭曲等。另一方面，动物福利是否实现，需要科学来进行较准确的认定。同时，科学的发展，也会产生一系列的新的动物福利问题。这样，动物保护法需要及时的修改、废止以及重新制定。而动物保护法的不断完善还依赖于科学技术的发展为其提供科学有效的方法。

## 第二节　动物保护法律关系

### 一、法律关系概说

法律关系是指法律在调整人们行为过程中形成的人与人之间的以权利义务为内容的关系。因此，法律关系实际上是以法律为前提的社会关系，没有法律规范就不能产生相应的法律关系。法律关系以权利义务为内容，权利义务来自于法律的明确规定或者由法律授权当事人在法律范围内自行约定。当法律关系受到破坏时，权利受侵害一方就有权请求国家机关，责令侵害方履行义务或对违法者予以相应的制裁。法律关系由三要素构成：法律关系主体、法律关系客体和法律关系内容，三要素形成有机联系的整体，缺一不可。

法律关系主体是指依法享有权利和承担义务的法律关系参加者。主体在法律关系中，享有一定的权利，同时承担相应的义务。通常的法律关系主体包括具备相应的权利能力和行为能力的自然人、法人、社会组织、国家、国家机关等。

法律关系客体是指法律关系主体行使权利履行义务时所指向的对象。通常包括物、行为、智力成果等。比较常见的物作为法律关系客体，需要具备以下特征：该物被法律所认可，人类对该物有准确的认知并可控制，具备独立性，并且能够给人类带来利益。比如，商店出售商品给消费者，该商品就是买卖双方民事法律关系中的客体。

法律关系内容是指法律关系主体依法应当享有的权利和应当履行的义务。其中权利表现为要求权利相对人可以怎样行为、必须怎样行为或不得怎样行为。义务表现为必须为和不得为两种方式。权利和义务作为法律关系内容的核心，是区别于道德行为的重要标志，通过权利和义务调整法律关系主体间的行为，是法律调整的特有机制。

### 二、有关动物法律地位的学说

动物的法律地位问题，涉及动物究竟是继续作为法律关系的客体加以保护，还是可以成为法律关系的主体的问题。其主要观点可以分为三类：一是动物客体说；二是动物主体说；三是动物有限主体说。

传统民法上，动物一直是作为法律关系的客体被看待的，各国的法律实践也都遵循此原则处理涉及动物的案件。但是反对理论也是由来已久，早期主张动物具有主体地位的主要是泛灵论者，在泛灵论者的理论中动物具有和所有生命一样的灵性。进入 20 世纪以后，动物的主体地位成为理论上的一个热点，尤其是彼得·辛格的《动物解放》一书出版以后，动物主体地位的讨论更是备受重视，基本形成了动物解放论和动物权利论、生态整体主义论三种主张动物应该拥有权利的理论。而这三种理论影响了法学界，催生了动物法律主体论，即主张动物可以在法律上具有完全的权利主体资格，享有同人类成员一样的法律权利。这其中有的主张"扩大法律主体人格范畴，动物和自然物也有生命权、健康权，也有生存和存在的权利，这是动物的具体人格权。在一般人格权中，动物和自然物也应有人格自由、人格平等、人格尊严的权利"。[1] 更有甚者，提出生态法学"将一切生命体作为法律关系的主体，而自然人在生态法律关系中是作为被约束和被限制的对象而存在的"，以及"人不仅是权利的主体，还是自然界的权利的客体"。[2]

此外，亦有学者提出在现阶段区分不同的领域、不同的动物、不同的情况，有限制地允许部分动物在部分领域内成为法律主体，这就是有限主体论。其主张主要包括两方面的内容：一是主体权利范围的有限性。人所拥有的是一种完全的权利，动物所拥有的是一种不完全的权利，即动物只享有某些种类的权利，如生存权、生命权等，而选举权、被选举权等则专属于人类。二是主体范围的有限性。即野生动物与宠物可以成为法律关系的主体，而其他动物还是应当安心充当客体。[3]

我们认为，上述两类观点都有其法学理论的困境和实践操作的矛盾之处，故在我国的动物法律规范中仍应确立动物是客体，但是为特殊的客体的法理定位。

---

〔1〕 王紫零："非人类存在物法律主体资格初探"，载《广西政法管理干部学院学报》2003 年第 5 期。
〔2〕 刘文燕、刘滨："生态法学的基本结构"，载《现代法学》1998 年第 6 期。
〔3〕 徐晰："论动物法律主体资格的确立——人类中心主义法理念及其消解"，载《北京科技大学学报（社会科学版）》2002 年第 1 期。

### 三、动物是法律关系的特殊客体

1990 年 8 月 20 日,《德国民法修正案》生效之后对法律关系客体这一范畴的理解在原有的"物和行为"的基础上作了调整。修正案将《德国民法典》第一编总则中的第二章"物"重新命名为"物,动物",第 90 条 a 规定:"动物不是物。它们受特别法的保护。法律没有另行规定的,对于动物适用有关物所确定的有效规则。"第 903 条第 2 项规定:"动物的所有人在行使其权限时,应遵从关于动物保护的特别规定。"由此可见,在修改之后的《德国民法典》中,"物"的外延缩小了,动物仍然是客体,但不在"物"之中,成了特殊的客体。在我国,杨立新教授 2005 年在清华大学做"建立法律物格的思想"演讲时,主张将物格分为三类,第一类是"生命"物格,包括动物。第二类是抽象物格,最典型的是网络。第三类是一般物格:指第一类、第二类以外的物格;其中,第一物格的地位是最高的。陈本寒教授同样认为"在法律上,我们说,动物仍然是物,只不过是一种特殊物而已"。那么,动物为什么不能成为法律关系的主体或限制主体呢?

1. 动物的特性决定其不能成为法律关系的主体。现代西方哲学以主客二分的思想体现在大陆法系中,就是将"人"作为权利主体,而"物"只能作为权利的客体。而区分"人"与"物"的重要标准就在于,"没有理性的东西只具有一种相对的价值,只能作为手段,因此叫作物;而有理性的生灵才叫作'人',因为人依其本质即为目的本身,而不能仅仅作为手段来使用"。[1] 自然人的意志能力容易理解,法人的意志能力则可以归结到由自然人构成的法人机关的意志,实际上还是根源于自然人。如果给予动物法律主体地位,如何区分动物之间不同的权利要求和义务分配呢? 这将是任何人都无法圆满回答的问题。动物如何实现自己的权利? 动物本身不可能积极地通过自己的有意识的行为去实现自己的权利,可能还是需要我们人类进行配合,事实上就是人类给自己附加上更多的义务而已。结果就是动物单方面获得权利,而人则单方面承担义务,造成新的不平等。根据法理学对权利义务关系的论述,不存在纯粹的权利和义务,任何主体在享有权利的同时,必然承担义务。假若动物享有法律权利,那么动物也必然应承担法律义务。如何界定动物的法律义务,仍是一个难题。

---

[1] 转引自〔德〕卡尔·拉伦茨:《德国民法通论》(上册),王晓晔等译,法律出版社 2003 年版,第 46 页。

2. 赋予动物法律主体地位的法理基础首先是扩展人类伦理道德范围，将动物纳入道德范畴，成为人类道德的主体，进而赋予动物法律主体地位。但事实上，人类无法在人与动物之间构建正义、公平的道德关系，泛道德论不是拯救动物的出路。动物无法理解人类的道德，人类对动物施以道德只是一厢情愿的事情。我们可以用理性来约束自己使得动物可以在我们中间被作为主体来对待、认同并且不被伤害。那么一个置身于一群动物之中的人却不可能被这些动物作为它们意义上的主体来对待、认同并且不被伤害。即使是处于程序上的正义，也要求我们与动物之间的道德关系是由人和动物来共同构建的。但是，同样是因为缺乏理解作为基础，这一过程无法实现。我们没有证据证明我们所认为的公平、正义也同样是被动物所认可的。

3. 动物主体论与法律责任制度相矛盾。法律责任产生的前提是违反了法定或约定的义务。法律责任的本质"是由于实施了违法行为、违约行为或出现了不属于违法、违约行为的某些法律事实而使责任主体应当承担的不利法律后果"。[1] 试想，如果动物享有权利主体地位，当其行为违法时，如毁坏财物、伤害人类等，如何让其承担法律责任？无论是民事赔偿、行政罚款、拘留还是刑事处罚，对于人类和社会来说都无实际意义，即使是有代理它们的机构也于事无补。一是这种法律责任无法真正实现法律责任的设立目的；二是即使这种法律责任能够实现，对于动物的同类却起不到丝毫的警示作用。人以外的生物认识不到彼此的责任，更不能交流责任的看法，无法让其承担任何责任，即使形式上为满足人类要求动物承担责任的心理，规定动物的法律责任，这对于没有"责任"概念的动物来说有什么意义呢？主张动物在法律上具有权利主体资格（包括完全主体资格和限制主体资格）的倡导者提出可以为动物设立监护人或代理人，就像为无民事行为能力人设立监护一样。但是，由于动物缺乏理性，也无法与人进行沟通交流，动物与人之间也不可能存在真正意义上的理解，没有理解作为基础，即使为动物设立了这样的监护制度，也无法真正代表被监护或者被代理的动物的利益，不能做到对动物的真实意思的表达，动物还是不能作为真正意义上的权利主体出现在审判席上。

同时，动物有限主体论者只将一部分高级动物纳入我们的法律共同体中，而不将其他种属的动物考虑在内，在倡导动物拥有权利的同时，又在动物之间又制造了新的不平等，甚至存有对部分动物的歧视。从规则分配的角度看，主

〔1〕　徐永康主编：《法理学》，上海人民出版社 2003 年版，第 410 页。

体能普遍地享受到法律形式上的权利，那么主体性才能在法律上得以落实，否则便不存在真正的法律主体，主体性在法律上便因此而大打折扣。

4. 有动物主体论者引用《德国民法典修正案》作为依据，指出动物脱离"物"，成为法律主体已经有了法律依据。[1] 但是，我们应该看到德国在增加该款规定的同时又在第 903 条关于"所有人的权限"条款中加上了"动物的所有权人在行使权利时，应注意有关保护动物的特别规定"一句。前面规定了动物不是物，后面却又使用"动物的所有权人"一词，最终还是将动物纳入了物权的客体之内，即说到底，动物依然是"物"。由此可见，德国的立法者并非要将动物排除在物之外，而只是因国内环境保护、动物保护势力的压力所做的一种立法上的技术性处理。德国立法者的最主要意图只是要表达"动物是特殊的权利客体"以及动物的所有人不能像对普通物一样随意处分的意思而已。立法保护动物不等于要将动物上升为法律关系主体，动物仍应当是法律关系的客体，区别于一般无生命物的特殊客体。

## 四、动物保护法律关系的三要素

动物保护法律关系是在动物保护法领域内以相关主体的权利义务为内容形成的人与人之间的社会关系。动物保护法律关系的主体、客体、内容三要素和其他部门法律关系的构成一样，缺一不可，共同形成有机联系的统一体。动物保护法律关系同样依据法律规范确认。

### （一）动物保护法律关系主体

动物保护法律关系主体是指依照动物保护法律法规享有权利和承担义务的法律关系参加者，包括自然人、法人、社会组织、国家、国家机关等。比如，驯养农场动物、伴侣动物、工作动物的个人和单位，合理利用野生动物的自然人、法人等。他们在动物保护法律关系中享有依法驯养、繁殖、利用动物的权利，同时承担管理和保护动物的义务。另外，负有监管动物繁殖、驯养、利用和保护的政府职能部门，是行政性动物保护法律关系的主体。

### （二）动物保护法律关系客体

动物保护法律关系客体是指法律关系主体行使动物保护法律法规赋予的权利履行相应义务时所指向的对象，包括野生动物资源、个体动物整体（活体和

---

[1] 郑友德、段凡："一种理念的诠释：动物法律主体地位之思考"，载《华中科技大学学报（社会科学版）》2004 年第 6 期。

死体）及其部分、卵、蛋、制品和衍生品等。这些物应被法律所认可，具备独立性，人类对该物能够准确认知并可控制，且这些物能够给人类带来利益。比如自然保护区内的野生动物整体、饲养场饲养的牛羊鸡鸭、人类驯养的猫狗等宠物、中药店合法出售的以野生动物为原材料的中药等。前文所讲的动物是法律关系的特殊客体就是指此处的个体动物活体。个体动物活体虽然有一定智力和感情，但仍旧没有责任能力，无法承担法律责任，只能作为客体存在。

（三）动物保护法律关系内容

动物保护法律关系内容是指法律关系主体依照动物保护法律法规应当享有的权利和应当履行的义务。以驯养动物为对象，法律关系主体享有的权利主要包括合理饲养和合理利用以获得经济利益、精神安慰等权利；以野生动物为对象，法律关系主体享有的权利主要包括合法进行科学研究、饲养、观赏利用等权利。动物保护法律关系主体应当履行的义务与权利相对等，主要表现为依法保护、规范管理、依法利用等。通过权利义务调整和规范法律关系主体的行为，是动物保护法律的核心功能。

## 第三节　动物保护法的基本原则

动物保护法的基本原则，是指动物保护法所确认的或体现的、反映动物保护法特征的、具有普遍指导作用的基本准则。据此，作为动物保护法的基本原则，具有如下特征：首先，动物保护法的基本原则须由法律所确认或体现。确认是指动物保护法对其进行了明确规定。体现是指动物保护法虽无直接规定，但有关法律条款中体现了某项法律原则的精神。其次，动物保护法的基本原则须反映动物保护法的特点。那些法的一般性原则或共同原则不能作为动物保护法的基本原则。最后，动物保护法的基本原则须是贯穿整个动物保护法体系的、具有普遍意义的指导性原则。这是其区别于一般动物保护法律规范的界限。

基本原则应当被立法所确认。但鉴于动物保护法的价值理念正处于转变和发展时期，特别是我国的动物保护法律制度，这一特质更为突出。我们认为从理论上探讨当代动物保护法的基本原则就显得十分必要。当然，动物保护法应当包含哪些基本原则，目前尚无定论。世界动物保护协会（WSPA）在其2000年世界大会上，提出了动物福利包含的五大自由，即让动物享有"不受饥渴的自由、生活舒适的自由、不受痛苦伤害和疾病的自由、生活无恐惧和悲伤感的自由以及表达天性的自由"。具体的立法实践中，许多国家的动物保护立法亦遵循了这种精神。那么，结合西方发达国家的立法经验以及我国的具体国情，本书认为因野生动物与驯养动物均有福利问题需要考量，因此要考虑对这两大类动物保护立法设计基本原则。

## 一、利用与消费正义原则

### （一）将正义引入动物保护法之原则的理由

虽然不同的时代、不同的人对正义的表达不同，但当我们深及其内，会发现正义蕴含着人类对自由、平等、秩序的价值追求和现实要求。人类对正义的渴望和追求是与生俱来的，它外化于人们的一切活动之中，"谁不在争取正义？谁又不受正义问题的影响？政治制度、宗教、科学——特别是伦理学、法理学和政治理论——全都关心正义问题，而且全都渴望有一个按照他们的特殊概念来看是正义的世界……总之，正义是一个无处不在的问题"。[1] 千百年来，人类之所以执着于对正义的追寻，是因为正义从根本上影响了人类的自由和社会的进步。人在追求正义的征程中，不断地获得丰富的人性和确证人之为人的存在真理。

然而，人类在具体的生存与发展过程中，往往会为了一己之利或短期的、眼前的利益，显现出其破坏社会乃至自然正义的不当行为。因此，哈耶克说："只有那些能够由正当行为规则加以决定的人的行动秩序方面，才会产生有关正义的问题。所谓正义，始终意味着某个人或某些人应当或不应当采取某种行动。"[2] 因此，在当代动物保护的制度规范中，利用与消费正义的实质，就是用人类的整体理性来反思人类对动物加以利用和消费的行为，以人与动物、人与自然、人与人、人与自身的协调与和谐发展为目标，主张合理、适度、适当利用和消费动物，使对动物的利用不仅成为人类自身发展的基础环节，而且成为促进社会与环境协调发展，促进人类全面、可持续发展，实现人类整体与长远利益的基本环节。[3]

从社会实践来看，从正义的角度关注人们对动物的使用行为，以正义的价值理念引导人类对动物的态度，不仅具有重要的实践价值，而且理应成为动物

〔1〕［英］麦考密克、［澳大利亚］魏因贝格尔：《制度法论》，周叶谦译，中国政法大学出版社 1994 年版，第 249 页。
〔2〕［英］弗里德利希·冯·哈耶克：《法律、立法与自由》（第 1 卷），邓正来等译，中国大百科全书出版社 2000 年版，第 52 页。
〔3〕秦鹏：《生态消费法研究》，法律出版社 2007 年版，第 94～95 页。

保护法的立法宗旨和指导精神。其主要成因在于当正义介入动物保护法后，人类会以此为基本的价值目标，以引导动物保护法及动物保护行为达到较为理想的境况。西方法律思想史上，自然法理论的一个重要特点和内容，就是主张以正义作为法的原则或价值目标。而法一经以正义作为基本价值目标，其本身就在相当大的程度上转化为法律正义。

（二）利用和消费正义原则的内容

1. 人类在利用和消费动物时，不得虐待动物，不能对动物施以不必要的痛苦，要合理、仁道地利用动物。人类所拥有的科学技术水平和自身发展的需要，都在一定程度上决定了，在相当长的历史时期内，人类还必须对动物加以利用和消费。但是这种利用和消费行为是有度的，且以不虐待动物为基本要求。这也是尊重生命、尊重自然最起码的要求。人类要受到行为道德的约束，善良、仁道地对待动物。

所谓虐待动物，就是将伤害与刻意形成的痛苦强加在动物身上。而反虐待就是要求：禁止残酷对待、折磨所有的动物，不得殴打或用其他方法虐待动物，禁止残酷地使动物负荷过重或使动物受到不必要的痛苦，避免动物受到不必要的刺激等。这些也是人类对动物应尽的基本义务。更何况人的生存与发展和禁止虐待动物并不矛盾。正如康德所言："如果不想窒息人类的情感，则人必须以仁心对待动物，因为对动物残忍的人对人也会变得残忍。"

在现代社会的公共评价尺度内，一个国家的国民对待动物态度如何，是衡量一个社会文明程度的重要标志，对待动物的态度直接反映出人们对待生命的基本态度。一个标榜文明的人和民族，不应该把满足自己的食欲和其他种种利益建立在对动物的残酷折磨上。目前，尊重生命、尊重自然、反对虐待动物已经成为国际社会共识，各国的动物保护制度基本都体现了这一原则要求。

2. 人类自身生存和发展的同时，也需要保护和关照动物的生命和福利。在前面的章节中，我们不断地阐释着动物也能感知痛苦，也有喜怒哀乐。动物保护法既然以具有感知能力的动物为关注的核心，那就不可避免应该包括人道关怀的道德考量。地球生物圈内的物种是平等的，它们享有生存的权利，具有自身的内在价值。人类只是地球生物圈大家族中的普通成员，而非生物圈的主人，人类应当尊重其他生物生存、存在的权利。[1] 如此的关照才符合自然正义的要求。

---

[1] 曹明德、黄锡生主编：《环境资源法》，中信出版社2004年版，第33页。

在诸多的动物保护法律制度中，禁止虐杀动物已经成为最基本的底线，即防止虐杀动物只是动物保护法的基本要求。而动物保护较全面的理念是尊重动物的生命及保护动物的权益，并将保障满足动物的基本要求纳入法律和司法制度的框架内，通过法律的强制性使人类承担起保护动物的义务。

按照国际通行的动物福利的"五大自由"主要包括：

（1）动物应享有不受饥渴的自由。所谓不受饥渴，就是要保证给动物提供充足的清洁水、保持良好健康和良好精力所需要的食物，以使动物不受饥饿之苦，来满足生命的需要。这项原则主要是满足动物的生理福利。动物的生命需要是动物最基本的需要，如果这些需要得不到满足，动物的生命受到威胁，其为人类的贡献也就无从谈起。这种需要的满足程度也决定了动物所受福利待遇的高低以及福利待遇对动物存在的意义。当然，不同的动物对食物和水的需求会有差异。如，供应给实验动物的饲料侧重于营养、无污染和适口性，而农场动物所食用的食物，还必须要满足其健康，并使其健壮。

（2）人类要给动物提供舒适的生活。这里的舒适是指动物拥有的适当的空间或栖息场所，能够满足其正常的休息和睡眠。这种需要是在保证动物生命的前提下，更注重动物身体的健康。在某些状况下，环境对动物的影响或许只是造成其短时间的无法应对、无所适从。但是长期下来，动物就可能无法维持精神和身体的稳定性，以至于造成寿命和繁殖的减少。有些影响是物理性的，比如温度的改变或痛击；有些则是精神上的，比如让动物感到恐惧的威胁或者同伴的丧失。

（3）动物享有不受痛苦、伤害和疾病的自由。这种自由是让动物享有借助预防措施或迅速的诊断及治疗，免于疼痛、疾病或伤害。人类可以为动物做好防疫以预防疾病，并且给患病动物及时诊治，以减少动物的疼痛和伤病的概率，以满足动物的卫生福利。反对会引起动物任何程度痛苦的禁锢，提倡以恰当的方法饲养动物，能满足其生理需求，提供足够空间和环境刺激，同时应当拥有相当水准的兽医和一般性的动物护理设施，例如，一些国家对猪的福利法规定，猪在运输途中必须保持运输车的清洁，要按时喂食和供水，运输时间超过 8 小时就要休息 24 小时。还规定，在动物受到侵害或骚扰时，动物主人有责任给予合理的关心和必要的保护。

（4）动物还享有生活无恐惧和悲伤感的自由。动物作为一种生命形式，除了有基本的生存需要，也有更高层次的心理需要。动物也害怕伤害，恐惧死亡。让动物享有生活无恐惧和悲伤感的自由，目的在于保证动物拥有良好的条件和处置，以满足其心理福利。如英国的《动物福利法（屠宰）》就规定，屠宰房应保证动物的基本安全，其结构、设备和工具不会引起动物的刺激、痛苦和伤害，动物屠宰场应远离动物，实施单独屠宰等。

（5）动物享有表达天性的自由。应当给动物提供足够的空间、适当的设施，以及尽量与同类动物伙伴在一起，同时要求切实避免引起动物精神痛苦的情况或处置，使之免于恐惧及挫折，能够自由地表达其正常的习性，以满足其行为福利。这种生理健康的需要主要包括动物的生活习性需要和社会需要。

事实上，现行的动物保护之国际法和国内法都有类似原则的体现，如1987年的《保护宠物动物的欧洲公约》规定的原则之一就是，任何人不得引起宠物动物不必要的疼痛、痛苦或者忧伤。丹麦1991年的《动物福利法》规定，该法是为了确保动物免受疼痛、痛苦、焦急、永久伤害和严重的忧伤。

动物生命的需要是动物福利的基础，没有了生命意义上的保障，动物福利是建立在沙滩上的建筑。动物健康的需要是动物福利的必要条件，保证了动物的生理上和心理上的健康才能使其处于康乐的状态，更好地为人类服务。侧重于对动物福利予以关注的动物保护法正是从动物需求出发，来确定其法律基本原则。当然从以上阐述，可以看出，这些自由主要的关涉对象是驯养动物。

3. 对动物进行利用和消费的同时，要兼顾到人与动物的和谐相处以及经济、社会的可持续发展。人与动物的和谐是人与自然和谐理念在动物保护法上的反映，它是社会发展的产物，体现了人与自然、人与动物之关系的发展趋势。动物保护法就是要用具体的法律规范和制度在人与动物之间创造一种和谐关系。将人的发展、人对动物的利用或消费与动物生存与发展之间的矛盾限制、调整到双方都可以承受的范围内，将由这种矛盾引起的各方利益损失降低到最低程度。

《世界自然保护策略：为了可持续发展的生存资源保护》一书第一次从学术的角度指出："可持续的发展意味着，必须既考虑经济方面又考虑社会和生态方面，必须既考虑生物资源之根本又考虑非生物资源之根本，必须既考虑可供选择行为的短期利害又考虑长期利害。"[1] 而可持续发展作为一种理念形成是以世界环境与发展委员会1987年的报告《我们共同的未来》为标志的。报告指出：可持续发展是指"既满足当代人的需要，又不对后代人满足其需要的能力

---

〔1〕 IUCN, UNEP and WWF, *World Conservation Stragtegy*, Gland, Switzerland, 1980, para. 3 of Part 1.

构成危害的发展"。[1] 因此，动物保护法应规范，当代人类在利用动物时，要考虑到动物的可再生性，有义务保持每一种动物的最佳再生能力，也即保存每一种动物物种，确保每一种动物的可再生和永续利用。同时，还应将动物的保护和利用与经济、社会的发展有机地结合起来。

利用与消费正义原则意在塑造人类正当合理的利用动物的行为，使这种行为的尺度与人和社会的发展尺度统一起来，不断成就人的理性发展和社会的全面进步。

### 二、规范管理原则

动物保护法在关注动物生命和福利的同时，亦不能偏废对动物的管理。虽然传统意义上的动物法，尤其是我国的动物法在立法理念上一直是以管理为重。但是，当代动物保护法所提及的管理与此已有不同。这些管理规范设置的主要目的，一方面是实现动物种群的整体利益，另一方面，是保证人类自身价值此终极目标之完成。规范管理要求采取科学的方法监管对动物福利的保护，通常应当采取预防优先、防治与救助相结合的措施。

以伴侣动物为例，宠物能带给人欢乐，其忠诚、善解人意也深得人心。故主人与宠物的"平等"相处是极容易做到的，甚至人与宠物同桌而食，同床而眠，同盆而浴。然而人与动物毕竟是不同的物种，人对动物的过分亲近，从某种角度说，也构成了对动物天性的侵犯。有时，还会成为人与动物交叉感染各种流行瘟疫的重要渠道。"宠物热"还引发了买卖和繁育某些动物的产业化，人为地增殖某些动物不仅会进一步破坏生命金字塔的平衡，从而破坏整个生态系统的平衡。与此同时，出于各种原因，城市里流浪猫狗的数量在增多。随着关爱动物的理念越来越深入人心，亦有许多好心人自发地给流浪动物喂食，但因缺乏有效的管理和科学的控制措施，导致一些社区和公园内流浪动物激增，并出现泛滥的现象。动物流浪不是动物之错，而是不负责的饲养人的行为导致。饲主随意遗弃所饲养的伴侣动物，既可能使伴侣动物失去生存的条件，也可能造成流浪动物的增加，现在一些城市的流浪动物已经成为公共问题。

解决以上问题，应当采取规范的管理制度，从源头做好预防，防治与救助相结合。首先，控制繁殖。只有获得许可的单位，才能繁殖伴侣动物。其次，繁殖和销售要事先获得许可。加大犬类繁殖行业的规范管理，减少审批新增犬

---

[1] 世界环境与发展委员会：《我们共同的未来》，王之佳等译，吉林人民出版社 1997 年版，第 52 页。

繁殖场所，以减少在利益驱动下的无序繁殖对社会造成的危害，同时有必要对流浪动物绝育给予政策支持。最后，对饲主随意丢弃所饲养的伴侣动物的行为予以禁止。动物保护法旨在保护动物，实现人与动物的和谐相处，这就要求用法律规范来推进人类对动物天性的尊重和动物传统的世袭领地的尊重，不能过分干扰和人为地控制动物的生活。因此，保护动物的福利与对动物的规范管理是相辅相成的。

### 三、科学保护原则

科学保护原则要求动物保护的活动应当具有科学性，尽量按照动物的习性来保护动物。动物分为两大类别：驯养动物和野生动物。应当分别按照其各自的习性进行科学的保护。

驯养动物的科学保护，以其自然天性的表达为主要目标，人类对驯养动物的控制程度很高，但一定要给它们留下表达天性的空间。举例来说，母鸡符合自由天性的生活方式不是被关在狭小的笼中只会下蛋，而是每天应当花去一半的时间搜寻、啄食和刨土。另外还包括规律性的持续性的行为，如梳理羽毛、洗土浴、拍打翅膀、在隐蔽的场所筑巢下蛋等。实践证明，允许母鸡表达天性后，母鸡产出的鸡蛋比狭小拥挤的箱笼式管理产出的鸡蛋质量更好。因此，驯养动物福利保护一定要考虑到这些自然天性的需求。

野生动物的科学保护，应当实现拯救与控制相结合。野生动物除了与驯养动物有类似的福利要求外，由于其非驯养性以及与其他动物相比在保护生物多样性中扮演着更为重要的角色，针对那些珍贵的、稀有的、濒临灭绝的野生动物，主要是拯救。而对于那些有害于农业、林业及卫生、保健事业的野生动物，主要采取控制的措施。生态系统中各种生物相互平衡、相互制约，灭绝任何一种生物，都会引起生态失衡。而对其他的野生动物以保护为主，数量较多、经济价值较高的野生动物还应合理利用。目前，国际上已把对野生动物资源的保护和利用，特别是对珍贵、稀有动物的保护，视为衡量一个国家经济、文化和科学、文明发达水平的重要标志之一。对于野生动物，满足其需要和解除其痛苦，人类任重而道远。拯救与控制相结合，不滥捕乱杀野生动物、不随意破坏其赖以生存的自然环境是人类保护野生动物最根本的任务，也是科学保护野生动物的重要途径。

### 四、全面参与原则

全面参与原则就是要求社会中各类主体都能充分参与到动物保护的立法、决策、监督等各项活动中，调动各方主体的积极性，强化社会监督，传递动物保护的伦理道德思想，达到最佳的动物保护效果。动物与人关系密切，动物的待遇考验着一个国家民众的人道观念和人文精神，文明人道地对待动物，需要每一个公众的参与。公众参与是法治的一个重要因素，动物保护法治也是如此，这就需要社会和公众，包括公民、组织、社会媒体等，参与进来发挥有效的监督作用。普通公民是最广泛的参与主体，动物保护组织、媒体、兽医等特殊从业人员在动物保护的公众参与中是最有力的监督主体。

主要包括：一是动物保护组织。动物保护法律制度健全的国家，动物保护组织活动十分活跃。他们开展大量的宣传教育活动，及时发现和制止虐待动物的行为，甚至要求法院追究虐待动物者的责任。我国也存在一些民间的动物保护组织，他们主要起到宣传教育作用，并对动物保护立法起到一定推动效果。二是媒体。媒体曝光批判虐待动物的行为的监督效果远大于普通动物组织的宣传教育，并能够有效地促进公众动物保护意识的觉醒。三是兽医等特殊从业人员。他们具备专业的救助医疗知识和技术，能够更加准确更加高效地实现动物保护的监督，甚至有些国家通过立法来规定或鼓励特殊从业人员对公民饲养动物的监督活动。

我国《野生动物保护法》对野生动物保护的公众参与作了专门规定，"各级人民政府应当加强野生动物保护的宣传教育和科学知识普及工作，鼓励和支持基层群众性自治组织、社会组织、企业事业单位、志愿者开展野生动物保护法律法规和保护知识的宣传活动。教育行政部门、学校应当对学生进行野生动物保护知识教育。新闻媒体应当开展野生动物保护法律法规和保护知识的宣传，对违法行为进行舆论监督"。对政府、基层群众性自治组织、社会组织、企事业单位、志愿者、教育行政部门、学校和新闻媒体等，提出了全面参与的具体要求，为我国野生动物保护工作的开展提供了良好的社会基础，以及广泛参与的制度保障。

## 第四节　动物保护法的立法模式

目前，全世界已经有一百多个国家和地区制定了动物福利保障层面的动物保护法。由于在动物福利立法上的出发点不同以及各自社会发展水平和历史传统的差异，这些国家在具体制度上明显地表现出各自的特点来。目前，学界有一种观点是将西方国家在动物福利法律的实践分为两个类型，即美国派和欧洲派，"它们之间有一个较大的区别。在欧洲的动物福利法律中，动物福利和保护法不将用于农业用途的动物排除在外……与此相反，在美国，动物福利和保护法将农业动物排除在外"。[1]

如果仅以是否将农场动物置于福利法范围之内作为分类标准，似乎缺乏代表性，实际上，世界已有的动物福利法制度几乎涉及了动物福利的各个方面，美国的动物福利法也并不完全是将农场动物排除在外，比如美国《二十八小时法》和《人道屠宰法》就是对牲畜的运输以及屠宰作出规定，部分地体现了农场动物的福利。同时，纵观当今世界已有的动物福利法制度，几乎都对野生动物和驯养动物有规定，只不过是侧重不同。所以，这种分类过于绝对，不能全面地概括世界范围的动物福利立法现状。

中国环境伦理学会研究会理事长余谋昌研究员曾经谈道："以人为尺度，自然界的价值可以分为两类：①它的商品性价值，即它作为人的生产性资产的价值；②它的非商品性价值，如它的生态价值、美学价值和娱乐价值、科学价值和精神价值等。"[2] 同样，动物对于人类来说也是具有商品性价值和非商品性价值两个方面的，对于农场动物、工作动物的保护，主要是基于动物的商品性价值，对野生动物、实验动物、伴侣动物以及娱乐动物的保护更多地则是基于动物的非商品性价值。所以，从这个意义上说，对于当今世界动物福利法的分类，根据其对动物不同价值的不同侧重分为三类：

**一、对动物的商品性价值与非商品性价值并重**

这类动物福利立法的典型代表是英国，此外，可以划在这一类的还有澳大利亚、瑞士、德国、韩国以及我国的香港和台湾地区。

这类立法往往从动物的非商品性价值着眼，强调动物是有生命、有感知能力的生灵，人类不应当残酷对待动物。禁止残酷对待动物，这既与动物的福利有关，更重要的一个方面在于，它还与人的德行培养有关。同时，动物对于人的生态价值、科学价值、美学价值、娱乐价值、精神价值等事关人类发展的长

---

〔1〕 曹菡艾：《动物非物——动物法在西方》，法律出版社 2007 年版，第 186 页。
〔2〕 余谋昌：《生态文化论》，河北教育出版社 2001 年版，第 396~397 页。

远利益，是绝对不可以用现实可观的商业性价值来计算的。所以，人类必须对其进行福利关怀。[1]

比如作为动物福利法发源地的英国，其社会上下之所以开始关注对动物福利进行立法这一问题，一方面是出于人们开始意识到动物本身具有与人类相似的感知，也能感觉到痛苦和快乐，另一方面则在于，当时政府和上层社会希望能够增进普通百姓的道德行为，减少犯罪和改善社会秩序，而斗牛、斗鸡等这些社会底层人民所喜好的残忍而血腥的体育项目在一些议员看来会引导人们犯罪、赌博，教唆人们偷盗，使得人们逐渐习惯流血和谋杀。因此，我们可以说，英国为动物福利立法的出发点在于动物对人的精神价值，防止和减少对动物的虐待和暴行是出于对同样具有感知能力的动物一种充满人性的关怀，并且旨在改善社会秩序和培养人们的道德行为。所以，早在1856年，英国的切斯特郡就制定了一项关于纵狗斗熊的禁令，1800年，英国议会提出了第一个确保动物免受虐待的《斗牛法案》，该法案虽然最终未能在议会通过，但是却标志着关注动物福利立法的开端。1822年，"人道主义者"马丁议员在议会再次提出《禁止虐待动物法案》，最终获得通过，并于1822年6月22日正式生效，成为英国法律。这一法律也因此被称为《马丁法案》，是世界上首部为动物福利颁布的法律。该法案使虐待动物本身成为犯罪。[2] 此后，英国制定了一系列专项法律，如《鸟类保护法》《宠物法》《野生动植物及乡村法》《动物园动物保护法》《实验动物保护法》《宠物法》《斗鸡法》《动物麻醉保护法》《动物遗弃法案》《动物寄宿法案》《兽医法》以及《动物园许可证法》等，对动物进行全面、有效的保护。"这种防止人伤害动物的方式创立了法律实践的形式，拉开了近现代动物保护立法的序幕。"

随着社会经济的发展，人民生活水平日益提高，国际的经济合作不断加强，动物的商品性价值也随之凸显出来。人们开始意识到，用来为人类提供肉食及其他动物产品的农场动物的福利状况同样值得考虑，因为这直接关系到人类的身心健康及整个国家畜牧业的发展水平。作为英国农业的重要产业，畜牧业的产值约占农业总产值的2/3，其重要性超过了种植业。

1835年、1849年和1854年，英国又通过了三项增补法案，《马丁法案》保护动物的范围因此延伸至"所有人类饲养的哺乳动物和部分受囚禁的野生动

---

〔1〕 孙江：《动物福利立法研究》，法律出版社2008年版，第99页。
〔2〕 转引自纪洪江："中英动物福利法律制度比较研究"，昆明理工大学2006年硕士学位论文。

物。"英国"农场动物福利委员会"为农场动物提出并发展了"五大自由"：免于饥渴的自由，免于不舒适的自由，免于痛苦、伤害和疾病折磨的自由，表达正常习性的自由和免于恐惧和悲伤的自由。[1] 并为确实保证农场动物的福利制定了一系列法律法规。

澳大利亚的动物福利法覆盖了野生动物、实验动物、农场动物、伴侣动物、工作动物和娱乐动物，体现了对动物之于人的精神价值与经济价值并重的色彩。其各州的动物福利和防止虐待动物的法规宗旨基本上都是关于提供动物的关照和使用标准，保护动物免受无理由、不必要和不合理的痛苦。昆士兰州的《动物关照和保护法》甚至明确提出一个人如果看管动物，那么该人对该动物就有法律关照责任。这充分体现了对于动物的人性关怀。对农场动物（尤其是与进出口贸易相关的）福利主要是由联邦政府制定法律负责管辖。此外还有一套国家动物福利标准实践准则，例如，《牛福利实践准则》《猪福利实践准则》《羊福利实践准则》《家禽福利实践准则》《密集饲养的兔福利实践准则》等，对动物的饮食、健康、环境空间、住宿、管理、繁殖等，提供了具体指南。从这里，我们可以看出，澳大利亚的动物福利立法除了追求动物对于人的精神价值以外，还在努力实现对动物安全、人道、充分的利用以更好地保证动物产品的质量，这无疑是对动物之于人的经济价值的诉求。

瑞士动物福利法律体系由《瑞士动物福利法》《鸟类猎捕和保护法》《自然风景区保护法》《联邦动物流行疾病法》等构成，尤其是《瑞士动物福利法》，涵盖了包括饲养、国际贸易和运输、手术及屠宰等在内的各个方面的动物福利，并且详尽列举了9类禁止虐待动物的行为。此法对于实验动物也有详尽的规定。

德国1998年《动物福利法》共计13章。第一章规定了"本法旨在保护动物之生命，维护其福利。此举乃是基于人类对于地球其他生命伙伴之责任而为之。任何人不得无合理之理由导致动物的痛苦或受伤害"。接下来的第二章至第十章分别对畜牧业，灭杀，对动物实施手术，对动物进行实验，为教育培训和进一步培训之目的进行手术和治疗，为制造、生产、保存和繁育材料、产品或有机组织实施手术或治疗，动物繁育、畜牧业和买卖动物，对进口运输和饲养的禁止，有关动物福利的其他规定等9个领域作出充实详尽的规定。第十一、十二章是惩罚和罚款规定，第十三章是过渡条款和最终条款。通观整部法律，它层次清晰，逻辑严密，内容详尽，堪称动物福利立法中的典范之作。

---

[1] [英] 考林·斯伯丁:《动物福利》，崔卫国译，中国政法大学出版社2005年版，第15页。

1999 年的加拿大环境法以可持续发展为目标对旧法进行了修订，其中包含了与动物福利有关的内容。另外，加拿大早期也制定了一些动物保护的相关法律，如 1973 年的《野生动植物法》、1982 年的《迁徙鸟类公约法》、1988 年修订的《国家公园法》、1989 年的《濒临灭绝物种法》等法律规定都在不同层面对不同种类的动物进行保护。加拿大的《刑法典》规定了伤害或危害家畜生命罪以及虐待动物罪，用最严厉的惩罚手段来保证动物福利制度的施行。同时，加拿大各州有关动物福利的法案中，农场动物的法案占到了全部法案的半数以上。

我国香港地区的动物福利立法在东亚地区是相当先进的。1990 年制定的《防止残酷对待动物条例》及《防止残酷对待动物规例》对有关残酷对待动物的罚则、逮捕、检举、进入和搜查的权力、裁判官的命令等作出规定，在《防止残酷对待动物规例》中特别对禽畜牛的进口、出口等作出细致的要求。此外，香港 1973 年制定的《公共卫生（动物）（寄养所）规例》及《公共卫生（动物及禽鸟）（展览）规例》中特别规定基本围封物的标准，署长批给牌照的权力，罪行及罚则。香港作为一个商业经济发达的地区，其先进的动物福利立法一方面有利于培养民众的人文精神，另一方面也促进了商业健康发展，树立了香港良好的国际形象。台湾地区为尊重动物生命及保护动物，于 1999 年 11 月 4 日制定了"动物保护法"，包括动物之一般保护、动物之科学应用、宠物之管理等方面，内容相当全面。台湾动物保护业务之行政监督方面由"农委会"畜牧处负责。

韩国《动物保护法》于 1991 年通过，共计 12 条，涉及适当照顾、喂养和管理动物，防止虐待动物，被遗弃动物的管理，动物屠宰方式，动物手术及实验等方面。菲律宾《1998 年动物保护法》（又名《在菲律宾促进动物福利法》）明确规定："本法之目的为通过督导及管制作为商业对象或家庭宠物之目的而繁殖、保留、养护、治疗或训练动物之场所，以对菲律宾所有动物的福利进行保护及促进。为本法之目的，宠物应包括鸟类。"这两部法律的内容虽然较少也比较粗略，但就其对各类动物的立法比例和整体思想来看，还是体现了对动物之于人的商品性价值与非商品性价值的并重。

### 二、侧重于动物的商品性价值

这一类立法以欧盟整体的动物福利法为代表。

欧盟不是一般意义上国际组织，而是一个以条约为基础的独特的政治、经济和法律实体，由欧盟机构行使行政、立法和司法职能。欧盟有自己单独的立法机构——欧洲议会和有关共同机构；还有独立的司法机构——欧洲法院。欧盟的立法，一旦由欧盟机构通过，即成为欧盟成员国的国内法，对欧盟成员国和其公民具有直接约束力。过去的三十多年来，欧盟一直致力于动物福利立法，并在欧洲和国际上倡导推动动物福利立法。

欧洲共同体最初成立的目标是建立共同市场和统一农业政策，这就意味着共同体成员国需要执行统一的法规和标准。因为农业同农场动物密切相连，这就意味着这一统一的法规和标准里包括对农场动物有关的法规标准。在欧洲共同体最初的条约中，将活体动物划分在"农产品"之列，由此我们可以轻易看出其对动物经济价值的追求。因此，欧盟有关动物的政策法规条例主要是基于对农业、经济目标的实现，其动物福利立法更多的是基于食品质量与消费安全的考虑。但在20世纪80年代之后，由于有关动物固有内涵价值和福利保护的价值理念深入人心，在对待动物的问题上动物福利立法越来越具备道德情感上的考虑。

在动物福利法案方面，欧盟各国签署了《欧盟条约动物保护和动物福利附加议定书》，并于1999年5月1日生效。该议定书指出："为确保动物福利得到更好保护和尊重，在起草和实施共同体的农业、运输、国内市场和研究一般政策时，共同体和成员国应充分地重视动物福利需求。"[1] 这一附加议定书是《欧盟条约》的一部分，同条约其他款项具有同等法律效力和地位，正式承认了动物作为生灵的需要。但是，由于欧盟有关动物的政策法规条例主要是基于对农业、经济目标的实现及其自身的特殊性质。因此，在充分考虑动物福利的同时必须受限于以下几个方面：首先，考虑动物福利要求仅限于农业、运输、国内市场和研究四个领域；其次，要优先考虑各国立法或行政规定的惯例；最后，要优先考虑各成员国宗教仪式、文化传统和地区遗产。

可见，保护动物福利并不是欧盟的基本原则之一，而是欧盟为实现其促进共同的农业政策、建立共同经济市场、推动自由贸易这一大目标的手段。这就意味着确保动物福利要服从于欧盟经济、农业和贸易宗旨及利益。这一点体现在法律实践中就意味着当欧盟农业经济等政策和法规与动物的利益和考虑发生冲突时，一般来说，前者将获得优先考虑。而且，考虑动物福利仅限于农业、运输、国内市场和研究四个领域。所以，虽然欧盟在后来也作为一个法律实体

---

〔1〕 转引自曹菡艾：《动物非物——动物法在西方》，法律出版社2007年版，第260页。

批准并签署了《用于试验和其他科学目的的脊椎动物保护欧洲公约》以及《野生生物及其自然生态环境保护欧洲公约》，但总体来看，我们可以说，欧盟的动物福利法制度更侧重于动物的商品性价值。

同时，在这里我们要格外说明的是，欧盟的动物福利法可分为两大类，一类是欧盟作为一个政治和法律实体签署并颁布的有关动物福利的公约和法规，另一类是欧盟各成员国国内有关动物福利的立法。我们在这里所说的欧盟整体的动物福利法指的就是前者，这些法规是欧盟成员国国内动物福利法渊源之一，也是在欧盟成员国直接生效的法律。欧盟各国制定的各类有关动物福利的国内法一般来说不得与欧盟整体动物福利法相抵触，欧盟成员国对动物福利的要求标准不得低于欧盟法律所规定的标准，但可以超越欧盟法律。所以，我们将德国等欧盟成员国的动物福利国内法与欧盟整体的动物福利法划在不同的两个类别里并不矛盾。

### 三、侧重动物的非商品性价值

这一类立法以美国为代表。此外，新西兰、日本也可划在此列。

1641 年，美国马萨诸塞州殖民地通过的第一个包含禁止对动物施加任何暴力或残酷行为条文的法典。但在美国，系统制定动物福利法律是在 19 世纪下半叶才开始，并在法律体制中得到体现，这在一定程度上受到了英国当时动物福利立法努力的影响。并且同英国一样，美国最早的动物法也主要是防止虐待动物的法规。在 19 世纪上半叶，美国的一些州虽然禁止虐待动物，但是这些法规的立法动机和意图基本上都是为了保护动物的所有人和所有人的财产权利而不是为了防止给动物造成痛苦，立法者的出发点在于人而不在于动物本身。并且这些法规所适用的动物种类有限，大多具体规定仅适用于牛马等有经济价值的工作动物和农场动物。

19 世纪下半叶，著名社会活动家亨利·伯格开始大力倡导为动物立法，推动美国社会在动物福利问题上发生了一些较大的变革。伯格在俄国任职期间，曾目睹俄国农民对牲畜的残忍做法，在他卸任后访问英国时，同英国"皇家防止虐待动物协会"（RSPCA）的人士见面，了解到了他们的动物福利工作和思想，受到感染和启发。在返回美国之后，他便开始倡议建立美国第一个动物福利组织——"美国防止虐待动物协会"并帮助起草了该协会会章。到 1873 年，美国有 25 个州成立了"美国防止虐待动物协会"的分会组织。1867 年，在伯格等人的努力下，新的防止虐待动物法在纽约议会通过，该法大大扩大了动物保护的范围，适用于任何活着的动物，扩大了属于犯罪行为的范围，包括过度驾驭、过度负重、折磨、摧残、剥夺食物、殴打、残害、杀死等，并且不再要求证明被告人有恶意的犯罪意图和心理才能定罪，而是将判罪中心放在了虐待行为本身，这在美国动物福利法的发展历程上无疑是个里程碑式的进步，具有显著的前瞻性意义，为此后的动物福利法奠定了基础。当今美国在联邦一级和州一级都制定了有关驯养动物和野生动物的保护法律。美国各州防止虐待动物法规主要保护宠物，禁止对动物蓄意施加痛苦、杀害动物和进行动物角斗的行为。各州的此类法律大同小异，一般来讲适用于所有动物，包括宠物和农业牲畜，但实际上主要保护宠物，大多不适用于野生动物、实验动物、农业动物、工作动物和娱乐动物。即使是那些适用于农业动物的法律，大多也将农业管理或农业习惯的做法豁免。这些法律确定虐待动物属犯罪行为，并且在大多数州将其定为轻罪，但在加利福尼亚州、马萨诸塞州等23个州的法律至少将一种形式的虐待动物行为定为重罪，同时规定看管动物的人也对动物负有一定的法律义务。除此之外，这些法律还有一个突出的特点就是有很多相似的条款规定，措辞也比较广泛、模糊，比如这些法规里大多都规定"普通"或者"通常"或者"惯用的"农业做法不构成虐待动物的行为，这个"普通""通常""惯用的"就显得非常的宽泛并且模糊了，究竟应该是怎样的标准？而如果就从一般意义上去理解，几乎大多数甚至所有的农业做法都能被冠以这样的字眼，这样的话，几乎所有的农场动物、工作动物就被排除在外了。所以，虽然美国也有《人道屠宰法》这样的法律，但总体看来，其为动物福利立法的侧重点还是在于动物的非商品性价值。

如果说美国在动物的非商品性价值中考虑的更多的是其中的精神价值，新西兰更为看重的就是其中的生态价值。新西兰在南太平洋上以遗世独立的方式存在了千万年，有"生态孤岛"之称，这种与世隔绝的状态形成了世界上绝无仅有的数量繁多的特有物种，其80%的动植物都是当地的特有物种。所以，在动物保护问题上，新西兰格外地看重其对于本国的生态价值，体现在法律制度上就是野生动物保护法非同一般的严格以及对外来动物的严格控制。

日本也于1973年颁布了《动物保护管理相关法》，该法的目的在于防止虐待动物及防止动物伤害人的生命、身体和财产。该法只涉及动物照看、看管猫狗、保护动物、动物保护协会等几个方面，并且条文粗陋，处罚偏轻。就其总体内容与架构来看，是偏重于动物的非商品性价值的。

### 四、从三种模式的形成因素看我国为动物福利立法的现实基础

为动物福利立法固然已经显示出朝着世界性立法发展的趋势，但是各国动物福利法的具体制度还是因为其历史传统、国际交流以及实际需要的不同而显示出各自的特点来。从影响世界动物福利立法的因素比照我国的现实基础，我们应当采纳第一种模式，兼顾动物的商品性价值和非商品性价值。具体分析如下：

1. 历史传统的因素。比如在英国，从历史传统来说，它是一个典型的基督教国家。人们认为应该以善行、爱和仁慈来对待动物，因为残酷与基督教文化的道德、博爱精神是相违背的。残酷行为甚至随意杀戮都是不光荣的，是对造物主不知感恩的表现。所以英国的动物福利法首先是从关注动物的精神价值开始。澳大利亚、瑞士、德国、美国在历史传统上也具有相同特点。

同样，我国虽然不是基督教国家，但是在我们的文化精神中也绝对是具有仁爱思想的。例如，作为中国文化根基的儒家思想强调"仁人爱物""好生而恶杀"，孟子更是将"恻隐之心"作为人性"四端之一"，根据"人皆有不忍人之心"的性善论，用"仁者以其所爱及其所不爱"的逻辑推出"君子之于物也，爱之而弗仁；于民也，仁之而弗亲。亲亲而仁民，仁民而爱物"[1]，"爱物"的生态道德是道德系统的一部分。在中国人文精神中同样有着深远影响的道家则主张师法自然，主而不宰，为而不持，功成而不居，并且提出"类无贵贱"的温和的生物平等主义思想。《老子》云："域中有四大，而人居其一焉。"清楚地表明了人和万物是平等的，与万物共同构成一个有机的整体，"道"之所以崇高和尊贵，是因为它具有生长万物而不据为己有的崇高德性。庄子继承老子思想，认为"自然"和"人为"不仅有一定的界限，而且各有自己的职分，不能过分夸大人的作用，更不能"以人灭天"，要返回到自然的本然状态，才能达到一种生生和谐的人与自然的平衡和协调状态。在道家思想看来，"祸莫大于不知足，咎莫大于欲得"。"知足"就是要人们克制自己的欲望。此外，在"知足"的基础上还要"知常""知和""知止"。懂得自然的"无为"本性和运行规律，懂得人与自然万物和谐相处的道理，行为和欲望必须有合理的限度，知道适可而止，而这，正是人类可持续发展理论深邃的哲理之源。而佛家思想的"好生之德"更是把世间万物，不分贵贱大小，都看作平等造物，都给予悲悯怜惜，自

---

[1]　（清）焦循：《孟子正义》，中华书局 1987 年版，第 34 页。

然地加以关爱。是以有言"是亦众生，与我体同，应起悲心，怜彼昏蒙"。这些，充分体现了我们的历史传统里对动物的精神价值的重视，是我国为动物福利立法重要的现实基础之一。

2. 国际交流因素。从欧盟成员国以及美国的动物福利立法发展我们可以看出，西方之所以能在这个方面显出整体发展的趋势，有很大程度上是由其经济、文化交流密切促成的。比如欧盟成员国动物福利的发展是与欧盟为实现其促进共同的农业政策、建立共同经济市场、推动自由贸易这一大目标密不可分的。澳大利亚、加拿大本身既为英联邦国家，英国19世纪以来活跃的动物福利立法自然对其有着深刻的影响。美国动物福利法的建立与亨利·伯格的努力是分不开的。日本在二战后深受美国影响，这一点在其动物福利法中也体现了出来。1975年，韩国农业部修改《家畜生产和卫生法》，将狗归为家畜肉类动物。1978年，由于韩国申请举办1988年奥运会，该法被修改，狗被特别排除在"家畜肉类动物"之外。这些都说明国际的文化交流对于动物福利法在推广上不可忽视的作用。

我国在改革开放以来，在加强与国外的文化交流方面取得了重大成就。就动物保护这一方面而言，大量的译著传入我国，世界各国动物福利立法的成功经验也为我们所目睹、感知，在这股力量的推动下，我国学界已经开始了这方面的研究、探讨工作并且取得了丰厚成果。国外的动物保护组织积极在中国开展活动，相关国际学术会议在中国举行（例如，笔者于2008年4月参加的由中国社会科学院与英国皇家防止虐待动物协会共同主办的"中国动物保护法制建设国际研讨会"）。这都为我们提供了在动物福利立法问题上放眼世界的基础。

3. 社会经济发展实际需要的因素。建立共同市场和统一农业政策的需要是欧盟整体的动物福利法的直接动力，同样，英国、澳大利亚、瑞士、德国等畜牧大国对于农场动物的福利关怀同样出自于社会经济的进一步发展过程中人们对于食品质量安全的更高需要以及国际贸易的需要。而日本在农场动物方面的立法远没有这些国家发达的一个很深刻的原因就在于，日本的畜牧业远没有这些国家发达，这就决定了它在这方面没有畜牧大国对于农场福利的诉求高。在全球经济一体化的今天，我国作为一个农业大国，动物产品出口越来越多。当越来越多的发达国家已经开始运用动物福利条款对国际贸易施加影响时，我们已经很明显地感受到了动物福利壁垒作为一项继"价格保护""技术堡垒"之后的"绿色壁垒"或"道德堡垒"，在极大地影响我国动物及其产品的贸易。所以，亟待加快动物福利立法，我们同样有着通过动物福利来进一步实现动物的商品性价值的需要。

4. 具体国情的因素。新西兰"生态孤岛"的具体国情促成了其在动物福利问题上对野生动物非同一般的严格。事实上，中国也是全球生物多样性最丰富的国家之一，我们所拥有的生物物种数量约占全球的 1/10，是保护全球生物多样性的重要地区。但是由于自然、人为以及制度方面的原因，特别是法律制度的不健全，使生物多样性正遭受着严重的损失和破坏。作为一个负责任的大国，我国积极参加国际社会的生物多样性保护行动，在关注动物的生态价值为动物福利立法方面，我们同样有着深厚的现实基础。

正是由于我国具备了这些因素，我国的动物福利立法应当兼顾动物的商品性价值与非商品性价值，依靠法律的强制力量全面、有效地保护动物福利，进而对我们整个社会的发展起到良好的推进作用。当然，即使是采纳第一种模式走兼顾动物的商品性价值与非商品性价值之路，我们也还是要考虑现实国情，针对不同动物的立法不但要分门别类，还要有轻重缓急。既不能超越我国现阶段的社会发展水平，也不能滞后于社会发展对动物福利的正当需要。正如孟德斯鸠在《论法的精神》一书中所说的那样，从最广泛的意义来说，法是由事物的性质产生出来的必然关系。而要想把握事物的性质，客观、充足的感性材料是必不可少的。中国有句话叫：他山之石，可以攻玉。在明白了我们自身的条件与基础之后，我们还需要参照国外动物福利立法的成功经验并加以分析、比较，在立足于我国现实的基础上对其加以合理借鉴，走出真正适合我国的动物福利立法之路。

## 第五节　动物保护法的意义

动物保护立法包括开发、利用、保护、改善和管理动物的各种法律规范或法律渊源。从 1822 年英国最早的反虐待动物法律《马丁法令》起，经过一百多年的探索，西方动物保护法律实践经历了一个权益主体范围不断扩大、内容逐渐完善、最终形成一个完整的动物保护法体系的历程。目前，已有一百多个国家出台了有关防（禁）止虐待动物、保护动物福利的法律。其中，德国于 2002年将动物权利写入宪法，明确提出"动物不是物"，成为"人与动物关系史上划时代的大事件"。[1] 国际社会还签署了一些防（禁）止虐待动物、保护动物福

---

〔1〕　莽萍：《绿色生活手记》，中国政法大学出版社 2005 年版，第 378 页。

利的国际条约。这类动物保护法律，对各国的经济、贸易、环保、文化、信仰、宗教、道德和法治等领域产生了广泛的影响和作用，已经成为法治建设中的一项重要内容。

### 一、实现人类的福利

现实生活中，有人认为，人的福利尚且顾不过来，还谈什么动物福利？这其实是对动物福利的误解，也是缺乏远见的认识。因为动物保护法对动物福利的规定限制的只是不文明、不合理的虐待动物的行为，并没有妨碍人的基本福利。何况，人的福利和动物福利是并行的两个方面，不是先解决了人的福利，才能谈及动物福利。英国早在二百多年前就将动物福利纳入法制轨道，二百多年前的英国，其社会生产力发展水平并不在今天的中国之上，英国也并不是解决了全社会人民福利问题之后才来反观动物福利的，并且，英国维护动物福利的立法实践告诉我们，动物福利解决好了，将会促进对人的福利的建设与维护。许多人从动物福利立法得到了切实的利益，整个国家和社会也会从动物福利立法获得了长远的、可持续的利益，包括诸如：因动物（包括伴侣动物）健康成长和动物产业繁荣所带来的利益，因环境保护事业和动物福利产业的发展所带来的利益等。

近几年的社会现实，也让我们看到了，人的福利和动物福利是密不可分的。如果动物的生存状况恶劣，也必然会伤害到人。比如 SARS、禽流感，都证明了人和动物之间唇亡齿寒的关系。在现实生活中，由于受经济利益的驱动，人们在动物饲养、运输和屠宰等环节上根本不关心动物福利，最终给我们自身的健康带来了不良影响。

为了追求规模效应、节省养殖空间，动物养殖的集约化程度越来越高，其形式就是把鸡、鸭、牛、羊、猪等格式化地围在空间非常狭小的笼子、箱子、栏圈里，这种做法严重影响了畜禽的健康成长。此外，现代动物养殖场为了牟利，常常会给动物喂很多化学饲料，注射大量抗生素、激素、荷尔蒙、镇静剂以催生催长，而这些药物对人体同样是有害的。

在运输过程中，为了减少运输费用，把动物硬挤在车厢里或者其他运送工具中。有的在运输途中不喂食物，不给水，使得动物在运送过程中体质下降，免疫力降低，容易感染上各种疾病，滋生大量细菌。

我们现在的屠宰流程是让动物排着队走进宰杀场，动物能够看到自己的同伴怎样惨叫、流血，怎样被分割。事实上，动物在极度的恐慌和痛苦的情况下，肾上腺素会大量分泌从而形成毒素。当动物死亡后，它们身上所有排泄功能和解毒功能都停止了，所以这些毒素就完全残留在动物的血液与肌肉里，对食用者是相当有害的。

人体的健康发育，除了需要大量的植物性食品外，还需要一定数量的动物性食品，关注动物福利是提高肉品质量的前提。因此，从某种意义上讲，善待动物就是善待我们自己。

## 二、推进社会文明的进步

动物保护立法，还体现了动物对于人类的精神价值。禁止残酷对待动物，表面上仅是与动物的福利有关，其实也与人的德行培养和社会文明进步有关。善待动物能够给人们带来情感、道德和人文精神上的满足。达尔文认为：关心动物是一个人真正有教养的标志；一个社会的文明程度越高，其道德关怀的范围就越宽广。提倡维护动物福利和善待动物，正是创造一个和谐、文明社会的需要。[1]

中国传统文化中，儒家的"仁人爱物""好生而恶杀"、将"恻隐之心"作为人性"四端之一"的思想等，正是把超越狭隘的人类中心主义，追求并臻于非人类中心主义的"天人合一"境界视为人们道德成熟的标志；道家的师法自然，主而不宰，为而不持，功成而不居，"类无贵贱"的温和的生物平等主义思想，要求人们懂得自然的"无为"本性和运行规律，懂得人与自然万物和谐相处的道理，行为和欲望必须有合理的限度，知道适可而止；以及佛家思想的"好生之德"等。这些都反映出动物保护思想在我国传统文化中虽然是一种隐而不显的思想，但却有着深厚的基础。

如今，"在道德上我们对待动物的态度至少可以说是处于一种精神分裂的状态。一方面，我们都认为对动物施以不必要的痛苦在道德上是错的；另一方面，我们又施加给动物很多痛苦……甚至说不上有任何必要"。[2] 若果真如此，那么人道的法律不仅可以惩治犯罪，还可以引导人们的行为及价值取向。

美国的苏珊娜·康博伊·希尔博士在一篇论文中谈到，那些折磨、用暴力伤害或忽略动物的人很可能会如此对待自己的伴侣、孩子或年长的父母。许多

---

[1] 蔡守秋："论动物福利法的基本理念"，载《山东科技大学学报（社会科学版）》2006年第1期。
[2] ［美］G.L.弗兰西恩：《动物权利导论：孩子与狗之间》，张守东、刘耳译，中国政法大学出版社2005年版，第35页。

臭名昭著、人尽皆知的折磨或杀害过他人的人在其幼年时期都曾因取乐为目的而折磨或杀害过动物。有些人想通过虐待动物来解脱自己的压力——这样的人现在很多。但残害动物以后，其实并不能得到解脱，快感只是一时的。相反，这样的行为会进一步造成心灵的扭曲，会产生一种虐待动物的依赖性。因此，保护动物的同时也是在拯救人类的心灵。人类如果不能做到平等地关爱生灵，人类自己也永远无法得到真正健康的心灵。

人的善恶和性情会受到后天教育和环境的影响。对动物福利的漠视和肆意虐待势必会造成人类心灵的麻木，而这又会直接影响到人与人之间的关系和相互对待的方式。道德的影响是潜移默化的，必须要在生活中的一点一滴中给予足够而全面的教化和影响。当我们以极不文明的方式对待与我们一样具有悲喜感受的动物时，文明仅仅是一个遥远的目标。禁止虐杀动物是文明社会的共识，即使立法并不能保证在这个时代就能解决全部人与动物的关系问题，但是，这样的法律将促使人们反省对待动物的方式，去考虑妥善解决动物遭受虐待的现实问题。

此外，在动物保护法出台之前，道德是调整人与动物之间关系的最重要的基础，但是毕竟道德的定义和范畴并不明确，认识不同的人对此的轻重衡量也会相异，而一旦法律有了明确而具体的规定，就会使人们的道德理念重新定位甚至重构。

### 三、规范国际贸易往来

在当今强调人与自然和谐共处的时代，许多国家强调以合理保护和利用动物为目的的动物福利法治，除了出于伦理道德建设及公共卫生与环境保护的需要外，促进本国的动物国际贸易或者加强本国的动物产业保护也是一个非常重要的原因。

对于动物保护法中的动物福利问题，在畜牧业界有这样的反对声音：如果动物的福利提高，会导致行业成本增大，进而降低畜牧业的生产效益。实际上，人们花费一定的人力、物力、财力和时间去维护动物福利是值得的、必要的、正当的、有益的，并且因保护动物福利而获得的利益也是实在的或无价的。畜牧业恰恰是应该在充分遵循动物福利的情况下进行的。动物福利的提高固然会使投入增加，但同时也增加了产品的产量与质量。有机养殖的价格要比一般常规产品的价格高出 30%～200%。从长远来看，维护动物福利不仅可以获得较高的经济利益，而且有利于促进养殖业的可持续发展，取得更大的效益。这也正是近年来欧盟、美国等发达国家和地区的有机畜牧业发展得相当迅速的重要原因。

同时，动物福利立法也可以让我们获得看得见的、可计量的现实利益。目前，越来越多的发达国家已经开始运用动物福利条款对国际贸易施加影响。动物福利的贸易壁垒作用已经显现，在不远的将来，动物福利一定会作为一项继"价格保护""技术壁垒"之后的"绿色壁垒"或"道德壁垒"，极大地影响我国动物及其产品的贸易。[1] 一些不符合动物福利标准的饲养、运输和屠宰的牲畜产品被他们拒之于国门之外。中国是一个畜牧生产大国，自 2001 年正式加入WTO 以来，在出口的动物产品中遭国外退货或销毁的事件时有发生，原因之一就在于动物福利立法缺失导致执行标准严重不足。

无论赞成动物福利与否，动物福利事实上已经成为很多人购物的标准。在动物福利法已经在大多数国家颁布的今天，虐待和残酷地杀死动物，实际上是自绝财路、将自己的产品推到市场之外的行为。目前，我国存在的非理性的消费观念、不规范的屠宰方式、不安全的饲料成分确实损害了我国农畜动物的福利，容易授人口实，需要我们反思。振奋人心的是，农场动物福利在中国已经透出了实践的曙光。2007 年 12 月 16 日，"中国人道屠宰计划启动仪式"在河南举行，河南省成为中国首个人道屠宰试点省份，由商务部畜禽屠宰管理办公室、北京安华动物产品安全研究所、江苏雨润食品产业集团有限公司、双汇集团负责起草，经中华人民共和国国家质量监督检验检疫总局和中国国家标准化委员会于 2008 年 12 月 15 日发布的《生猪人道屠宰技术规范》（GB/T22569—2008）于 2009 年 2 月 1 日起实施。这是我国近期在动物福利方面取得的重要进展。甚至在海南、安徽等地，有关动物福利层面的地方性动物保护法规已经开始酝酿。

**四、促进科学技术的发展和科研成果的转化**

在国外，动物保护者认为，人类有义务保护处于劣势的实验动物，虽然实验动物不是权利主体，人类依然有将道德原则延伸到动物身上的必要。目前，在美国几乎所有的医学院里，学生都有权利拒绝做动物实验。纽约大学、密西根大学、华盛顿大学、马利兰大学等著名大学的医学院已经完全禁止使用动物实验。因为医学教材目前已能提供人工制造的表皮、韧带、肌肉组织、血管等，医疗实习亦可借助电脑科技来完成。即使在某些项目中取缔动物实验是不现实

---

[1] 常纪文：《动物福利法——中国与欧盟之比较》，中国环境科学出版社 2006 年版，第 17~23 页。

的，也应该致力于研究良好的替代方式来减轻或避免动物所受的折磨。

我国动物福利还没有进入立法的程序的现实已经让科学界感受到了一定的压力。比如，那些涉及动物实验的科研论文要想拿到国际刊物上发表，就必须出示由"动物伦理委员会"提供的证明，证明该研究符合动物福利的伦理准则。

2004年12月2日，北京市第十二届人民代表大会常务委员会第十七次会议通过了《北京市实验动物管理条例》，规定对动物实验必须进行伦理审查，从事实验动物工作的单位应当配备科技人员，由实验动物管理机构负责实验动物工作中涉及实验动物项目的管理，并对动物实验进行伦理审查。2008年，北京大学获得了国际实验动物标准组织——国际实验动物评估和认可委员会完全认证，成为中国大陆首批通过此项认证的综合性大学。这说明我国实验动物福利正日益趋向国际化规范。现在，中国各个科研机构都开始设立动物伦理委员会，定期审查该机构的实验动物福利情况，也正是为了应对因为我国没有动物福利立法而带给科研的压力。

### 五、维持生物多样性和实现可持续发展

生物多样性保护要求人们维护和恢复物种内部、物种之间以及生态系统的多样性平衡。物种灭绝本来是自然演化进程的一部分，但是由于人类的贪婪索取大大超过了生物资源的再生能力，物种灭绝的速度大大加快。这不仅仅是一种生态悲剧，而且对社会、经济的发展也有着不可估量的负面影响。经过自然选择而存在的生物物种、基因和生态系统的多样性，是自然赋予人类最宝贵的资源和财富。世界经济有40%直接依赖于生物资源，而且生物资源越丰富，重大医学发现的概率就越大，人类在应付诸如气候变化等挑战时也就有了更大的回旋余地。[1] 重视对动物福利的维护，有利于从动物物种的自然发展层面保护生物多样性的实现。

同时，通过法律规范创造人与动物之间的和谐关系，标志着人类文明的发展。人一切行为的目的都是追求最大的效益，包括政治、经济、社会和生态效益等。只有和谐的人与人的关系、和谐的人与自然的关系才能提供最大的效益。历史已经告诉我们，人类对大自然的倒行逆施从未逃脱过大自然的惩罚。人类社会要发展，就必须与自然和谐相处。在人与自然的关系中，把对人的道德关

---

[1] 黄锡生、关慧："环境伦理观与生物多样性法律保护的相关问题"，载《广东社会科学》2004年第6期。

切逐渐扩及非人类的生命形式，首先是那些具有较强感知能力的动物，这是我们文明程度提升的一个标记，和谐的本意也就是要消除残酷行为和暴戾之气。我们能够想象一个充满残酷暴戾气息——即使是在人与动物之间——的和谐社会吗？而用行政和法律的方式来确认和保障这一改变，显然是社会文明的进步。当然，和谐社会不可能只靠法律来实现。但是法律可以通过定义和惩戒违法行为，来限制和减少各种严重破坏和谐的因素。而且，这样的法律本身也是一个符号，它表明一个社会对残酷行为不姑息的态度，对国民道德的提高具有莫大的引导作用。用法律来保障人与动物和谐相处，是构建和谐社会的一个重要内容。

法律作为政治上层建筑，体现着统治阶级的利益和愿望，而法治建设的终极理想则是作为实现人类自我完善、自我发展的一种方式和手段，它注定必须以关怀人类自己为目标归宿。动物保护法的深层意义即在于体现人类关怀自己生存、发展的价值取向。今天我们立法保护动物福利，明天动物给予我们福利，这并不是乌托邦式的梦想。

立法保护动物不仅是观念问题，更是人与自然的矛盾积累到现阶段的必然产物。仅仅将动物福利纳入法律法规，还远远不够，还要确保法律法规被很好地执行，还要在动物法制的每一个环节传达"保护动物就是保护我们自己"的理念。人类只有真正懂得了立法保护动物不只是在法律条文中展示我们的爱心和仁慈，而是切切实实地在关怀我们自己，并且是从人类自身的生存和发展利益为最终目的来不断地健全和完善动物立法，才能从根本上为推动动物福祉和人类社会和谐迈出坚实的脚步。

🡆 思考题

    1. 动物只能作为法律关系客体的原因。

    2. 动物保护法的基本原则。

    3. 动物的经济价值和生态价值并重的动物保护立法模式。

    4. 动物保护法的重要意义。

# 第四章 动物保护法的历史溯源

## 第一节　中国古代的动物保护立法

从有文字记载的人类发展历史来看，人类与动物的关系大致都表现为征服者与被征服者、利用者与被利用者的关系。当然那些因为某种原因而被神化的动物除外（比如牛在印度就是不能被随便役使、宰杀的）。在人类征服利用动物的过程中，对这些被征服、被利用的动物的保护，特别是通过法律手段进行的保护，其实，自古有之。

对动物法进行立法溯源，学界大多认为：有关动物法律案件的最早记载是在古代希腊。类似于从动物福利和动物利益出发的动物保护之法律制定，源于19世纪的英国。

其实，人类历史上最早的有关动物保护的法令和动物保护的思想，应该是起源于中国。中国古代政治家普遍把爱护动物、保护环境作为其政治理论的基点。从夏商周开始，经春秋战国，到秦汉，一直延续到明清，中国古代的动物保护法制思想有着深刻和丰富的论述，到现在仍然具有现实的借鉴意义。

### 一、先秦、周朝与春秋时期的动物保护立法

据《逸周书·大聚篇》记载：早在公元前21世纪，中国当时的首领大禹就曾经发布禁令："春三月，山林不登斧，以成草木之长。夏三月，川泽不入网，以成鱼鳖之长。"意思是说春季的3个月，正是草木发育繁衍的季节，刀斧不应带入山林；夏季的3个月，正是鱼鳖繁殖成长的季节，不准下网到河里面去抓捕鱼和鳖。这应该是人类历史上最早保护动物的法令，也是现代意义上的"禁渔期"最早的文字记载。那个时候距离现在有四千多年，人口也不多，动物数量

应该也是非常庞大的，但当时的古人就想到需要合理保护这些动物，有计划地猎捕。实际上，这是我们古人原始的对动物进行保护来达到永续利用思想的一种表现。后来的荀子继续发扬了这种主张，他说："大天而思之，孰与物畜而制之！从天而颂之，孰与制天命而用之！"这是说与其尊崇自然而敬慕它，不如蓄养万物来控制它；与其顺从自然而赞颂它，不如掌握自然规律来利用它。因为他认为保护自然是管理者的使命，处理得好，则"万物皆得其宜，六畜皆得其长，群生皆得其命"。

公元前 11 世纪，距今三千多年前，农业生产更加发达，生产和生活资料更加富足。于是有了西周王朝的保护动物种类更加宽泛的《伐崇令》。该法令规定："毋坏屋、毋填井、毋伐树木、毋动六畜，有不如令者死无赦。"这里的"六畜"有两种含义，一个就是指牛、马、羊、猪、狗、鸡等比较常见的这些家畜，即业已驯化的动物，还有一个意思是泛指所有的禽兽，实际主要是泛指所有的野生动物。"勿动六畜"就是不要伤害它们，不要伤害任何野生动物，违反这个禁令的话将面临死罪的严厉惩处。《伐崇令》当中的规定应该是人类历史上为保护野生动物而确立的处罚最严厉的立法例了。记载周朝典章制度的《周礼》中，还记有很多管理生物资源的官吏：管理水生物的"渔人"、管理兽类的"兽人"、管理鸟类的"罗氏"、管理鱼鳖、互物（蚌蛤之类）的鳖人，还有管理狩猎和动物保护的"囿人"等。

春秋战国时期，人们已经认识到人要与动物共存，对待动物的态度和行为要仁慈，否则会被人视为道德品行不好的人。如《礼记·月令》中的记载，有讲到在夏历时的孟春正月，命令祭祀山林川泽，牺牲不得用牝。不许捣毁鸟巢，不许杀幼虫、未出生的和已出生的兽、刚学飞的小鸟。[1] 从后代有关记载来看，《月令》虽然是以礼的形式出现，但是也具有一定的强制力，在古人看来违礼和违法差异不大。公元前 3 世纪儒家的思想家荀况在其《王制》中有"草木荣华滋硕之时，则斧斤不入山林，不夭其生，不绝其长也；鼋鼍鱼鳖鳅鳝孕别之时，罔罟毒药不入泽，不夭其生，不绝其长也；春耕、夏耘、秋收、冬藏，四者不失时，故五谷不绝，而百姓有余食也；污池渊沼川泽，谨其时禁，故鱼鳖优多，而百姓有余用也；斩伐养长不失其时，故山林不童，而百姓有余材也"之说。《吕氏春秋》中总结历史经验提出："竭泽而渔，岂不获得，而年无鱼。"

---

[1] 任俊华、刘晓华：《环境伦理的文化阐释——中国古代生态智慧探考》，湖南师范大学出版社 2004 年版，第 32 页。

《商君书·画策》中亦记载了商鞅护生的具体措施：不要猎取幼兽，不要偷取鸟蛋，不要给官吏敬献珍品，死了也不要用棺椁。

### 二、秦汉唐宋时期的动物保护立法

到了秦代，社会物质条件更加丰富，对动物保护的规定也日趋增多和严格。《秦简·仓律》明确规定有关官吏应向农户征收饲料，并将所征饲料的数量及时上报中央。为了提高产畜率，严防成畜的死亡。《秦简·厩苑律》规定：牛的死亡率不得超过33%；违反者，官吏要受到相应的处罚。《秦简·田律》还规定：每年2月，不准上山砍林伐木，不准堵塞水道；不到夏季，不得烧草积肥，不准采取发芽植物，捉取幼兽、幼鸟等。禁令至7月才解除。汉朝在对待动物的态度上基本延续了秦朝的法律制度，均已认识到人类向自然无限索取与自然资源再生能力有限的矛盾，并开始尝试以法律手段来进行调节。

其后，在汉唐时期颁布的法律中，也有不少保护动物的规定。比如在西汉宣帝元康三年（公元前63年）夏六月，曾下过一道诏书："令三辅毋得以春夏摘巢探卵，弹射飞鸟，具为令。"在南北朝时期，宋明帝泰始三年（公元467年），明令禁止不按季节捕鸟的做法。北齐后主天统五年，（公元569年）发布命令，禁止用网捕猎鹰、鹞和观赏鸟类。再如：唐高祖武德元年（公元618年）发布命令，禁献奇珍异兽。唐元宗先天元年，诰禁人屠杀犬鸡。据《宋大诏令集》记载，宋太祖建隆二年（公元961年）2月下令禁采捕诏，规定春天2月一切捕捉鸟兽鱼虫的工具皆不得带出城外，不得伤害兽胎鸟卵，不得采捕虫鱼，弹射飞鸟，以次永为定式。宋真宗景德三年（公元1006年）诏牛羊司，畜有孳乳者放牧勿杀。此外，在民生状态中，隋唐时期的素食者、禁肉者的队伍迅速猛增，而且禁杀、放生的节日也非常多。

### 三、元明清时期的动物保护立法

自宋朝以后，我国多次出现被游牧民族统治的时期。游牧民族是在马背上长大的民族，他们与马的感情十分深厚，因此在养马、护马上可称得上是呵护备至：在马的饲料加工上，有"食有三刍"之说，即将马的饲料分为三等，不同的情况喂不同的饲料。马食用的草必须经过细铡、去节、去土的工序。对马的饮水主张"饮有三时"。同时还要马劳逸适度，不使之久立、久奔，更不能使之整日奔波不息。[1] 狩猎虽然是游牧民族生活中不可缺少的部分，但是其也没有随意捕杀，而是懂得爱惜动物。在具体狩猎方面的严格规定有：如主张按季节渔猎，狩猎时要明辨雌雄，禁猎待产方面尤其值得一提的是元代，元世祖至元三年冬严杀牛马之禁，至元十二年颁布的法令明确规定，野兔、驼鹿、狍子、瞪羚和其他动物在交配和产犊期间，禁止人们去干扰和捕猎它们，违法者将受到严惩。禁猎孕子野兽及屠牛马的规定，使当时的动物数种大幅增加，促进了农牧业的发展。13 世纪初始，成吉思汗又制定了《大扎撒法》，该法包含了若干与环境保护有关的条款，其中对动物关照的规定非常细致。臂如，该法律规定，任何人将牛奶或牛奶制品洒在地上，或者往躺在地上的动物身上小便将被处以刑罚。该法还严格规定了哪些动物物种可以捕猎以及何时可以捕猎，任何违规行为将受到惩罚等。可见，元代对动物保护的规定更为具体、仁慈和体恤，甚至体现了现代动物保护法的动物福利思想。

　　除了显性的保护动物的典章律令外，我国古代还有许多保留至今的乡规民约。如福建周宁县有个浦源村，一条长不过 500 米、宽不过 5 米的小溪，竟有各色鲤鱼六七千尾。成群追逐，与人共嬉，成为远近闻名的一景——鲤鱼溪。之所以会出现如此景观，是因为相传七百多年前的宋末元初，有个家族为避刀兵之灾，逃难并定居于此。他们为了保护和清洁水源，就在溪水中放养了一些鲤鱼，并约定了要严格保护。谁要违约，便罚其请一台戏给全村人看，或者罚办酒席请全村人吃。因此鲤鱼被世代保护下来，形成了现在民办的鲤鱼自然保护区。另外，陕西黄陵的万株柏树能够流传下来，据碑文记载，主要得益于历代皇帝差人补植，委派专人巡守，并明文颁布法令，凡在林中执弓打鸟者，必"捉拿到官，痛行断罪"。[2] 无论其当时的政治动机如何，但客观上形成了保护鸟类、保护植物和自然的结果。最终产生的长远而积极的效果是古人未曾预料到的。

---

〔1〕 任俊华、刘晓华：《环境伦理的文化阐释——中国古代生态智慧探考》，湖南师范大学出版社 2004 年版，第 44 页。

〔2〕 唐锡阳："中国传统的绿色文化"，载〔印〕维韦卡·梅农、〔日〕坂元正吉编：《天、地与我——亚洲自然保护伦理》，张卫族等译，中国政法大学出版社 2005 年版，第 49~50 页。

## 第二节　古代欧洲地区动物保护法律实践及立法

### 一、古希腊和古罗马有关动物的法律规定

古希腊哲学家柏拉图在《共和国与法律》一书中描述了古希腊的法律如何审判被指控"杀人"的动物。当动物杀了人，执法者及被害人的家族成员和亲属应对此案予以起诉。案发地点的公共土地监管人必须对此类案件进行判决，并将犯罪者遣送至境外。另据学者海德考证，古希腊是古代文明中惟一进行这类案件审理的朝代。据记载，哲学家毕达哥拉斯甚至提出杀死动物同属犯谋杀罪的想法。[1] 这就等于承认了动物的法律主体地位，但此认识在古希腊并非为主流法律思想。古希腊法律仍将动物视为人的财产或财物，这一法律理念和实践一直延续至今。

古罗马法规定，动物属于私人财产，可以占有、买卖或以其他方式转让，等同于人的其他财产。动物的买卖必须遵循法定程序和依照法律规定的方式进行。[2] 例如，获得或转让动物需要起草固定格式的法律文书，需要有证人在场，要按一定付费标准支付费用，甚至需要有法官在场，转让过户方能生效。

### 二、中世纪欧洲国家对动物审判案件的记载

中世纪欧洲，有法律规定，当有些动物出现某类法定行为时需承担相应的法律责任。这类案件大多发生在 13 世纪至 20 世纪初。在埃德蒙·埃文斯（1831 年~1917 年）1906 年出版的《对动物的刑事起诉和死刑惩罚》一书中记载[3]，中世纪的动物审判通常有两类：一类是由教会法庭审理的，主要是动物的行为危害了社会公共利益，例如，涉及破坏庄稼等；另一类是由普通法庭法官审理的，主要是动物给人造成身体伤害或死亡。两类审判的基本原则相同。

---

[1] Simon Brooman and Debbie Legge, 1997, *Law Relating to Animals*, London, Cavendish, p. 31, p. 32. 转引自曹菡艾：《动物非物——动物法在西方》，法律出版社 2007 年版，第 85 页。

[2] 曹菡艾：《动物非物——动物法在西方》，法律出版社 2007 年版，第 86 页。

[3] E. P. Evans, *The Vriminal Prosecution and Vapital Punishment of Animals*, New Jersey, The Lawbook Exchange Ltd.；Jen Girgen, 2003, "The Histlrical and Vontemporary Prosecution an Punishment of Animals", *Animal Law*, 9, pp. 97-133. 转引自曹菡艾：《动物非物——动物法在西方》，法律出版社 2007 年版，第 87 页。

而在 15 世纪的瑞士，还有教会和普通法庭相结合的动物审判方式出现。

对动物审判的程序亦非常严肃和规范。在审理动物犯罪的案件时，法庭会为作为被告的动物指定辩护律师。律师亦会按照法律程序取证，向法庭提供各类证据和证人，尽力为被告辩护。也可能会在败诉时，提起上诉，由此可能会引发改判或维持原判。

关于动物犯罪的形式包括在教堂里发出声音、杀人、损坏财产等，处罚方式包括流放、驱逐出教堂和开除教籍，最重的是死刑。在开庭审判这些被指控犯罪的动物前，有些动物还会被监禁，等待出庭。例如，1408 年，一头猪被指控犯有杀人罪。在出庭前，这头猪和被指控犯有杀人罪的人犯一同监禁在监狱里。[1] 1386 年，在法国诺曼底的法莱斯发生了一件著名的动物审判案例，据记载，当时全城的男女老少聚集在城中心的广场上，围观一次公开处决"动物杀人犯"的场景。[2] 而这个杀人犯竟然是一头猪，它犯下了杀死一名婴儿的罪行。

另一著名的案例，发生在 15～16 世纪的法国，巴赛洛缪·夏森尼律师作为老鼠的代理人出庭。[3] 当时，一些老鼠被告上了教会法庭，罪名是吞噬、破坏当地的大麦庄稼。当地的主教对此类案件具有管辖权，并指派夏森尼担任老鼠的辩护律师。鉴于老鼠在当地臭名昭著，夏森尼律师不得不绞尽脑汁，动用百般法律技巧，希望能找到法律漏洞以便让他的客户老鼠逃之夭夭，或者至少让法官手下留情，减免判罪处罚。他出庭辩护说，被告分散在大片土地上，居住在各个不同的村镇上，仅用一份传票来通告犯罪嫌疑者是远远不够的，这样无法通告所有老鼠。法官认为他说的不无道理，因此确认需要再次在老鼠居住的各乡村镇落发出通缉。很长时间就这样花费掉了，也因此拖延了开庭审理的时间。等到最后终于开庭了，夏森尼律师在法庭上辩护说老鼠无法出庭，原因是老鼠出庭需要长途奔波，旅程实为艰险，这主要是老鼠的死敌——猫，无时无刻不在密切窥视老鼠的行踪，随时会同老鼠展开生死之战。因此，夏森尼说，如果一个人被指控犯罪出庭而无法安全到庭，这个人就可以行使上诉权，拒绝服从执行这一传票。最终，此案因法律程序原因而宣布老鼠无罪。

---

〔1〕 E. P. Evans, *The Vriminal Prosecution and Vapital Punishment of Animals*, New Jersey, The Lawbook Exchange Ltd. ; Jen Girgen, 2003.

〔2〕 曹菡艾:《动物非物——动物法在西方》，法律出版社 2007 年版，第 88 页。

〔3〕 E. P. Evans, *The Vriminal Prosecution and Vapital Punishment of Animals*, New Jersey, The Lawbook Exchange Ltd. ; Jen Girgen, 2003. pp. 18－36.

1906 年发生在瑞士的一个审判动物的案例是将一条狗判处死刑，据说是欧洲此类动物案件的最后一例。

无论中世纪欧洲国家对动物起诉的原因何在，今天与此不同的是，将动物作为诉讼主体推上法庭的事例实属罕见。而这一问题也已逐渐成为当今学界关注的热点，那么动物是否具有法律主体地位？是否具有诉讼主体资格？是值得我们探讨和研究的。

## 第三节　近现代西方国家动物保护法立法概况

### 一、西方国家驯养动物立法出台的背景

#### （一）理论基础

17 世纪晚期的欧洲，人们开始质疑以人为中心的认识和做法。伴随着动物学研究的进步，科学家开始以动物的身体结构为标准对动物予以分类。科学实验证明：动物亦有自己的自治性，有其特有的性格和情感，甚至可以表达感情和对事物进行判断。从 18 世纪起，人们开始接受人类不是宇宙中心的思想。这时，英国人对已经实施多年的宰杀动物的方式，特别是其中一些不人道的残忍做法表示愤怒。这种情绪和认识从英国开始并蔓延到整个欧洲，直接影响了当时人们对动物的态度。人们开始谴责宰杀动物的行为，既然动物有感情，屠杀有感情的生命就是野蛮、不人道的。

#### （二）经济基础

物质生活水平的提高也会影响到动物保护意识的转变。18 世纪 60 年代开始，英国工业革命爆发，其经济迅猛发展，社会取得了巨大进步。英国中产阶层以上的居民不断增加的同时，其影响力也在不断加大，人们的道德意识日益提升，道德关怀的对象开始扩展到人以外的其他生物，生活在人类身边的驯养动物首当其冲地成为被考虑的对象。那时候的英国街道上，经常有牛、马拉的车从农村到城市，有的牛、马不堪重负，农夫便残忍地鞭打它们，有时牛、马被鞭打致残致死，状况惨不忍睹。人们逐渐开始反思自己的行为，对动物开始产生怜悯、慈悲和同情，18 世纪下半期和 19 世纪的英国，开始出现要求改变对驯养动物的态度和减少虐待动物行为的呼声，人们开始意识到动物具有同人类类似的感知，是具有生命的生灵，动物能感觉到痛苦和快乐。尽管具有这种思想的人当时属于少数，但这奠定了近代动物福利思想和法律的基础。

（三）社会基础

英国是动物福利立法的先驱，由于人们对动物福利的关注，要求改善驯养动物的生活条件和福利，同时也基于政府和上层社会希望能改进普通百姓的道德行为，减少犯罪和改善社会秩序，19 世纪初的英国开始针对驯养动物的保护进行立法。最初的动物福利法律规范主要是用来规制底层社会所喜好的斗牛、斗鸡等残酷体育项目。上层社会的有关维护动物福利的呼声以及"防止虐待动物协会"的成立引导形成了保护动物福利的社会力量。

## 二、近现代西方国家动物保护立法的发展

西方最早有关动物的成文法条是 1635 年爱尔兰议会通过的一项禁止法令，禁止从活羊身上拔羊毛，禁止拽马尾巴驱使马匹进行耕作等。1641 年在美国麻省殖民地，一名叫纳撒尼亚尔·沃德的人据说是最早提出制定具体保护动物福利法律的人。沃德是英国剑桥大学毕业的律师，移民美国，曾提出了一个有关自由的法案，其中"不得对通常用于人使用的动物施加任何暴力或残酷行为"的条文，被认为是西方最早的动物保护条文之一。[1]

较为系统的动物福利立法的发展是在英国，其在西方的立法实践可分成两个发展阶段：

（一）反虐待动物立法时期

整个 19 世纪以及 20 世纪初期的动物保护法都弥漫着反对虐待动物的色彩。1800 年，英国第一次提出了禁止斗牛的法律草案，然而没有得到议会批准，但其仍为人类在立法上关注动物福利的开端。之后，英国人又于 1802 年、1809 年分别提请议会审议有关动物保护的草案，均未通过。直到 1809 年 5 月 15 日，厄斯金爵士在议会上发言支持动物保护提案，上议院才予以通过，但仍因下议院的否决而没能生效。

英国第一部生效的动物保护法是 1822 年 6 月 22 日生效实施的《马丁法》（*Martin's Act—An Act to Prevent the Cruel and Improper Treatment of Cattle*，《防止残酷和不良对待牲畜法》），它也是人类历史上首部保护动物福利的法律规范。在此之前，人道主义者马丁议员于 1821 年提出了禁止虐待马匹的议案，但被大多数人视为愚蠢行为而未能通过。1822 年马丁再次将该议案提出，最终获得了通过。《马丁法》规定，殴打、虐待或不良对待任何诸如马、驴、牛、羊等牲畜的

---

〔1〕 曹菡艾：《动物非物——动物法在西方》，法律出版社 2007 年版，第 103 页。

行为均为违法行为，违法者将被罚款或监禁。而此前的法律规定是，所谓虐待动物必须是"恶意对待动物的主人而不是动物本身"，但"《马丁法案》使虐待动物本身成为一种犯罪"。[1] 在动物保护法律制度史上开了先河。

1849 年《防止虐待动物法》规定：任何人如果对动物进行殴打、不良对待、过分使用、虐待或酷刑折磨，或者致使或指使上述行为发生，均属犯罪行为，均将受到罚款；执法当局有权对此类行为进行指控起诉。这部法律还包括了要人道、适当对待被屠杀的牲畜的规定。

1876 年的《防止动物虐待法》规定：在活体动物身上进行任何旨在导致其痛苦的试验，均属非法，除非试验的目的是加深生理知识以及拯救、延长人类生命或减免痛苦。该法还限制某些动物实验。1911 年，英国议会通过了著名的《动物保护法》（Protection of Animals Act）。该法规定：残暴殴打、踢打、虐待、过度策骑、过度驱赶、过度负重、折磨、激怒或惊吓任何动物，均属犯罪行为；任何肆意残暴或者不合理的行为以及不作为，导致动物不必要的痛苦，均属犯罪行为；任何导致或促使此类虐待动物行为的人要负法律责任；动物所有人，如果因未能对其动物施加合理的关照和监督而未能防止对动物的虐待行为，将被视为允许虐待行为，因此要负法律责任。该法还规定，一旦动物所有人被判定犯有虐待动物罪，法庭有权保护受害的动物，措施包括以下几种：如果动物继续生存将忍受痛苦，法庭可以命令灭杀动物；如果法庭有证据显示，动物所有人将继续虐待动物，法庭可以命令没收动物，另行处理；凡是被判定虐待动物的人，将被判处罚款或监禁。自 1911 年以来，该法经过多次修改。[2]

综上所述，英国于 1822 年通过《马丁法令》，此后，在历次的增补法案及修正案中不断扩大保护动物的范围，扩展动物的权利，完善动物的福利，并专门制定了一系列专项法律，如《鸟类保护法》《宠物法》《野生动植物及乡村法》《动物园动物保护法》《实验动物保护法》《家畜运输法案》《斗鸡法》《动物麻醉保护法》《动物遗弃法案》《动物寄宿法案》《兽医法》以及《动物园许可证法》等，对动物进行全面、有效的保护。

在第一次世界大战爆发之前，英国已经建立了一套相当复杂、范围广泛的动物福利法和相应的法律架构。根据这些法律，家养动物、圈养哺乳动物、鸟、爬行动物和鱼等动物均得到了一定的法律保护，在法律限定范围内，免受人类

---

[1]　《简明不列颠百科全书》（第 6 卷），中国大百科全书出版社 1985 年版，第 307 页。
[2]　参见曹菡艾：《动物非物——动物法在西方》，法律出版社 2007 年版，第 104~108 页。

的虐待和暴行。而违法者将受到法律制裁。法律规定人不仅对动物有不虐待和不施加痛苦的责任，人对动物还有关怀、喂养、保护其免受痛苦的义务，人对动物的不作为也会受到法律的惩罚。这些法律涉及动物的身体和心理福利两方面。

近代的英国社会对动物、动物福利以及动物法律态度的演变，是一个非常有趣的法律和社会历史演变的实例，对理解和研究当代动物福利和动物法律至关重要。这些法律规则深刻地影响着英国国民对待动物的态度，也对其他国家的动物保护立法起到了重要的借鉴作用。

紧随英国之后，1850 年，法国通过了反对虐待动物的《格拉蒙法案》。与英国不同，法国是先成立了动物保护协会，后有立法。此后，先有民间组织和行动，再有政治实践和立法的模式遂成为欧美国家制定防止虐待动物立法的一般过程。1866 年，在亨利·贝弗的努力下美国通过了《禁止残酷对待动物法案》；1900 年，美国通过了禁止在各州之间贩运被非法猎杀的野生鸟类的《勒西法案》。其他欧洲国家如德国、奥地利、比利时、荷兰等也在 19 世纪中期相继制定了反虐待动物的法律。这一时期的动物保护立法主要是从动物的基本生存问题出发，通过立法解决虐待动物问题。

（二）动物福利立法时期

二战以后，西方国家又根据社会变化和需求，陆续制定了内容由单纯防止虐待到改善动物的生存环境、减少其痛苦等基本福利甚至到保护动物的精神福利方面的动物保护法和相应的管理法规。瑞士于 1978 年颁布《瑞士联邦动物福利法》，并于 1997 年又在原有动物保护法律的基础上制定了强制执行的《牲畜权利法》。1987 年德国制定了《动物保护法》，到了 1998 年又专门颁布了《动物福利法案》。[1] 美国在 1966 年制定的《动物福利法》，至 1990 年已进行了 5 次修订，并于 1999 年修改为《动物和动物产品法》。目前，美国所有的州都有保护动物的法律，有些州的立法甚至将虐待动物的行为上升为犯罪，并通过刑法加以规制。如美国密歇根州《刑法》就专设了"动物"一章，针对虐待动物、进行残酷治疗、遗弃、不提供适当照料等行为，明确规定了当事人的刑事责任。2001 年 2 月 14 日，美国科罗拉多州推出了《威斯蒂法》，把虐待动物由原来的"不良行为"上升到"重罪"。如此，动物保护法上升到了一个新的高度——"动物福利"开始走上国际法制的舞台。

---

[1] 刘文君："世界各国的动物福利立法"，载《中国动物保健》2006 年第 2 期。

2002 年，德国用《宪法》保障了动物作为生命存在的权利。澳大利亚、加拿大等国家也颁布了自己的动物福利法。亚洲的新加坡、菲律宾、日本、韩国等国也纷纷仿效西方国家制定了各自的动物福利法。这一过程中，动物福利法的保护对象由早期的一部分动物逐渐扩大到所有受人类影响的动物，立法范围也由英国扩展至整个欧洲、北美甚至亚、非、拉美地区。迄今为止，全球已有一百多个国家出台了有关保护动物的法案。

20 世纪后期，除了国内法之外，还出现了国际性的动物保护公约，这些公约对各缔约国也有相当大的约束作用。联合国及相关组织先后出台了许多保护动物福利的公约。如：《保护农畜欧洲公约》《保护屠宰动物欧洲公约》《生物多样性公约》《濒危野生动植物种国际贸易公约》《关于特别是作为水禽栖息地的国际重要湿地公约》《保护世界文化和自然遗产公约》《联合国海洋法公约》《防止倾倒废物及其他物质污染海洋公约》《南极公约》《关于环境保护的南极条约议定书》《国际捕鲸管制公约》《养护大西洋金枪鱼国际公约》等。1982 年 10 月 28 日联合国通过的第 371 号决议《世界自然宪章》在"序言"中明确指出：深信"每种生命形式都是独特的，无论对于人类的价值如何，都应得到尊重；为了给予其他有机体这样的承认，人类必须接受行为道德的约束"。WTO 规则中也写入了动物福利的条款。今天，世界各国就对保护动物和尽一切可能保留生物的多样性的事项已达成共识。一些国际组织，例如，不仅欧盟有专门保护动物福利的法令法规，而且欧盟委员会食品安全署专门设有负责动物福利的部门。早在 1974 年，欧盟便制定了宰杀动物的法规，要求在宰杀活猪、活羊和活牛之前，先用电棒将其击晕，让动物在无知觉的情况下走向生命终点。同时，1991 年的《关于运输途中保护动物的理事会指令》、1998 年的《关于保护农畜动物的理事会指令》里也针对动物福利进行了规定。并且根据从 2006 年 1 月开始在欧洲实施的《食品法》规定，猪应享受的福利有：禁止在铁隔栏里关养怀孕的母猪；必须给母猪高纤维的食物以满足它饥饿感和咀嚼的需要，甚至还要给它提供稻草、蘑菇等满足其探测周围环境的需要等；新出生的小猪 28 天内不允许断奶；阉割公猪要采取止痛措施；宰杀时必须隔离，不被其他猪看到等。其他国家的猪肉也必须符合这些条款才能进入欧洲市场。除国内法以外，还出现了一系列国际性动物保护公约。比如 1976 年通过的《保护农畜欧洲公约》，1979 年《保护屠宰用动物欧洲公约》等。各缔约国的国内法也要与国际公约相匹配，这在一定程度上促进了这些国家的动物保护立法的发展。2005 年，世界动物卫生组织（OIE）的 169 个成员国全体投票一致赞同将动物福利规定补充到"国际陆地动物健康法规"中。

同时，许多国家对于动物，尤其是伴侣动物的管理也从动物保护法律实施的过程中积累了丰富的经验，对于实验动物和农场动物的利用和管理也都形成了系统而有效的规则。可以发现，西方的动物保护和管理体制已经形成了相对来说较为成功的经验，动物在这些国家的地位正在不断提高。尽管各国的立法模式不同，但核心相似，都是要防止动物受到不必要的痛苦。可见动物的生命价值已逐渐被法律所承认。动物保护立法发展的历程，体现了人类道德视野和道德关怀的扩展。

➡️ 思考题

1. 中国周朝时期动物保护立法。
2. 中世纪欧洲国家审判动物的案件的实质。
3. 近代西方国家动物保护立法产生的原因。

# 第五章

# 国外动物保护法概述

对动物的保护的手段和措施是多样的，包括行政、经济、教育、立法以及科学技术。而法律作为社会控制的一种重要手段，是动物保护不可或缺的手段和措施。

目前，在全球范围内，许多国家已经通过立法来保护动物，但是，由于各国（地区）历史、文化传统、经济水平以及政治体制的不同，保护动物的范围、立法体例和执法机制差别很大。各国对于动物保护立法的体例差异很大，就成文法而言，国家层面一般包括：宪法的规定（并不是所有国家都有成文的宪法），如印度的《宪法》规定了防止动物的痛苦是印度人民道义上的义务；动物保护基本法，此类法主要规定了动物保护的一般原则和措施，是宪法指导思想的进一步具体化；单行法，是指针对特定动物保护的法律；部门法规。一些国家在国家立法的基础上，还有诸多地方立法，对本行政区域内的动物保护予以特别的规定。

目前，关于动物保护的立法，从整体上看，大多数国家是从野生动物保护和动物福利两方面分别予以立法。

有关野生动物的立法，如日本的《关于鸟兽保护和狩猎法规》；苏联的《动物保护与利用法》（1980年）；联邦德国的《狩猎法》（1952年）；英国的《鸟类保护法案》（1954年、1967年）、《獾法案》（1973年）和《海豹法案》（1970年）；蒙古的《狩猎法》（1972年）；泰国的《野生动物保存保护法》（1960年）和《国家公园法》（1961年）；罗马尼亚的《狩猎法》（1976年）；美国的《候鸟保护法》（1929年）和澳大利亚的《国家公园和野生动物法》（1906年）等。

有关动物福利的立法，如英国的《动物保护法》（1911年）；德国的《动物福利法》（1974年）；韩国的《动物保护法》（1991年）；以色列的《动物福利

（动物保护）法》和《动物福利（动物实验）法》（1994 年）；新西兰的《动物福利法》（1999 年）；菲律宾的《动物福利法》（1998 年）；印度的《防止虐待动物法》（1960 年）等。

本章以大洲为基础进行划分，概括阐述国际上若干典型国家的动物保护立法。

## 第一节　典型国家和地区动物保护立法概述

### 一、英国动物保护立法

英国是西方动物福利保护立法的先行者。其动物保护立法是从动物福利保护为开端，随着动物福利立法的发展，才开始对野生动物的保护进行立法。

如前所述，英国在反对虐待动物和动物福利方面的立法主要有：1822 年 6 月 22 日正式生效的《马丁法》（又称《防止残酷和不良对待牲畜法》）。1849 年的《防止虐待动物法》，1876 年的《防止动物虐待法》。1911 年的《动物保护法》等。

在《动物保护法》颁布之后，英国还颁布了若干与动物保护有关的法案。1951 年的《宠物法案》、1952 年的《斗鸡法案》、1954 年的《鸟类保护法》、1966 年的《兽医法案》、1968 年的《农业法》、1995 年的《动物福利法（屠宰和杀害）》。2005 年英国议会又提出了一个新的《动物福利法》（*Animal Welfare Act*）草案，替代原有的《动物保护法》，该法于 2006 年年底通过，并于 2007 年 4 月 6 日正式生效。这是继 1911 年之后，英国最重要的一部综合性的动物福利法，具有非常重要的意义。该法在总结之前英国动物保护经验和教训的基础上，将 20 余部关于农业动物和非农业动物的法律、法规进行了统一，并吸纳了一些现代化的理念和意识。[1]

该法规定了防止伤害动物、促进动物福利、同动物有关的各类活动的注册和许可证制度、与动物福利相关的行为准则等。规定了哪些行为属于犯罪行为，特别列举了给动物造成不必要痛苦、残害动物等犯罪行为的具体表现形式。同时，通过赋予动物主人和负责照管动物的人以法律责任，来促进动物福利的维护。

---

[1]　参见曹菡艾：《动物非物——动物法在西方》，法律出版社 2007 年版，第 203~205 页。

英国的野生动物保护法主要包括：1975 年的《野生动植物保护法》、1979年的《濒临绝种生物（进出口）保护法》、1981 年的《野生动植物及乡村法案》和 1996 年的《野生哺乳动物保护法》等。《野生动植物及乡村法案》被认为是英国野生动物保护的基本法，该法主要保护野生动物和野生植物。有关野生动物保护的具体措施包括：设立保护区域、规定打猎季节以及禁止某些猎捕方法；规定猎捕野生动物的许可证制度；对于违反该法的行为，规定了罚款和 5 年内不得申请许可证的处罚措施。《野生哺乳动物保护法》的目的是防止对野生哺乳动物的虐待行为，该法明确规定禁止蓄意致残、踢、打、割、刺、烧、用石头投掷、挤压、淹、拉或者窒息任何野生哺乳动物。违反该法，可处 5 级以下的罚款或 6 个月以下的监禁。

目前，英国已经形成比较完备的动物保护法律体系，就整体而言，对动物福利的保护比较突出。这些法律涉及动物的身体和心理健康、身体和心理福利两方面。在野生动物保护方面，主要是通过立法禁止捕获和杀害野生动物的行为，规定了保护区、禁猎期、禁猎区以及许可证等措施。

### 二、美国动物保护立法

美国是一个联邦制国家，对于立法权，《宪法》只对联邦的权力和组织机构作出了规定，对州权或州的机构很少涉及。美国宪法列举的联邦权力较窄，主要限于两个方面，一是为维护共同体的存在所必需的权力；二是为维护基本的经济生活统一性所必需的权力。管理社会事务的基本权力都不在联邦的列举权力之列。《宪法》列举的联邦权力并不绝对排除州的权力，对未禁止州行使而性质又不属于联邦专有的权力，州仍然享有相应的立法权。但根据美国联邦法律最高条款，联邦一旦就这些领域的事项制定法律之后，州法中与联邦法律相抵触的部分无效。联邦也可以通过立法完全排除州对某些事项的管理。

在动物保护方面，野生动物保护立法主要在联邦层面，驯养动物保护立法主要在州层面。目前，联邦和州分别颁布了数量众多的有关动物保护的法律、法规。此外，作为英美法系国家，美国还有许多有动物保护有关的判例。

美国联邦有关野生动物保护的法律、法规主要包括：《海洋哺乳动物保护法》（*Marine Mammal Protection Act*），该法禁止在美国海域捕抓海洋哺乳动物，禁止美国公民在公海上捕抓海洋哺乳动物、禁止向美国进口海洋哺乳动物和海洋哺乳动物产品；《濒危物种法》（*Endangerde Specids Act*），该法保护和恢复受威胁的动物和植物物种以及其生态系统，并规定根据法律和国际公约制订同野生动、植物有关的许可证制度;《猩猩（大猿）保护法》(*Great Ape Conservation Act*),该法规建立起猩猩保护基金,协助保护猩猩类动物;《鲸保护法》(*Whaling Convention Act*),该法禁止违反《国际捕鲸管制公约》而捕鲸和销售鲸产品;《野鸟保护法》(*Wild Bird Conservation Act*),该法提倡稀有鸟的保护,协助那些拥有稀有鸟类的国家的野鸟保护和管理,并限制美国的稀有鸟类进口;《禁止捕获鲨鱼翅法》(*Shark Finning Prohibition Act*),该法禁止割下鲨鱼翅包括尾巴然后将鲨鱼弃入大海,并要求政府有关部门同其他国家谈判商谈签定禁止割鲨鱼翅的双边和多边协议。

有关野生动物的法律、法规还有《候鸟保护法》(*Migratory Bird Conservation Act*)、《犀牛和老虎保护法》(*Rhinoceros and Tiger Conservation Act*)、《国际海豚保护法》(*International Dolphin Conservation Act*)、《海龟保护法》(*Marine Turtle Conservation Act*)、《鱼和野生动物保护法》(*Fish and Wildlife Conservation Act*)、《非洲大象保护法》(*African Elephant Conservation Act*)、《亚洲大象保护法》(*Asian Elephant Conservation Act*)、《秃鹰和金鹰保护法》(*Bald and Golden Eagle Protection Act*)、《大西洋金枪鱼保护法》(*Atlantic Tunas Convention Act*)等。

美国在濒危动物保护领域是世界上法律制度和司法判例最为先进发达的国家,从1958年《鱼类和野生生物协调法》开始,陆续制定了:1969年的《国家环境政策法》;1972年的《珍贵稀有生物品种保护条例》和《海洋哺乳动物保护法》;1973年的《濒危物种法》;1976年的《国家森林管理法》和《渔业保护和管理法》;1978年的《公有草地改良法》;1980年的《渔业和野生生物保护法》及1994年修订的《海洋哺乳动物保护法案》等。

美国的动物福利法始于19世纪,其受英国动物福利思想以及立法行动的影响,主要是各州通过立法保护动物福利。19世纪上半叶,美国的一些州制定了禁止虐待动物的法规。这些法律有一些共同特点,概括如下:其一,禁止虐待动物法规的立法动机和意图是为了保护动物的所有人和所有人的财产权利,反映了动物在法律上属于物的基本法律理念;其二,此类法规的出发点主要是人的利益,不是为了直接保护动物,不是为了防止给动物造成痛苦;其三,此类法规所适用的动物种类有限,大多具体规定仅适用于牛、马等有经济价值的工作牲畜;其四,此类法规所适用的动物往往是归人所有的农业牲畜,而不包括没有主人的动物、有主人的宠物或野生动物。[1]

---

〔1〕 参见曹菡艾:《动物非物——动物法在西方》,法律出版社2007年版,第318页。

1867 年，纽约议会通过的《防止虐待动物法》，该法对于不人道的对待动物的行为，分别作出相应的轻罪的规定。该法对其他州防止虐待动物的立法起到借鉴和推动作用，也影响了美国此后动物福利立法的发展。

目前，有关动物福利的立法。在联邦层面的法律包括：《二十八小时法》(*The Twenty-Eight Hour Law of* 1877)、《屠宰动物人道方法法》(*Humane Methods of Slaughter Act*) 和《动物福利法》(*Animal Welfare Act*)、《禁止描绘虐待动物法》(*Depictions of Animal Cruelty*)、《猫狗保护法》(*Dog and Cat Protection Act*)、《宠物疏散撤离和标准法》(*Pets Evacuation and Standards Act*) 等。其中《动物福利法》在 1966 年签署成为法律。它的初衷是管理实验室里动物的照料与使用行为，它成为美国唯一一部管理在试验、展示、运输与贩卖时应如何对待动物的联邦法律。

在州层面，美国所有州均已制定禁止虐待动物的法律，为动物提供了必要的法律保护。防止虐待动物法规主要包括了保护伴侣动物、禁止对动物蓄意施加痛苦、杀害动物和进行动物角斗的行为。

在美国，2005 年 6 月 24 日，夏威夷州的议会大厦里，州长林格尔签署了一个宠物可以继承主人财产的法令。目前，美国已有 20 个州有宠物可以继承遗产的规定。2008 年 6 月 11 日，美国通过增加动物商业运输最低年龄的要求修订《动物福利法》的规定，目前仅对狗和猫有此项要求。对动物商业运输规定最低年龄要求及对不符合最低年龄要求的动物运输作出规定，有助于确保善待动物。

### 三、欧盟动物保护立法

自 20 世纪 70 年代，欧盟便开始进行动物保护立法，并藉此推动动物福利的发展。欧盟的动物保护法律制度对其成员国有直接的法律效力。因此，欧盟各成员国在欧盟的动物保护公约的约束下，不断完善着本国的动物保护立法，并推动了整个欧洲的动物保护立法的进程。

欧盟的动物保护法律渊源主要是欧盟动物保护议定书、欧盟各国签订的有关动物福利和保护的公约以及欧盟发布实施的各类条例、法令、决定、建议等规范性文件。其中，欧盟参加的公约的影响力较大，其主要与欧洲动物公约有关。欧洲公约的签署国不局限于欧盟，而是面对所有欧洲国家。例如，《宠物保护欧洲公约》缔约国包括瑞士。欧盟批准并签署了欧洲 6 个动物福利公约中除《宠物保护公约》之外的 5 个，并将公约整体接受纳入欧盟法律中。例如，《农畜动物保护欧洲公约》，被当时的欧洲共同体理事会在 1978 年 6 月 19 日通过的

78/923/EEC 号决定采纳接受，并将该公约在欧共体整体适用。除此之外，欧盟还根据此公约制定了其他具体法规，例如，1998 年 7 月 20 日，理事会颁布了98/58/EC 号法令，主要是为了保护用于农场目的的动物，提出用于生产食品、羊毛、兽皮、兽毛的动物和其他用于农场目的（包括鱼、爬行动物和两栖动物）动物保护普通规则。

1991 年，欧盟各国统一发布《动物保护宣言》，呼吁欧洲议会、欧洲理事会和成员国，在起草和实施共同体的农业、运输、国内市场和研究的一般政策时，共同体和成员国应充分重视动物福利需求。虽然该宣言没有法律效力，但在道义上仍具有积极的影响和意义。1999 年 5 月 1 日，欧盟各国通过的《动物保护和动物福利附加议定书》生效，作为《欧盟条约》的一部分附加于其后。它标志着欧盟在动物保护立法方面又迈进了一步。该议定规定：各协约国，鉴于希望确保作为有感知生灵（Sentient Beings）的动物的福利得到更好地保护和尊重，同意在起草和实施共同体的农业、运输、国内市场和研究一般政策时，共同体和成员国应充分重视动物的福利需求。

2006 年 1 月 23 日，欧盟委员会公布了一份名为《欧盟 2006 年至 2010 年动物保护与福利行动计划》（*Action Plan on Animal Welfare 2006~2010*）。该行动计划是针对欧盟条约中有关动物保护和动物福利附加议定书的基本原则而提出的。根据该行动计划，在 2006 至 2010 年的 5 年间，欧盟要制定出旨在确保欧盟和世界各地的动物福利和对动物进行保护的措施。该行动计划描述了这些措施的内容，其目标是进一步明确欧盟的有关立法并在有阙如的领域予以补充和完善。欧盟希望在动物福利领域实现的目标主要包括：①确定对动物福利更加明确的欧盟行动；②继续提倡推广动物福利领域的高水准；③提供更好的资源协调；④支持推广采用替代动物实验的方法；⑤确保欧盟有关动物福利的所有政策有连贯性和协调性；⑥该行动计划肯定以下五个方面互相关联的行动领域以实现以上目标；⑦更新动物福利最低标准；⑧提倡研究使用动物试验的替代方法；⑨引入动物福利指标；⑩确保专业人士和公众对动物福利有更好的认识；⑪支持动物保护的国际倡议行动。

2006 年 11 月 24 日，欧盟、欧洲理事会和世界动物卫生组织通过了一项题为"欧洲动物福利：成就和未来前景"的联合声明，各方表示将致力于在动物福利领域的进一步合作，这些合作将主要集中在制定和执行动物福利法律和福利标准、培训兽医专业和准专业人员、提高公众对动物福利社会价值的认识，以及在动物福利科学和兽医科学方面的重要联系。

目前，欧盟参加的主要动物公约和议定书有《欧盟条约》（*European Union Treaty*）、《动物国际运输保护欧洲公约》（*European Convention for the Protection of Animals During International Transport*）、《农畜动物保护欧洲公约》以及其修订议定书（*European Convention for the Protection of Animals Kept for Farming Purposes*）、《用于屠宰的动物保护欧洲公约》以及其修订议定书（*European Convention for the Protection of Animals for Slaughter*）、《用于试验和其他目的的脊椎动物保护欧洲公约》以及其修订议定书（*European Convention for the Protection of Vertebrate Animals Used for Experimental and Other Scientific Purposes*）、《欧洲野生生物和自然生境保护公约》（*Convention on the Conservation of European Wildlife and Natural Habitats*）、《动物保护和动物福利附加议定书》（*Additional Protocol on Animal Protection and Animal Welfare*）等。欧盟委员会及欧洲理事会还根据上述公约及议定书制定了其他具体法规，例如，《关于签署农畜动物保护欧洲公约的理事会决定》（78/923/EEC）、《关于保护农畜动物的理事会指令》（98/58/EC）、《关于屠宰和宰杀时保护动物的理事会指令》（93/119/EC）、《关于保护野生鸟类的理事会指令》（79/409/EEC）、《关于保护自然生境和野生动植物的理事会指令》（92/43/EEC）等。[1]

对于欧盟没有签署的《宠物保护欧洲公约》，已于 1987 年开始开放供欧洲各国签署批准，并于 1992 年生效。目前，缔约国包括奥地利、比利时、丹麦、芬兰、德国、希腊、葡萄牙、瑞典和瑞士等国。欧盟未签署的主要原因可能是欧盟制定有关动物法规一定要同欧盟宗旨有直接关系，而宠物同农业和贸易之间没有直接关系，故欧盟只有少量关于宠物运输的规定。

除了以上这些公约和协定之外，欧盟在动物保护方面的法律、法规还包括欧盟的各类与动物保护相关的法令，此类法令对各成员国均有法律约束力。成员国要按照法令的宗旨制定本国的国内法，通过具体实施措施的规范，来实现欧盟法令的总体指导原则。若欧盟成员国不遵守或不按照欧盟的法令来制定和实施相关法规或制定的法律、法规与欧盟的法令相违背，未能履行其欧盟法律义务，将会受到处罚，包括支付赔偿金等经济方面的制裁。欧洲法院在这一方面起着重要的裁决作用，确保欧盟成员国和欧盟机构履行欧盟条约和法规。

当然，欧盟各国仍保留了其独立立法的权利，这些立法主要包括动物福利保护的基本法律、综合性法律和其他法律对动物福利保护的附带规定等。通常

---

[1]　参见曹菡艾：《动物非物——动物法在西方》，法律出版社 2007 年版，第 263~264 页。

情况下，其自行制定的有关动物保护的国内法不能与欧盟法律相抵触。但欧盟各成员国对动物福利和动物保护标准的规制可以高于欧盟所规定的最低限度。实践中，欧盟的法令也的确对其各成员国动物保护法的发展起到了一定的推动的作用。如葡萄牙的《动物福利法》，虽仍属于初级发展阶段，且葡萄牙亦存在着诸如残忍的斗牛活动等暴力对待动物的传统，但在欧盟法规的促进带动下，葡萄牙的动物福利立法近年来有了很大进步。目前，欧盟动物福利法规以及欧洲各项动物福利公约，包括在动物屠宰、运输，宠物，野生动物，实验动物领域的法规，均在葡萄牙生效并实施。

目前看来，欧盟现行的动物福利法律、法规，数量繁多，所涉猎的范围宽泛，尝试深广，制度设置亦较为缜密，并在法律上对动物福利正式予以了认可和规范，将动物福利提升到了一个新的法律高度，这是两个多世纪以来欧洲各国为动物福利作出的法律和人道努力的一个新起点和巨大成就。在实际的运行过程中，欧盟仍在不断地改进和发展自己的动物保护法律制度，与此同时，其对欧洲各国乃至全球在动物保护和动物福利方面的立法及实施所产生的重要影响和借鉴作用亦是毋庸置疑的。欧盟动物福利法律文件的价值理念可以归结为：在促进欧洲共同体的一体化和发展、建立与完善欧洲共同体的内部市场、促进区域内部贸易与对区域以外国家的贸易的基础上，协调欧盟法律之间和欧盟法律与各欧盟国家国内立法之间及各欧盟成员国之间立法的关系，包括动物福利的法规，协调统一动物福利与贸易、社会、科技发展及传统文化保护的关系，防止贸易扭曲，提高动物福利保护知识和意识，保护动物的内涵价值（包括动物的生命）和动物福利。[1] 同时，透过历年来欧洲法院的一些法律解释，可以感知到，在欧盟，确保动物福利的实际履行尚会受到一些限制。究其原因，主要有：其一，欧盟的立法宗旨主要是确保和发展经济、农业和贸易等方面的利益，而不是对动物福利的维护。那么，一旦欧盟的农业、经济等政策、法规与动物保护及动物福利发生冲突时，动物保护和动物福利就需退后，要优先考虑前者。其二，维护动物福利不是欧盟基本法律的原则，并且其对动物福利的关照仅限于农业、运输、国内市场和研究四个领域，也就是说欧盟机构没有推广和制定普遍动物福利法的立法权。其三，全方位考虑动物福利的同时还需考量和受限于各成员国立法、行政规定、惯例以及宗教、文化传统。[2] 这是欧盟动

---

〔1〕 曹菡艾：《动物非物——动物法在西方》，法律出版社 2007 年版，第 314 页。

〔2〕 曹菡艾：《动物非物——动物法在西方》，法律出版社 2007 年版，第 262 页。

物福利法的局限性，也可以说是以人为本、以经济发展为优先考虑的立法理念的体现。

### 四、德国动物保护立法

德国在 2002 年修订的《联邦自然保护法》，旨在更有效地保护物种和生物圈。有关野生动物保护的规定主要有野生生物环境保护、物种保护等方面，还对防止外来物种入侵作了规定。1993 年的《狩猎法》规定狩猎者必须获取狩猎许可证。

1974 年德国公布了首部《动物福利法》，之后经过数次修正，现行的是2001 年 4 月 11 日修正后的《动物福利法》。在该法第 1 条就明确提出其立法目的是"旨在保护动物之生命，维护其福利"。该法共分为 13 章 22 个大条款，其中很详细地对饲养动物、动物的灭杀、动物手术、动物实验、动物繁殖及动物买卖、动物的进口、运输和饲养以及相应的法律责任作出了规定。《犬只饲养法》对于每只狗休息、运动的空间，犬舍的建筑材料、规格、温度、湿度、光线等均有严格规定。

德国《动物福利法》在第 1 条就明确提出其立法目的是"旨在保护动物之生命，维护其福利"。在第二章动物饲养的规定中，《动物福利法》授权食品、农业和渔业联邦部（以下简称联邦部）可以颁布法令将第 2 条中关于动物饲养的要求进一步细化，并在第 3 条中详细的规定了 11 种予以禁止的行为，其中包括给动物强行喂食和给动物饲喂导致动物痛苦或伤害的食物。

在第三章关于动物的宰杀中，对不同类型的动物进行了不同的规定，如"脊椎动物只允许在麻痹状态，或者在特定情况允许时以避免其痛苦的方式宰杀""屠宰脊椎动物只有在放血前将其击晕后方可实施"。而在规范杀鱼和屠宰其他冷血动物方面则授权联邦部颁布法令作出具体规定。

第四章中规定的是动物的手术，其中规定了"禁止不使用麻醉即对脊椎动物施行伴有痛苦的手术"，例外情况只能为两种：其一，假如在对人类进行类似手术时无需麻醉，或一般情况下该手术带来的痛苦要小于麻醉对动物产生的危害；其二，假如根据兽医判断表示在该种情况下不能实行麻醉。该章中还规定了"禁止对脊椎动物实施全部或部分截肢或者切除或毁坏其全部或部分器官或组织"。

第五章动物实验中规定了动物实验只有在"预防、发现或治疗疾病、痛苦、身体缺陷或身体不适，或发现、影响人或动物的心理状况或机制；发现环境危害；检测物质或产品对人或动物的健康的无虑性等基础研究"才允许进行实验。而要对脊椎动物进行实验则有更加严格的要求，如必须取得有关当局的授权，提供一系列的符合第五章规定的书面证明，要求实验负责人具有必要的技能，实验机构负责人必须指定 1 个以上的动物福利工作人员等。

第六章是用于教学，进修或培训的动物手术与治疗；第七章是用于原料，产品或有机物的生产提取，保存或繁殖的动物手术与治疗。这两章的内容规定得非常详细和具体，概括来说，对于试验动物的来源（必须是专门饲养用于试验的），试验和手术的实施者（必须是专业人员），试验和手术的方式（相当一部分的试验和手术都要求麻痹）和试验的目的都是有着严格限制和要求的，倘若未达标准就进行试验和手术，就是违法。

第八章是培育、饲养和买卖动物；第九章是转运、经营和饲养的禁止性规定。这两章规定，培育、饲养和买卖动物必须经过主管部门的授权和颁发许可证，并且，只有当培育、饲养和买卖人具有专门的动物知识时，主管部门才可以下发许可证；如果培育新的品种，会给动物带来身体器官的损害或其他痛苦，这种培育是被禁止的；没有监护人的同意，不允许将脊椎动物出售或者交给未满 16 周岁的少年；如果有违这些规定，将被取消资格证，禁止再饲养、出售和展示动物。

在第十一章关于实施的规定中，联邦财政部及其指定的海关有权参与对动物进出口的监督，而具体的法规则由各州法律所规定的主管部门负责实施，各州法律所规定的主管部门各设立一个或多个委员会协助主管部门决定对动物实验的许可。

第十三章规定的是法律责任，其中对于"无合理原因杀死脊椎动物；对脊椎动物施以带来显著痛苦的粗暴行为、带来长期或反复的显著痛苦的行为"将被判处 3 年以下的监禁或罚款，另外对于前 12 章各条的违反后果也都作出了相应的规定，而关于罚款的数额，大致视情节分为两种尺度，一种为 2.5 欧元以下，另一种为 5 万欧元以下。处罚数额非常高。

动物收容所在德国的动物保护法上没有具体的定义，其具体的定义是规定在德国联邦消费者保护、营养与农业部于 2000 年 2 月公布的《为执行动物保护法的一般行政规定》第 12.2.1.1 条中："动物收容所或其他类似机构是指：持续地存在并且主要以收留及照顾流浪动物（Fundtier）或受托代为处理的动物（Abgabetier）为其任务的机构。""暂时性或持续的对于第三人的动物进行安置的营利性机构则属于动物保护法第 11 条第 1 项第 3 款规定的对象。"由这一规定可以看出，德国动物保护法所指称的动物收容所是指非营利性的，以照顾及收留流浪动物与受托照料的动物为目的的机构。一般的动物收容所虽然也会收取一些费用（例如，有些动物收容所会在医治动物后收取一些费用），但是其目的主要仍是基于动物保护的目的，对动物进行照顾及安置，而不在于藉此营利。另外，它与所谓的动物旅馆（Tiershotel）不同之处在于，其目的不是在当主人（Tierhalter）有需要时，暂时性的保管其所饲养的动物，并于约定时间交由主人领回，而是在于照顾并安置未经主人同意而不为主人占有的流浪动物，或之后不会再回归主人所有的动物。

在德国的动物收容所基本上都是私人经营，并未见过公立的动物收容所。也就是说，它们不是地方自治团体或邦政府的一个机构。它们的设立都是由私人发起，绝大多数的动物收容所都是由当地的动物保护组织来经营管理。这些动物收容所与当地的地方自治团体及邦政府之间，也会出现公办民营及行政委托的关系。有些地方自治团体会与当地的动物保护组织签订契约，将其动物保护的业务委托给当地的动物保护组织代办，并提供经费给动物保护组织的动物收容所。另外，许多州政府也会委托他们代办一些行政事项，特别是收容与安置流浪动物与受虐动物。由于这本来就是动物收容所的主要业务范围，基于效率上的考量，为了避免政府机关的重复投资，降低行政成本，州政府往往将其基于动物保护的国家目标而必须进行的这些行政任务，委托给动物收容所代办，而支付给动物收容所收容这些动物所需的费用。

这些动物收容所在法律上要受到德国动物保护法律规范的限制。依据《动物福利法》第11条第1项的规定，其设立时须经过主管机关许可。其饲养动物时，必须要依照《动物保护法》第1条规定的基本原则，与第2条对饲养动物应遵守的准则的限制。另外，有些州的主管动物收容所的机关也会发布规制动物收容所的行政命令。最后，由于经营这些动物收容所的各地动物保护组织往往都会加入德国动物保护协会，因而德国动物保护协会于1995年所公布的《动物收容所规则》虽然不是国家的行政命令，但是作为一种法人团体的章程，对加入这个协会的动物收容所仍有拘束力。

目前，德国动物收容所的主要工作内容包括：对流浪动物或受托代为处理的动物的收容、安置、照顾以及作为中介寻找新的饲养主人（Vermittelung）；对受虐动物或未能依照动物保护规定来饲养的动物之安置与保护；对野生动物的暂时收容；动物保护观念的推广；经营相关动物保护的业务，如动物旅馆、犬类训练学校、提供动物医疗服务及动物公墓等。动物收容所会用通过这些活动收取的费用来补贴其经营所需要的成本。由于动物收容所的主要任务仍是对流浪动物的收容与保护，所以德国动物保护协会的《动物收容所规则》第 V.1 条规定，必须在不能妨碍到对流浪动物的收容之前提下，才能进行动物旅馆的经营。而动物旅馆在收容动物时，也必须先对其进行是否有寄生虫或传染病的检测，防止其影响到所内原先收容的动物的健康。另外，依据《动物保护法》第 16a 条第 2 项第 2 款以及德国动物保护协会之《动物收容所规则》第 VII 条的规定，动物收容所可以在动物罹患不治之症，并且其继续生存只会给动物带来痛苦时，例外地允许其让动物安乐死。这必须且只能由兽医来进行，并采取让动物无痛苦的方式。

德国动物收容所作为一个重要的动物保护机制，必须服从于动物保护法律规范的基本原则，也就是要尽可能的照顾动物的福祉，避免给动物造成伤害。这表现在动物收容所必须符合《动物保护法》第 2 条规定的动物收容的基本原则。为促使动物收容所能符合这个基本原则，相关法律规范也规定了许多事先许可及事后监督的要求，也详尽规定了动物收容所在收容与饲养动物时所应注意的各项要件。而另一方面，德国政府为了能够更有效地实现动物保护的国家目标，也与动物收容所合作，基于动物收容所原先的工作（收容并照料流浪动物与受虐动物），将这方面的任务委托给动物收容所进行，如此一来，一方面，政府不必另行投资收容动物所需的空间与设备，避免了行政上的浪费；另一方面，由政府来提供这方面业务的成本，也减轻了动物收容所的财务压力，让动物收容所能收容更多的动物，进而能进行更多其他与动物保护相关的工作，这可以说是一种双赢的方式，非常具有借鉴意义。

综合来看，德国的《动物保护法》充分的体现了动物保护在德国的受重视程度，也体现了德国人严谨的思维和完备的法律体系。

### 五、日本动物保护立法

日本有关野生动物保护的法律主要有：《野生动物保护和狩猎法》《自然公园法》和《濒危野生生物保护法》。

1918 年颁布的《狩猎法》源于控制狩猎，后经过多次修订，在 1967 年做了重大修订并更名为《野生动物保护和狩猎法》。在 1999 年再次修订时，该法对野生动物保护区规划进行了系统的介绍。该法的宗旨是保护鸟类和哺乳动物，增加鸟类和哺乳动物的数量，实施野生动物保护项目和狩猎控制。该法还指定在哪些领域禁止狩猎，规范狩猎期、收获率和狩猎方法。

1931 年日本颁布了《国立公园法》，在此基础上，1957 年颁布了《自然公园法》。该法的目的是"保护区域的优美，以有助于日本公民的健康、娱乐和文化教育"。在立法框架下管理自然公园，通过强调设立公园的标准，突出其重点在于保护优美景色和娱乐价值。风景秀丽的地区是作为候选的标准。该法主要是从促进旅游经济发展的角度来考虑自然保护的。

1992 年的《濒危野生生物保护法》主要有两个目的：按照《濒危物种国际贸易公约》，规范野生动植物贸易和通过栖息地保护的方式保护濒危物种。

其他有关野生动物保护的法律还有《水产资源保护法》（1951 年）、《沿岸渔业振兴法》（1963 年）、《海洋水产资源开发促进法》（1971 年）和《沿岸渔场整顿开发法》（1974 年）等。

在日本，第二次世界大战后由于经济状况的原因，人们对于动物保护的状况并没有太多的注意，反而因为经济的原因将许多家养的动物遗弃到野外，造成了很多环境问题。促成日本《动物保护管理相关法》制定的其实是来自国外的压力。

在日本的《动物保护管理相关法》实施 26 年后，日本人民对于动物，尤其是那些家庭宠物，如狗和猫，已经不再只是将其视为宠物，而是将它们视为家庭的一分子，人与动物的关系得到了进一步的发展。虽然当时的立法是源于国外的压力，但是《动物保护管理相关法》实施之后，在日本内部且在一定程度上提高了民众对于动物的关注程度，在新闻报道中也会时常见到虐待动物的新闻报道出现。越来越多的日本人提高了其对于动物的保护和爱护的观念，爱护和保护动物的活动较之以前也更为活跃。另外，在原来的《动物保护管理相关法》中，对于"虐待"一词并没有明确的说法，所以在执行过程中有很多的争议，因此许多赞成动物保护的媒体积极呼吁对《动物保护管理相关法》进行修改。此次修改的建议完全是来自于对民众自身的反省和动物保护意识的提高。许多动物保护团体呼吁，《动物保护管理相关法》并不足以应对时常发生的虐待或遗弃宠物的事件，希望当局可以采取更有效的对策，于是更加促进了《动物保护管理相关法》的修改进程。[1] 新法于 1999 年 12 月修改通过，并于 2000 年 12 月正式实施。

此次修改的主要内容有：其一，法律名称及基本原则的修改。将原来的

---

〔1〕　莽萍、徐雪莉编：《为动物立法：东亚动物福利法律汇编》，中国政法大学出版社 2005 年版，第 28 页。

《动物保护管理相关法》改名为《动物爱护管理相关法》。在旧法的第 2 条基本原则的规定中，加入了"动物是有生命之物"以及"持续思考人与动物之间的共生关系"。其二，强化了对于动物所有者或者占有者的责任。动物的所有者或是占有者，必须尽到一个作为生命物体的所有者的义务，对待动物需要有正确的饲养和管理的观念，确保动物的健康和安全，同时，也需要防止动物对于人类生命、健康、财产或其他方面的侵害和妨碍。因此，对于饲养的主人有了两个新的义务：对于自己所饲养的宠物的传染病，主人必须有正确的认识，并且应该采取恰当处置动物的措施。违反者，依照该法第 15 条，"饲主如果没有遵守改善的命令，将会受到 20 万日元以下的处罚"。其三，加强了地方行政机关的任务与权限。此次修改中，不仅加强了动物主人的责任，对于地方行政机关的责任和权限也进行了强化。例如：第 12 条规定，地方行政机关在接收猫和狗等宠物的时候，为了彻底执行对猫和狗的繁殖的限制，对于相关人员可以进行必要的指导和协助；第 7 条规定，地方的公共团体为防止动物对人类的生活造成不便，必须依据各地方的条例就饲养动物或管理的事项，对饲主进行指导或采取必要的措施；第 25 条第 2 项和第 29 条第 3 项规定，各地方政府，对于因饲主养育多头宠物而对周围的环境造成损害时，对该行为予以劝告并限定期限采取必要措施改进。如果饲主不听劝告，地方政府认为有必要之时可以下达改善的命令，违反命令者将被处以 20 万日元以下的处罚。第 15 条第 3 项规定，此劝告和改善的命令可以要求村主任进行必要的协助。第 16 条规定，法律规定的危险动物，可以通过获得许可证的方式限制饲养，必要时地方公共团体的成员可以进入饲养所进行检查。其四，规定了动物贩卖者的说明义务。动物贩卖者对购买动物者有说明情况的义务，主要包括了动物的饲养方式和管理的方法等，让购买者有一个明确的概念。其五，对于动物伤害罪、虐待罪和遗弃罪的范围予以了扩大并加重了罪责。在新法中，将原来的动物虐待罪区分为"杀伤"及"不给水、不给食物的虐待"，加上旧法的动物遗弃罪的部分共 3 个部分。受保护的动物的范围，在原先的哺乳类和鸟类基础上加入了爬行类，并且对伤害、遗弃、虐待动物的处罚由原来的 3 万元以下的罚金，提高到 1 年以下有期徒刑或 100 万元以下的罚金。此外，还规定了动物爱护职员、动物爱护推广员及动物爱护协会的设立。依照新法的规定，地方公共团体依照其所制定的条例，行使新法第 13 条第 1 项"进入检查"、第 16 条"进入调查"及其他动物爱护管理事物的条款时，需设置动物爱护职员。动物爱护职员是地方公共团体的职员，由具有适当养育和管理动物的专门知识的人员担任。此类人员是替政府行使职权，所以可以行使公权力。但是爱护动物推广员是属于民间的职位，不能行使公权力。以爱护动物为宗旨，公益法人、兽医团体及其他爱护动物与普及了适当饲养观念的团体，就爱护动物推广员的任选以及相关事物的支持可以达成一致，在以上团体的基础上成立动物爱护协会。此类规定可以促进日本民间动物团体的团结，致力于解决各种动物的问题，使地方的民间团体日后取得与政府机关合作解决动物问题的机会。

新法较之于旧法，在很大的程度上有了改善。但是，该法在内容上还是只涉及了动物照看、看管猫狗、保护动物、动物保护协会等几个方面，日本的动物保护的立法水平还是偏低的，与其发达的经济状况是不相符，因此经常有国际舆论对这种状况表示不满。特别是日本的捕鲸规模全球最大一事，使其成了众矢之的。每到捕鲸的季节，环保组织就举行各种抗议活动，甚至与日本的捕鲸船发生过流血冲突。面对国际社会的反对，日本不仅毫不理会，反而憋足了劲儿要和世界对抗。可以说，日本关于动物保护的法律仍然是以其自身的利益为出发点来起草的，与其利益相悖的事项是不会作为它所考虑的内容的，这与西方国家相比存在很大的差异。

日本在动保护问题上做得比较好的一点是，在大部分都道府县中都已经设立了"动物爱护中心"，它设置的最终目标是希望能够实现收容动物的 0 安乐死。"动物爱护中心"的日常业务主要是收容行政机关基于承接义务所接收的动物，举办各种可以宣传和普及正确饲养动物的观念，以及设置动物礼仪教室改善动物的习性以减少宠物的饲养者将来弃养的可能性。并且定期举办认养活动，通过网络随时更新收容动物的相关资讯。

由于各个中心经常推出关于促进爱护动物观念的活动，并与当地学校进行合作让小学生从小就可以认知到保护动物的重要性。因此新法对当地居民爱护动物观念的建立具有非常重要的作用。在动物保护工作中，有关爱护动物观念的推广是政府与民间团体合作最成功的部分。近期，还有一些民间团体提议，由于民间资源有限，经费紧张，建议政府以动物爱护中心为基地给那些被收容的宠物实施绝育手术。

## 第二节　国外动物福利保护的禁止虐待动物内容

动物福利理念的提出已有二十多年历史。早在 1976 年，就有人将饲养于农场的动物的福利定义为"动物与它的环境协调一致的精神和生理完全健康的状态"。之后英国"畜禽福利协会"提出，畜禽应享有 5 项权利：不应受饥渴；不应生活在不舒适环境下；不能遭受疼痛、损伤和疾病；不能受惊吓和精神打击；不能被剥夺自然生活习性。1990 年，我国台湾地区学者提出，动物福利可以简述为："善待活着的动物，减少死亡的痛苦。"

从动物福利立法实践考察，禁止虐待动物是动物福利的基本要求之一，各国在有关动物保护立法中，通常对此作了明确规定。其次是具体规定有关动物养殖、运输、实验、屠宰、治疗和手术、免疫和防疫、收容以及其他相关活动对动物福利保护的要求。具体来说，各国在动物养殖、运输、实验、屠宰、治疗和手术、免疫和防疫、收容以及其他相关活动的法律实践问题上主要有两个方面：直接规定动物养殖、运输、屠宰等活动的"福利标准"；间接规定动物养殖、运输、屠宰等活动的许可认证、卫生标准等。

虐待动物是指使动物承受无法忍受的痛苦的行为。人们对于"承受无法忍受的痛苦"这个概念的定义有所不同。有的人认为，只有在虐待动物以获取个人的欢乐的情况下才算是虐待动物，还有人认为出于其他原因（比如获取肉或皮毛）也可以出现虐待动物的情况。大多数人认为虐待动物至少是令人憎恶的，且许多人认为虐待动物是不道德的。大多数国家的立法中有禁止虐待动物的规定，但是具体内容有所差异。

**一、欧洲国家**

（一）英国

1849 年，英国通过的《防止虐待动物法》规定了虐待动物的犯罪行为。该法规定，任何人如果对动物进行殴打、不良对待、过分使用、虐待或酷刑折磨，或者致使或指使上述行为发生，均属犯罪行为，均将受到罚款。1876 年，英国议会通过了《防止动物虐待法》。其中规定，在活体动物身上进行任何旨在导致痛苦的试验，均属非法，除非试验的目的是加深生理知识，拯救、延长生命或减痛苦。1911 年，英国议会通过了著名的《动物保护法》。该法律规定，残暴殴打、踢打、虐待、过度策骑、过度驱赶、过度负重、折磨、激怒或惊吓任何动物，均属犯罪行为；任何肆意残暴或者不合理的行为以及不作为，导致动物不必要的痛苦，均属犯罪行为；任何导致或促使此类虐待动物行为的人要负法律责任。

1927 年通过的《动物保护法修正案》（第二十七章）规定：任何人如果实施以下行为：

1. 残忍地鞭笞、踢打、虐待、超重驾驭和驱赶、折磨、激怒或恐吓任何动物，或者促使、导致，或者动物的所有人允许基动物被如此使用，或者不负责或不合理地采取或未采取任何行为，或者导致该等作为或不作为发生，导致任何动物遭受任何不必要的痛苦，或者动物的所有人允许导致该等不必要的痛苦；

2. 以会给动物造成不必要痛苦的方式或姿势运输、促使或导致运输，或者动物的所有人允许以该等方式或姿势运输动物；

3. 促使、导致或协助任何动物进行袭击，或者为攻击或诱惑任何动物之目的的或者部分为此目的而看管、使用、管理或协助管理任何场所或地方，或者允许任何场所或地方为该等目的而使用或管理，或者为允许任何人进入该等场所或地方而接受或导致任何人接受金钱；

4. 故意、无合理理由地给任何动物服用或导致服用有毒或有害的药品或物品，或者动物的所有人允许发生前述行为，或者故意、无正当理由地导致该等药品或物品被动物服用；

5. 致使、导致，或者动物的所有人允许任何动物接受非合理谨慎和非人道的手术。

则该等人员的行为构成该法规定的虐待罪，该等人员应经简易审判被处不超过 25 英镑的罚款，或者单处或并处不超过 6 个月的监禁（附带体力劳动或不附带体力劳动）。

（二）德国

德国 2001 年修订的《动物福利法》第 1 条（原则）明确规定："没有正当的理由，任何人不得引起动物疼痛、痛苦或者忧伤。"

为防止虐待动物下列行为予以禁止：

1. 要求动物进行明显超出其体力或能力的工作（紧急情况下除外）。①要求在接受手术或治疗后体力状况下降的动物进行其体力状况不允许的工作；②在训练、体育竞赛或类似活动中，对动物采取会给其造成痛苦或伤害并影响其行为的手段以及在体育竞赛或类似活动中给动物服用兴奋剂。

2. 买卖家庭饲养的、圈养的或以其他方式受人类照看的下列动物，即非经承受巨大痛苦否则不能存活的生病的、衰竭的和年老的动物。买卖该类动物用于立即无痛处死除外。前句规定不适用于将生病的动物直接出售给按照第 8 条已获得授权的个人或组织，并且如果该动物是脊椎动物，前句规定也不适用于第 9 条第 2 (7) 款第 2 句中关于对该动物进行实验的豁免。

3. 丢弃或遗弃家庭饲养的、圈养的或以其他方式受人类照看的动物，以便摆脱它或逃避动物饲养人或照看人的责任。

4. 将以圈养方式饲喂或长大并且尚未能够自己觅食的动物放置到野生环境或有多种动物栖息并且气候条件不适宜的栖息地；狩猎和自然保护法律保持一致。

5. 使动物接受导致其遭受剧烈痛苦或伤害的训练。

6. 为拍摄电影、展览、广告或类似活动使用动物，使其遭受痛苦或伤害。

7. 利用另一只活物训练或测试动物的体能。

8. 用一只动物袭击另一只动物，但运动狩猎规定除外。训练或制服动物，以使其产生下列结果的攻击行为：①导致动物遭受痛苦或伤害；②导致动物在与其同种动物接触中遭受痛苦或本可避免的伤害；③只有在特定条件下被饲养，而这种条件致使动物遭受痛苦或本可避免的伤害。

9. 给动物强行喂食，但为健康理由除外。

10. 给动物饲喂导致动物痛苦或伤害的食物。

11. 使用带电装置严重限制动物的行为，尤其是它的活动，或者强迫动物移动，致使它遭受巨大的痛苦或伤害，除非联邦法律或土地法授权这么做。

### 二、美国

1867 年，美国纽约议会通过《防止虐待动物法》。该法主要内容如下：第 1 条规定，如果一个人过度驾驭、过度负重、折磨、摧残、剥夺必要的食物，或不必要或残酷殴打，或不必要残害或杀死任何活的动物，或导致或促使以上行为，应被判犯有轻罪。第 3 条规定，如果一个人圈押任何动物或者导致任何动物被圈押，应给该动物在圈押地点提供足够好的、有营养的食物和水。如果没能做到，一旦定罪，将被判犯有轻罪。第 5 条规定，如果一个人用残酷或非人道的方式，用车辆或其他工具运送或导致运送任何动物，将被判犯有轻罪。第 7 条规定，如果一个人在任何公共场所遗弃任何伤残、患病、年老体弱或有残疾的动物让其死亡，应被判犯有轻罪。第 8 条规定，美国防止虐待动物协会的代理可以有权逮捕违法者并将其送上法庭。[1]

美国《动物福利法》主要规定了对实验动物的人道照顾、对待和运输。美

---

〔1〕 David Favre and Viven Tsang, 1993, "The Development of Anti-Cruelty Laws Daring the 1800's", *Detroit College of Law* 1, See http：//www. animallaw. info/article/development-anti-cruelty-laws-during-1800s (2020-7-18).

国农业部的《动物福利法规》通过具体的养护设施规定保障猫、犬、兔子、非人灵长动物、天竺鼠以及其他哺乳类温血动物的福利。

在美国大多数州，虐待动物的行为被定为轻罪，但有 23 个州的法律规定了至少一种形式的虐待行为为重罪。

### 三、亚洲国家

（一）韩国

1991 年，韩国通过的《动物保护法》第 6 条是关于禁止虐待动物的规定：没有适当、合理的理由，任何人不得以残忍或者令人厌恶的方式杀害动物，不得对动物施加不必要的痛苦和伤害。

（二）印度

1960 年，印度通过的《防止虐待动物法》第 3 条规定，每个照顾或看护动物的人应采取一切合理措施，以确保福利等动物，并防止造成此种动物不必要的疼痛或痛苦。在其第三章第 11 条具体规定了踢、拷打、过度役使、使受伤、给动物喂有害药物等行为为虐待行为，行为人应受到制裁。

### 四、非洲国家

南非《动物保护法》规定下列对动物的行为属违法行为：虐待动物的相关行为；限制动物自由、通风、采光等行为；造成动物饮食不足的行为；使动物受伤害或生病行为；未给予动物良好的生存环境、医疗等，使动物患病或受伤害；运输条件不够导致动物受到不必要的伤害和患病；让猎狗等驯养动物攻击野生动物或被野生动物攻击或用饵料使动物相互攻击；让驯养的鸟类攻击野生动物或野生鸟类或被他们攻击；让患病或受伤的动物继续工作；设套诱捕或伤害动物、野生动物和鸟类；没有保证每天一次的检查和清理诱捕装置等；未经相关部门和人员许可，出售诱捕装置；在搬运、运输过程中对距离长短、冷暖、日晒雨淋、饮食未尽合理义务；无正当理由给食动物药物。如果虐待动物被法院认定违法，将受到相应惩处。

## 第三节　国外动物福利保护的动物养殖内容

动物养殖，是满足人们对动物肉、蛋、毛皮的需要以及其他需要的生产活动。目前，世界上有关动物福利方面的呼声越来越强烈，很多国家都开始关注动物在养殖条件及在生产过程中所受到的待遇。提倡人类合理、人道地利用动物，尽量保证那些服务于人类的动物所应享有的最基本的权利，使动物在整个生长期中受到合理的"人道"待遇，包括居住环境、饲料的质量标准以及在屠宰时的人道操作等都要达到一定的标准。许多国家和地区已经通过立法对农场动物福利保障予以规定。

## 一、英国

英国于 2000 年通过的《农场动物福利法规》对农场动物的养殖福利保障作了较为详细的规定。在总则的部分规定：所有者和饲养人要求采取负责任的措施，以确保这些动物的福利得以保证，确保这些动物不会受到任何不必要的痛苦、折磨和伤害，并且，要求饲养条件要考虑到动物的物种、发育程度、适应能力和生理要求。在第一部分动物饲养条件通则中规定：动物应该被数量充足、具有相关知识并且有适当能力的专业人员饲养；要求饲养员至少每天去看动物一次，以确保它们处于良好的状态；对似乎是生病的动物应当及时照料；对于动物的自由运动，要考虑到与其物种和现状相适应的设施，确保其不受伤害；给动物提供符合其年龄和种群以及满足其营养需要的饮食；所有饲养动物应当获得进食间隙休息的权利，至少得到每天一次的外科兽医检查。在第二部分，对于饲养在层架式鸡笼中的蛋鸡规定了笼子面积、高度等的具体要求。在第三部分，对牛栏和猪圈规定了具体要求。并且对猪的饲养，规定：所有猪每天至少被喂一次，每天应该被提供新鲜的饮用水。

## 二、欧盟

在欧盟的动物福利法规中，适用于所有农场动物的主要有：《农畜动物保护欧洲公约》(*The European Convention for the Protection of Animals Kept for Farming Purposes*)；《关于签署农畜动物保护欧洲公约的理事会决定》(*Council Decision 78/923/EEC of 19 June 1978 Concerning the Conclusion of the European Convention for the Protection of Animals Kept for Farming Purposes*)；《关于保护农畜动物的理事会法令》(*Council Directive 98/58/EC of 20 July 1998 Concerning the Protection of Animals Kept for Farming Purposes*)；《关于用于农业目的动物圈养空间检查最低要求的委员会决定》(*Commission Decision of 17 December 1999 Concerning Minimum Requirements for the Inspection of Holdings on Which Animals are Kept for Farming Purposes*)。

欧盟参加的《农畜动物保护欧洲条约》适用于保护用于生产食品、皮毛的动物以及其他用于农场目的的动物，特别是保护密集型（集约式）饲养的农畜动物，涉及对这些动物的拥有、饲养和提供居住场所等方面。其目的是保护农畜动物不因居住条件、食物和喂养方式等因素出现问题而产生不必要的痛苦和伤害。为此，批准加入条约的国家就应该按照该条约规定的具体要求来实施，包括对农场空间和环境、饲料、动物健康、密集型饲养系统的技术配备设施安装的检查。为了更好地使此公约得到贯彻实施，该公约下还建立了一个常务委员会，监督缔约国对公约的执行情况并起草和采纳有关建议。1992 年，《农畜动物保护欧洲公约修订附加议定书》开放签署。该附加议定书将原公约实施范围予以了拓展，使其适用于农畜业的更多领域，特别是在生物技术的运用和在农场上屠杀动物方面。同时，这一议定书对原公约的修改还考虑到了农畜业近年来的新发展、新变化。

具体而言，《农畜动物保护欧洲公约》的总则共有 7 条。其中，第 3 条至第 7 条是基于对动物行为和心理需要的考虑所制定的关于如何维护动物福利的具体要求。包括："在考虑动物种类、发育程度、适应程度和驯化程度因素的前提下，按照已确立的经验和科学知识，必须给予动物以适合其心理和行为需求的居住场所、食物、水和关照。""在考虑到动物物种特征并按照已确立的经验和科学知识的前提下，动物活动自由，不得受到限制以致给动物造成不必要痛苦或伤害。此外，当动物被连续持久束缚和禁闭的情况下，按照已确立的经验和科学知识，必须给予动物符合其心理和行为需要的适当空间。""动物居住地点的光照、温度、湿度、空气流通、通风和其他环境条件，包括气体浓度、噪声强度，在符合按照已确定的经验和科学知识的情况下，应适合动物心理和行为需要。""给动物提供的食物和液体的方式不得给动物造成不必要痛苦或伤害，给动物提供的食物和液体不得含有任何可能给动物造成不必要痛苦或伤害的物质。""必须彻底察看动物健康情况和状态，检查间隔时间应适当，以便避免动物遭受不必要痛苦。对于现代密集型养殖的动物，必须每天至少查看一次。此外，用于现代密集型养殖的动物系统的技术设施，应每天至少彻底查看一次。如果发现任何缺陷，应在最少延迟的情况下立即修缮。如果不能立即修复，必须立即采取所有必要临时措施保证动物福利。"等内容。[1]

欧盟在 1998 年 7 月 20 日颁布了《关于保护农畜动物的理事会法令》（98/

---

[1]　参见曹菡艾:《动物非物——动物法在西方》，法律出版社 2007 年版，第 268~269 页。

58/EC)。该法令旨在保护用于农业目的的动物的福利，属于欧盟动物保护的普通规定。其明确规定了国际通识的动物福利的五项自由，并要求欧盟各成员国必须根据农业动物的需要提供相应的居住和饲养条件。此外，该法令的附件中规定了动物饲养人员的条件、监察、记录、动物的居住设施和相关器械标准、动物饮食、繁殖等内容。例如，法令附件第 8 条至第 11 条是对动物居住场所标准的规定，用于建设动物居住场所的材料，特别用于动物身体接触到的建设牲畜围栏的材料，不得对动物有害，而且必须是能够被彻底清洗和消毒的材料。动物居住场所的装置不得有可能伤害动物的锋利边角或突出部分。动物居住场所的空气流通、灰尘程度、温度、相对空气湿度、气体浓度和照明条件不得对动物身体有害。不得让动物永久性或长期住在黑暗中。如果使用人工照明，必须适当停止使用人工照明以便让动物有适当休息时间。如果自然光线不够，无法满足动物生理和心理需要，必须提供适当人工照明等。同时，该法令还规定动物福利的监管机构为在欧盟内部贸易中对特定动物及其产品进行兽医或畜牧学检查的机构。该机构在例行检查之后，应将检查结果报告给被检查国家，并向欧盟理事会提交书面报告。[1]

除了上述对所有农场动物均适用的普通规定外，欧盟还针对不同类别的动物进行了专门立法，特别是对小牛、猪和蛋鸡这三类动物予以了特别规定，主要缘由是在现实中，这三类动物的饲养和居住条件是问题最多，也是与动物福利标准差距最大，亟须要予以规范和保护的动物。考量现行的欧盟法律、法规，我们会发现，到目前为止，欧盟在一定程度上已经禁止采用单独木箱圈养小牛、束缚禁闭圈养母猪和箱式铁笼喂养蛋鸡的饲养方式，以期更好地实现这三类动物的康乐，维护其福利。

具体而言：适用于小牛福利的欧盟法规包括：《关于保护小牛的最低标准的理事会法令》（*Council Directive* 91/629/*EEC of* 19 *November* 1991 *Laying Down Minimum Standards for the Protection of Calves*）；《关于保护小牛的最低标准的理事会法令的修改法令》（*Council Directive* 97/2/*EC of* 20 *January* 1997 *Amending Directive* 91/629/*EEC Laying Down Minimum Standards for the Protection of Calves*）；《关于保护小牛的最低标准的理事会法令附件的修改委员会决定》（*Commission Decision* 97/182/*EC of* 24 *February* 1997 *Amending the Annex to Directive* 91/629/*EEC Laying Down Minimum Standards for the Protection of Calves*）。主要是确立小牛饲养的最低

---

〔1〕 参见曹菡艾：《动物非物——动物法在西方》，法律出版社 2007 年版，第 269~272 页。

福利标准和具体要求，包括饲养和育肥小牛保护的最低标准，不同年龄和体重的小牛的居住、喂养、检查、设施等具体标准，有关报告和检查制度，进口小牛的福利标准等。例如，按照规定，从 2007 年 1 月 1 日起，禁止 8 周以上的小牛被关在单独的围栏里生活，除非兽医认为小牛的行为或健康需要将其单独关养以便获得治疗。至于成群饲养的小牛，对于体重在 150 公斤以下的小牛，每只小牛至少要有 1.5 平方米的自由空间。对于体重在 150 公斤以上 200 公斤以下的小牛，每只小牛只要有 1.7 平方米的自由空间。对于体重在 200 公斤以上的小牛，每只小牛至少要有 1.8 平方米的自由空间等。

适用于猪福利的欧盟法规包括：《关于保护猪的最低标准的理事会法令》（*Council Directive* 91/630/*EEC of* 19 *November* 1991 *Laying Down Minimum Standards for the Protection of Pigs*）；《关于保护猪的最低标准的理事会法令修改的理事会法令》（*Council Directive* 2001/88/*EC of* 23 *October* 2001 *Amending Directive* 91/630/ *EEC Laying Down Minimum Standards for the Protection of Pigs*）；《关于保护猪的最低标准的理事会法令修改的委员会法令》（*Commission Directive* 2001/93/*EC of* 9 *November* 2001 *Amending Directive* 91/630/*EEC Laying Down Minimum Standards for the Protection of Pigs*）。根据上述规定，"猪"被具体分为：猪（Pig）、公猪（Boar）、小母猪（Gilt）、大母猪（Sow）、下崽的大母猪（Farrowing sow）、怀孕大母猪（Dry pregnant sow）、小猪（Piglet）、断奶的幼猪（Weaner）、养殖猪（Rearing pig）。该法令和以上修正法令，为欧盟的猪福利保护订立了最低标准，特别是在以下方面：①从 2013 年起禁止将怀孕的母猪单独囚禁圈养在铁栏中；②从 2006 年起禁止束缚猪；③改善猪居住场所的地面质量；④增加母猪的活动空间；⑤给猪提供稻草；⑥进一步培训负责管理和照顾猪的人员。其中，有关母猪被囚禁式关养在铁制猪栏中圈养的方式，一些欧洲国家已经在此之前禁止使用。例如，英国从 1999 年起就开始禁止使用这种圈养方式，瑞典、荷兰等国也以禁止使用这种残酷的饲养繁殖方法。对于向欧盟国家进口的猪，相关法令规定，来自欧盟以外国家的猪的进口，必须具有出口国有关机构签发的证明，说明其出口的猪的福利标准和饲养待遇标准至少等同欧盟猪福利标准。法令还规定引入对饲养人员的培训和对动物福利知识的提高，并要求自 2008 年 1 月 1 日起，对猪饲养的诸方面获得欧盟的动物福利健康科学委员会提交的报告，对猪饲养、群养密度和方法、需要空间等获得科学咨询意见。此外，具体法令还规定了饲养猪的普通条件和各类不同猪进行饲养的具体要求。

适用于蛋鸡饲养的欧盟法规包括：《关于箱式铁笼饲养蛋鸡保护的最低标准

的理事会法令》（*Council Directive 88/166/EEC of 7 March 1998 Laying Down Minimum Standards for the Protection of Laying Hens Kept in Battery Cages*）；《关于箱式铁笼饲养蛋鸡保护的最低标准的理事法令》（*Council Directive 1999/74/EC of 19 July 1999 Laying Down Minimum Standards for the Protection of Laying Hens*）；《关于饲养蛋鸡场所注册的委员会法令》（*Commission Directive 2002/4/EC of 30 January 2002 on the Registration of Establishments Keeping Laying Hens Coverde by Council Directive 1999/74/EC*）。

现行最重要的法令是《关于箱式铁笼饲养蛋鸡保护的最低标准的理事会法令》（1999/74/EC）。该法令将蛋鸡饲养分成三类系统：①丰容改良的鸡笼的饲养方式（Enriched cages）——在鸡笼中，每只鸡必须至少有 750 平方厘米的面积；②非丰容改良的鸡笼的饲养方式（Non-enriched cages）——在箱式铁笼鸡笼中，每只鸡必须至少有 550 平方厘米的面积，但从 2012 年起，全面禁止使用这种鸡笼；③不用箱式铁笼鸡笼的替代饲养系统（Non-cage systems）——使用鸡巢饲养，每 7 只鸡就必须有一个鸡巢，有适当的栖木和摩擦脚爪的磨棒和土浴材料，而且饲养密度，每平方米的可用面积不得饲养 9 只以上的蛋鸡。此法令还制定了蛋鸡保护的最低标准（适用于产蛋的成年鸡，但不适用于饲养 350 只蛋鸡以下的饲养场所，也不适用于蛋鸡繁殖场所）以及使用丰容改良的鸡笼饲养方式的具体标准和要求。在此我们需要关注到的是，即使是改良鸡笼的空间和设施还是极大地限制了鸡的活动，使得母鸡无法表达自然行为或进行任何锻炼，并导致挫败感、出现反常行为以及肢体退化。因此，瑞士等一些欧洲国家已经通过立法禁止了使用包括改良鸡笼的所有箱式铁笼鸡笼饲养鸡。从 2012 年起，德国也将禁止使用箱式铁笼。[1]

欧盟其他关于农场动物的主要法律包括：禁止终生将牛养殖在狭窄的窄牛栏里，这种方法主要用于公奶牛。专家认为将牛养在不能转身的窄栏里有害其健康和福利。该法令于 2007 年 1 月生效。另一个重要法令是禁止将蛋鸡养在狭窄的鸡笼里，该法令于 2012 年生效。

此外，欧盟在共同农业政策中也对动物福利进行了相关的规定，如在农业生产中通过给予补贴的形式，鼓励农民减少农药、兽药、化肥等的使用量；在畜禽饲养上对用水的水质提出了具体要求，以防止水体污染对食品安全产生潜在影响；在兽药方面，预防和治疗畜禽疾病而大量投入的抗生素、磺胺类等化学药

---

[1] 参见曹菡艾：《动物非物——动物法在西方》，法律出版社 2007 年版，第 271~282 页。

物，往往使药物残留于动物组织中，伴随而来的是对公众健康和环境的潜在危害。为此，欧盟在"90/2377/EEC""92/675/EEC"等指令中，具体规定了畜产品中兽药的最高残留限量。同时，欧盟还致力于废除和禁止抗生素，禁止将抗生素作为促进增长的活性剂。欧盟还要求，畜禽饲养场地、容器、设备、运输工具等要进行清洁和适当的消毒处理；要正确使用兽药产品、饲料和饲料添加剂；要正确处理畜禽尸体、废物和垃圾，对患病的畜禽进行隔离处理。[1]

　　欧盟的动物福利法规在动物养殖方面之规定，相当一部分是针对当代工业化的、密集型畜牧业生产提出的。此类近似流水生产线式的动物饲养方式，将动物视同为普通工业产品，采用低成本的、高效率、规模化的手段，利用动物一切可能利用的部分，制成动物制品，推向消费市场。然而，当这样的工业化饲养方法在很大程度上取代了小规模农场饲养的传统方式时，也大大限制了动物的自由天性，使其更加远离了自然。令人遗憾的是，美国等一些西方国家，仍未出台相应的法律、法规对此种工业化的动物饲养方式予以限制，涉及动物饲养的福利需要的规定亦非常少，有些国家基本是阙如的。在这方面欧盟的法规先行了一步。毋容置疑，密集型的动物饲养方式本身就是缺乏人道、违背动物自然天性的做法，甚至在一定程度上是对动物的残酷虐待。即便法律规定了最低标准，也只不过是减轻虐待动物的程度，因此，最彻底的保护办法是全面禁止和取缔此类饲养方式。法律理想、法律规范和法律运行的实践之间往往都会存在一定的张力，欧盟及其他国家的动物福利法也面临着这样的窘迫。最显性的表现就是现实中的一些在农业或其他方面对待动物的方式非常残酷，但却是合法的。这之间的不协调性该如何解决已经成为摆在欧盟和许多经济发达国家面前的一个亟待解决的问题。而发展中国家还需要克服的另外一个问题就是，在追求经济高速发展的过程中，密集型的农畜牧生产方式以其高效率、高效益的优势吸引着发展中国家对其的吸纳，也正是因为这个优势，经济发达的西方国家亦不顾此种方式的不人道特质不断地将其推介给发展中国家，而此后引发的动物福利、动物保护乃至贸易、人类自身生存状况等方面问题的出现恰恰被有意或无意地忽略了，对此，无论是经济发达国家还是发展中国家都应引起重视，并考虑相应的解决路径和措施。

[1]　参见曹菡艾：《动物非物——动物法在西方》，法律出版社2007年版，第267~282页。

### 三、美国

《动物福利法》作为美国联邦层面有关动物养殖福利的法律，却不适用于伴侣动物和在农场喂养用于食用的动物。美国农业部依据该法，制定了更为具体的关于动物饲养的规定。这些规定称为《动物福利条例》（*Animal Welfare Regulations*）[1]。《动物福利条例》还规定兔子、非人灵长动物、天竺鼠以及其他哺乳类温血动物的饲养设施的要求。尽管这些动物种类不同，具体要求存在差异，规定的结构却是相似的。本部分仅介绍关于犬、猫福利管理的设施规定。

《动物福利条例》对犬、猫福利管理关于设施的规定：犬、猫的畜舍设施必须事先设计好并建造完成，使建筑物建构坚固。设施必须保持好的维修，且必须保护动物免于伤害，安全地容纳动物，以及限制其他动物的进入；畜舍设施中用来储存动物食物或垫料的区域必须避免堆积垃圾、废弃物、废物、杂草和其他抛弃物。在畜舍设施内饲养动物的区域必须保持整洁且避免设施、家具和储存物品的堆积，但是可以包含清洁此区域的必需使用品，及畜养操作和研究工作所需要的装置及设备，非属于研究设施及联邦研究的房舍设施应与其他设施做物理上的分隔。若畜舍设施与其他设施位于同一栋建筑物上，则必须做物理上的分隔，以防止类似犬、臭鼬（Skunks）、浣熊（Raccoons）体型的动物进入；畜舍设施表面——包括屋舍、洞穴和其他设施中家具类的装置或物体——其建构的方式及使用的材料必须是当损坏或弄脏时容易清洗和卫生消毒，或移除，或更换的材料。任何会与犬、猫接触的表面必须避免过多的铁锈，避免任何会伤害动物的锯齿状的边缘或尖端；所有表面必须定期地保持维护；会与犬、猫接触的坚硬面，必须每天做污点清洁。畜舍设施必须有可靠的电力，其足够供应加热、冷却、通风、照明和完成其他畜养必要条件。畜舍设施必须提供足够的饮水，以符合犬、猫饮水需求、清洁和完成其他畜养必要条件。供应的食物与垫料必须以免于掠夺、糟蹋、污染及有害动物之侵扰的方式储存。供应物品所储存的位置必须远离地板及墙壁，以便于清理供应物品储存位置的底部与周围区域。食物必须依据条件冷藏或冷冻，以可预防污染或不降低营养价值的方式储存。已开封的食物与垫料必须存放在防漏且附有坚固密合盖子的容器内，以避免掠夺、糟蹋及污染。仅马上要使用之食物与垫料才能置于动物区。对于

---

[1] 《动物福利条例》英文版原文载于美国农业部网站：http：//naldc. nal. usda. gov/download/5969370/ PDF，最后访问时间：2020 年 7 月 18 日。

犬、猫有毒但为正常畜养操作所需物质则不应该存放在食物储存区和食物准备区，但是可以放在有动物区域的小橱柜里。畜舍设施的操作员必须定期收集、移除及丢弃动物与食物废料、垫料、碎物、垃圾、水、废物及其他液体与废物，如此可减少污染及疾病危机。畜舍设施必须设有废物处理设施及排水系统，如此，动物的废物与水能迅速移除，而使动物保持干燥。废物处理及排水系统必须具备减少有害鸟类及有害动物的侵扰、害虫、气味及疾病的风险。所有的排水设施必须适当建造、安装与维持；若用密闭排水系统，此系统必须装置存水弯（水封），可防止气体的逆流与污水的溢流；若此设施有污水池、沉淀池或其他排水及类似动物废物处理系统，此系统位置必须远离畜舍设施所在的动物区，如此可避免气味、疾病、害虫、有害动物及有害鸟类的侵扰。在动物区的长期积水，必须擦拭干燥或排除，使动物保持干燥。置于有动物设施、食物储存区与食物准备区的垃圾桶，必须防漏且有坚固密合的盖子。动物尸体、动物残肢与动物排泄物绝对不能置放在食物储存区、食物准备区、食物冷冻库、食物冷藏库与动物区。必须提供动物管理员冲洗设备，例如，清洗间、木盆、洗涤槽或淋浴设备，且必须让动物管理员容易进入。

### 四、澳大利亚

澳大利亚有一套国家动物福利标准实践准则（Model Codes of Practice for the Welfare of Animals），为各类不同用途的动物的保护提供了具体指南。这套动物福利实践准则规定了不同种类的养殖动物的具体福利要求。

有关牛养殖方面的福利保护。《牛福利实践准则》主要规定了：牛的基本福利需要，密集饲养牛的标准，人工饲养小牛的标准，饲养牛的基本设施要求、管理要求、饲养要求，牛的健康，牛的饲料和饮水要求等章节。

牛的基本福利需要这一章规定，牛的基本需要必须得到满足，不论使用何种饲养方式，都必须：给牛提供适当质量和数量的食物、水和空气，保持牛的健康；让牛能够同其他牛有群体接触；给牛足够的空间，让牛能够站立、趴下、转身、舔毛、伸腿和展示正常行为；在可能的情况下避免牛被其他动物伤害猎取；让牛免受伤病的痛苦，如果有伤病，要提供适当医疗；给牛适当保护，免受恶劣天气和自然灾害的袭击和影响；让牛免受不必要和不合理的疼痛、痛苦和伤害。此外，质量保证系统中应该包含对于牛的福利的考虑。喂养和处理牛的人员应有专门技能以胜任工作，尽量避免在喂养和处理牛的过程中给牛带来紧张和创伤。一旦牛出现伤病，必须及时处理、求医。在密集饲养牛的情况下，要特别重视对牛的营养和环境的适当管理。实践准则还详细规定了有关饮食、健康等方面的标准，例如，让牛能获得适当质量和数量的饮食，不能给牛喂用含有某些有害物质的食物，不能让牛待在充满尘土或者有毒气体的空气中等，避免对牛的健康产生长期不利的后果。

目前，澳大利亚的动物养殖方面福利的实践准则主要包括：《牛福利实践准则》《猪福利实践准则》《羊福利实践准则》《家禽福利实践准则》《饲养的水牛福利实践准则》《密集饲养的兔福利实践准则》《骆驼福利实践准则》《饲养的鹿福利实践准则》《山羊福利实践准则》《饲养的鸸鹋福利实践准则》《饲养的鸵鸟福利实践准则》《澳大利亚用于科学目的的动物关照和使用实践准则》。

尽管这些实践准则虽然不具有法律约束力，只是指导性准则，但其中一些准则已被一些州在其动物福利法规中采纳使用或者规定为强制性的条款。[1]

## 五、德国

德国于 1974 年公布了首部《动物福利法》，其后历经数次修改，现行的是 2001 年 4 月 11 日修正后的《动物福利法》。该法共分 13 章 22 个大条款，其中详细地对饲养动物、动物的灭杀、动物手术、动物实验、动物繁殖及动物买卖、动物的进口、运输和饲养以及相应的法律责任作出了规定。在第二章动物饲养的规定中，《动物福利法》授权食品、农业和渔业联邦部可以颁布法令将第 2 条中关于动物饲养的要求进一步细化，并在第 3 条中详细的规定了 11 种予以禁止的行为，其中包括给动物强行喂食和给动物饲喂导致动物痛苦或伤害的食物。第八章是培育、饲养和买卖动物。第九章是转运、经营和饲养的禁止性规定。这两章对饲料的生产、使用，药品的使用作出了严格规定，而且由官方公共兽医部门实施管理和监督，培育、饲养和买卖动物必须经过主管部门的授权和颁发许可证，并且，只有当培育、饲养和买卖人具有专门的动物知识时，主管部门才可以下发许可证；如果培育新的品种，会给动物带来身体器官的损害或其他痛苦，这种培育是被禁止的；没有监护人的同意，不允许将脊椎动物出售或者交给未满 16 周岁的少年；如果有违这些规定，将被取消资格证，禁止再饲养、出售和展示动物。法律明确规定只有兽医才有权分发兽药，兽药分为处方药和非处方药。对于疫苗和有些口服兽药的使用必须获得官方兽医主管部门的批准。

---

[1] 参见曹菡艾：《动物非物——动物法在西方》，法律出版社 2007 年版，第 220～224 页。

饲料厂在饲料中添加兽药也必须得到兽医主管部门的批准。[1]

## 第四节 国外动物福利保护的动物运输内容

动物贸易发展迅速，动物的运输也日趋频繁，无论是农场动物、工作动物，还是实验动物都极可能面临被运输的情况。如果运输过程中，运输措施不当，将会造成动物的伤害或死亡，这显然不符合动物福利的要求。为此，许多国家和地区对动物运输过程通过立法的方式，规定了具体的措施及要求。

### 一、英国

英国有关农场动物运输的规定主要是《动物运输法案》（1997年制定，1999年修订），该法案规定所有农场动物的运输者必须持有合格证书，实行家畜的休息制度，以此统一动物的运输标准。此外，英国还贯彻实施"95/29"号命令。

除贯彻欧盟的统一动物运输一般标准，英国还规定：农场动物的出口运输超过8个小时的，必须拟订详细的计划和路线；农场动物在经过8个小时的运输后，应当休息24小时；运输工具应当符合基本标准——足够的空间、合理的载重、新鲜的空气以及装卸不会引起动物的额外痛苦。

关于农场动物运输的罚则主要有：伪造或签发虚假执照的，可以处400英镑或2个月的监禁；对于运输标准违反规定情节严重的，构成犯罪，应承担法律责任，行为人运输超过10只动物的，可处以每只400英镑或500英镑的罚款。[2]

### 二、欧盟

欧盟有关动物运输的法规数量较大，规定亦非常具体。主要包括：《国际运输动物保护欧洲公约》（*European Convention for the Protection of Animals during International Transport*）；《关于签署国际运输动物保护欧洲公约的理事会决定》（*Council Decision 9761/04 of 21 June 2004 on the signing of the European Convention*

---

〔1〕《动物福利法（德国）》全文，载美国密歇根大学法学院官方网站，http://www.animallaw.info/nonus/statutes/stdeawa1998.htm，最后访问时间：2020年7月19日。
〔2〕宋伟编著：《善待生灵——英国动物福利法律制度概要》，中国科技大学出版社2001年版，第51~52页。

*for the Protection of Animals during International Transport*）；《关于在运输途中动物保护的理事会法令》（*Council Directive 91/628/EEC on the Protection of Animals during Transport and amending Directives 90/425/EEC and 91/496/EEC*）；《关于修改运输途中动物保护、理事会法令的理事会法令》（*Council Directive 95/29/EC amending Directive 90/628/EEC concerning the Protection of Animals during Transport*）；《关于分段运输的共同体标准和修订 91/628/EEC 法令附件中提及的路线计划的理事会条例》（*Council Regulation No 1255/97 concerning Community Criteria for staging Points and amending the Route Plan referrde to in the Annex to Directive 91/628/EEC*）；《关于旅程超过八小时运输牲畜的道路车辆的动物保护附加标准的理事会条例》（*Council Regulation No 411/98 on additional Animal Protection Standards applicable to Road Vehicles used for the Carriage of Livestock on Journeys exceeding Eigth Hours*）；《关于非商业运输宠物动物健康要求的理事会条例》［*Council Regulation（EC）No 998/2003 of the European Parliament and of the Council of 26 May 2003 on the Animal Health Requirements applicable to the noncommercial Movement of Pet Animals and amending Council Directive 92/65/EEC*］；《关于运输过程中动物保护及相关操作理事会条例》［*Council Regulation（EC）No 1/2005 of 22 December 2004 on the Protection of Animals during Transport and related Operations and amending Directives 64/432/EEC and 93/119/EC and Regulation（EC）No 1255/97*］。

近年来，随着立法理念和社会的发展变化，欧盟对有关动物运输方面的福利规定进行了较大幅度的修改。这些新的规定要求确认所有参与动物运输的各方资格，并规范了各方的责任，加强了监督，对长途运输和使用的运输车辆作了更为严格的规定。2004 年 12 月 22 日发布的理事会条例（1/2005），具体规定了在欧盟国家之间为经济活动而对活体脊椎动物进行运输的标准。该条例的目的是减少动物在道路和海上的行程中所受的伤害和痛苦，确保这些动物在运输过程中能获得满足其需要的适当条件。该条例在已有法规的基础上，进一步要求明确涉及运输的各方资格和责任，加大对授权和检查等方面的执法力度，例如，自 2007 年起，使用诸如卫星导航系统等新的、更有效的监控工具对运输车辆进行检查等。同时对运输车辆的配备，运输过程中的喂食、喂水及可以运输的动物年龄，运输动物的人员资格，装卸动物的程序等都作了更加严格具体的规定。

在欧盟现行的有关动物运输的法律规定中，《国际运输动物保护欧洲条约》和《关于运输过程和相关运作的动物保护理事会条例》发挥着较为重要的作用。

1. 《国际运输动物保护欧洲条约》的主要内容。欧盟在 2004 年 6 月 21 日批准了《关于签署国际运输动物保护欧洲公约的理事会决定》，使该公约成为欧盟法律的一部分。

《国际运输动物保护欧洲公约》汲取了过去三十多年里，动物福利方面的经验和科学研究结果。制定了适用于所有动物物种的基本原则，同时也提出了技术性规范标准。并且指出，各缔约国可以采取比动物国际运输公约更为严格的动物保护措施。

该公约的适用对象是所有脊椎动物的国际运输，而不适用于有人陪同的单个动物的运输，也不适用于非商业目的的、有主人陪同的宠物的运输。在动物运输过程中，必须使用保证动物福利（包括动物健康）的运输方式；在尽可能的情况下，不得拖延运输时间，以推迟动物到达目的地的时间；在交通控制点，必须优先考虑让装有动物的运输车通过；只有当完全出于考虑动物福利或控制疾病的情况下才能拘留动物；如果拘留动物，必须对照管的动物以适当的安排；如果必要，必须卸下动物并为其提供住宿。

公约规定了对动物运输者的授权：各方必须确保用于商业目的的动物运输者按规定注册，以便当局能在违反公约条款的情况下迅速确定其身份，同时确保运输者有合法的国际运输动物的授权。只有根据该公约的规定经过适当训练的人员才能获得运输动物的授权执照。如果运输者屡次或严重违反该公约条款，有关当局必须吊销或终止授权其执照。

对运输工具的建造、维护和运作标准，公约规定：必须避免给动物造成伤害或痛苦，要确保运输中动物的安全。运输工具的设计和建造必须给动物提供适当的空间，让动物能自然站立，并有足够充分的空气流通。必须能给动物提供一定质量和数量并适合动物的空气，特别是在那些全部关起来的运输工具中。运输工具和运载器具必须结实，以避免动物逃跑、掉出；还要防滑；为动物提供适当保护以避免恶劣天气；还需要能够让检查人员进行检查，并能够给动物喂水和食物等。运输动物的箱柜必须清晰标明活体动物在内。运输工具还必须易于清扫和消毒。

同时，在准备运输前，必须给动物做准备，让动物熟悉将要吃的食物和运输车上喂食、喂水的方式。在运输时，必须给动物提供水、食物和适当的休息。为了减少运输的压力，必须足够重视某些动物的特别需求，例如，野生动物在出发前，要让他们熟悉运输的方式。必须尽量避免将不曾在一起喂养、生活或互相不熟悉的动物装在一起运输。在装卸动物时，必须确保不给动物造成伤害或痛苦。将动物装载上运输工具时，必须有足够的空间，包括地面空间和高度，同时动物之间应有一定距离。必须尽量确保在出发地点将动物装载上运输工具之后尽快出发，在到达目的地时，必须将动物尽快卸下，并提供适当的饮水，如果需要的话，还必须提供食物，并有适当的休息。

关于运输设备和程序的规定有：装卸动物必须使用专门设计和建造的下载桥、坡道、过道。所有此类装卸设施必须适用这些用途，且稳定，维修得当并处于良好状态中。动物用的走道表面必须防滑，倾斜度必须尽量小。运输工具的内部必须有照明，以便在装卸动物时，让动物看见他们走在哪里。此外，要根据不同的动物种类来确定具体要求。装载动物的运输工具必须彻底清洗，如有必要，还必须消毒。如果有货物和动物同车运输，必须确保货物摆放良好，不会给动物造成伤害、痛苦或紧张。如果是将动物装在运输箱里，然后将运输箱层层堆放在一起，必须采取措施避免上一层运输箱里动物的粪便不会掉、淌到下一层动物的身上。必须平稳、小心谨慎地搬运动物，以便尽量减少动物的焦虑、不安，并防止动物承受不必要的疼痛、紧张和伤害。在装卸时，必须避免噪音、干扰和用力过猛。不得击触动物，不得对动物身体敏感部位施加压力。将动物混合在一起运输时，如果可能出现伤害，必须将这些动物分离开来。特别是，如果动物属于不同物种，或者互有敌意，或者动物的年龄或大小相差很大，或者是有成年未阉割的雄性动物，或者有被束缚和没有被束缚的动物混合在一起（但这一条不适用于在一起饲养长大的、互相熟悉的同种动物），或者动物妈妈还有幼小动物，将它们分离将造成痛苦的情形等。

公约第 17 条至 25 条是对运输过程中照看动物之规定，与前述动物运送的相关规定类似，在这里不再累述。此外，公约的第 26 条至第 30 条是有关使用铁路运输、公路运输、水上运输、空中运输方式来运输动物的具体规定。

2. 《关于运输过程和相关运作的动物保护理事会条例》的主要内容。《关于运输过程和相关运作的动物保护理事会条例》，适用于在欧盟国家领域内的活体脊椎动物的运输，包括进入和离开欧盟海关所进行的海关检查。该条例规定，不得使用任何可能给动物造成伤害或过度痛苦的方式运输动物或者倒置运输动物。此外，必须事先做好所有必要的安排以便最大程度缩短行程并在行程中满足动物的需求。必须确保动物身体健康适合运输，必须确保运输工具的设计、建造、维护和运作能避免给动物造成伤害和痛苦并确保动物的安全。装卸动物设备的设计、建造、维护和运作适当，确保避免给动物造成伤害和痛苦，并保证动物的安全。装卸动物的人员必须受过专门训练或胜任这一工作，在装卸动物时，不得使用暴力或其他可能给动物造成不必要的惊恐、伤害和痛苦的方法。运输动物必须不拖延地运往目的地。动物的福利条件要定期检查并适当维护。运输动物时，必须依照动物的大小和行程情况，给动物提供适当、足够的地面和高度空间。必须给动物在适当的间隔时间里提供食物、饮水以及休息，食物数量和质量均需要取决于动物的物种和大小。运输动物的人必须在其运输工具上携带说明动物的来源、所有人、出发地点、出发日期和时间、目的地、行程的长短的说明文件。在有关当局要求下，运输人必须将这一文件提供给有关当局。运输动物的人必须持有有关当局颁发的授权许可证明方能运输动物，而且必须按照条例的具体规定运输动物。此外，牛、猪、马、羊等动物的长途运输，运输工具必须配备导航系统。从2009年1月1日起，所有公路运输工具都必须配备导航系统。运输人必须将导航系统的记录保留至少3年。对于长途运输动物，运输工具必须事先得到检查和批准，否则不得运输。对于海上运输动物，如果从欧盟国家的港口出发行程超过10海里，运输饲养的马、牛、羊、猪的海上运输工具必须事先得到检查和批准，否则不得运输。运输工具也必须得到有关当局的检查和批准方能使用。

此外，条例还规定了欧盟各国负责检查运输动物福利的政府部门、负责检查运输动物福利的人员和运输动物人员的培训、运输工具的批准证书、对装卸动物的检查、边境和出境口岸检查动物运输等内容。

"1/2005"号欧盟理事会条例还有6个附件条款。除与《国际运输动物保护欧洲公约》一致的内容外，也有一些补充措施。例如，对进行运输的动物的健康要求的补充规定主要有：只有动物身体健康适合所要进行的运输方能运输动物。所有动物的运输均必须在能保证不给动物造成伤害和不必要的痛苦的条件下才能进行。不得运输受伤的动物或者当时有身体虚弱或其他生理症状的动物，这些动物不得被视为适合运输，特别是在以下情形下，除非有例外，不然不得运输动物：①当动物无法在不承受疼痛的情况下独立行动时，或者在没有辅助的情况下无法行走时；②动物有严重的开裂的伤口或身体组织有露出体外的伤口；③孕期已超过90%以上的怀孕雌性动物，或在一星期前刚生产的动物妈妈；④新生哺乳动物，其肚脐尚未痊愈；⑤出生不到3个星期的猪，出生不到1个星期的羊，出生不到10天的牛（除非运输行程在100公里以下）；⑥不到8个星期的狗和猫，除非有动物妈妈陪同旅行。

关于动物海上运输工具的补充规定有，规定运输动物的船只必须结实坚固，必须有通风设施，同时还规定了换气的具体技术指标。还必须提供新鲜饮水系统，有适当的排水和足够的照明设施。对于行程超过 24 小时的海上运输，运输船只必须在出发地点载有足够的动物饮食和铺垫材料以完成整个旅行，计算方式是动物必须每天提供以下最低标准的饮食，必须将整个行程计算在内，同时另加额外 3 天或对以上数量另加 25%。

表 5-1　最低饮食标准

| 动物种类 | 饲料<br>（动物体重的百分比） | 浓缩食品<br>（动物体重的百分比） | 清水（每只动物）<br>单位：升 |
|---|---|---|---|
| 牛和马 | 2% | 1.6% | 45 |
| 羊 | 2% | 1.8% | 4 |
| 猪 | — | 3% | 10 |

有关运输工具的空间的补充规定有，包括各类动物——马、牛、羊、猪和家禽，在公路运输、空中运输和海上运输中，必须为其提供的空间的具体规定，这些标准按照动物的不同种类、年龄大小、体重而标准不同。例如，铁路和公路运输猪，所有猪必须至少有能够自然躺下和站立的空间。运载猪的空间密度不得超过 235kg/m$^2$。同时，由于猪的种类、大小和身体状况不同，也就意味着以上最低空间面积需要按具体情况增加，同时，根据当时天气条件和行程时间等因素的考虑，还可能需要增加 20% 的空间。[1]

此外，欧盟专门针对宠物的运输制定了《关于非商业运输宠物动物健康要求的理事会条例》，并于 2004 年 7 月 3 日开始生效。该条例适用于猫、狗、白鼬等宠物在欧盟国家之间或从第三国进入欧盟国家的运输，并规定了宠物运输要求和运输时宠物的健康标准。

其实早在 2002 年 3 月 1 日，欧盟动物卫生及福利科学委员会在"运输中的动物福利"报告中已经提出了针对马、猪、牛等动物的保护措施，同时，欧洲食品安全局也对所有其他需要经常运输的动物提出了建议，包括：家禽、平胸鸟类（如鸵鸟）、鹿和驯鹿、野兔、鱼、狗、猫、啮齿动物、灵长类动物以及外来的和野生动物。动物卫生与福利专家小组提出的保护措施建议应充分考虑到上述报告提出的大多数动物及特殊动物种类运输的一般性原则和特殊性规定。

―――――――――

〔1〕　参见曹菡艾：《动物非物——动物法在西方》，法律出版社 2007 年版，第 286~300 页。

### 三、美国

美国有关动物运输福利保护的法律法规有《二十八小时法》，该法适用于食用的农业动物的运输，该法规定：使用铁路运输和普通运输等运输方式的所有人、租赁方、信托方，从美国的一州运输动物到另一州，不得连续 28 小时将动物关在运输车或者运输工具中而不让其下车饮食和休息，并要求用人道方法让动物上下车。

另外，美国农业部制定的《动物福利条例》（*Animal Welfare Regulations*）第三部分针对动物运输设定了标准，包括：猫、犬的人道管理、照顾、对待和运输标准（Standards for the Humane Handling, Care, Treatment, and Transportation of Dogs and Cats）；大颊鼠和天竺鼠的人道管理、照顾、对待和运输标准（Standards for the Hunane Handling, Care, Treatment, and Transportation of Guinea Pigs and Hamsters）；兔子的人道管理、照顾、对待和运输标准（Standards for the Humane Handling, Care, Treatment, and Transportation of Rabbits）；非人类灵长类动物的人道管理、照顾、对待和运输标准（Standards for the Humane Handling, Care, Treatment, and Transportation of Nonhuman Primates）；海洋哺乳动物的人道管理、照顾、对待和运输标准（Standards for the Humane Handling, Care, Treatment, and Transportation of Marine Mammals）；除了犬、猫、兔子、大颊鼠、天竺鼠、非人类灵长类动物及海洋哺乳动物之外的温血动物的人道管理、照顾、对待和运输标准（Standards for all other warm blooded Animals）。

美国农业部制定的《动物福利法案（犬、猫）》中有关运输犬、猫的规定：当需要保护犬、猫免于极端的温度及提供动物的健康与福利时，犬、猫的移动式或旅行式畜舍设施必须能够有效率地加温或降温。移动式或旅行式畜舍设施之周遭温度不应低于 50 华氏度（10℃），特别是对不适低温的犬、猫，在无压力及无不适的情况下也不能忍受低温的品种（例如，短毛的品种）以及生病、年老、年幼、虚弱的犬、猫，除非得到专业兽医师之允许。当温度低于 50 华氏度（10℃）时必须提供干垫料、硬的睡垫或采取其他维持动物体温的方式。在犬、猫所处之地，设施周遭的温度不可以连续 4 小时低于 45 华氏度（7.2℃）或高于 85 华氏度（29.5℃）；犬、猫的移动式或旅行式畜舍设施必须有效率地随时通风，必须由窗户、门、排气孔、风扇或空调设备来进行通风。当周遭温度到达或高于 85 华氏度（29.5℃）时，必须提供辅助的通风设备，如：风扇、吹风机或空调设备；犬、猫的移动式或旅行式畜舍设施必须被充分地照明，以满足允许适当的清洁与检查设施，及观察犬、猫。动物区必须提供每日定期的日照循环，不论是自然的或是人工的光线。

美国农业部制定的《动物福利法案（兔子）》中有关运输兔子的规定：运送者及中途经手者不应接受由任何经销商、研究机构、展览者、拍卖者或其他人或美国政府、州政府或地方政府的运输部门或代理机构或媒介提供在运输动物的主要交通工具预定起程前交易超过 4 小时所送的任何活兔子，但是，动物运输至目的地有特殊重要计划，则任何经销商、研究机构、展览者、拍卖者或其他人或美国政府、州政府或地方政府的运输部门或代理机构或媒介可互相达成协议延长接受时间但不超过 6 小时；运送者及中途经手者应在任何活兔子到达最终装运设备的动物收容区后，至少每 6 小时通知一次委托者。每次通知及最终通知的时间、日期及方法以及通知委托者的人员姓名应记录在由运送者或中途经手者所保留的运输证明文件之附本以及伴随动物运送之运输证明文件之复本上。

美国农业部制定的《动物福利法案（非人灵长类）》中有关运输非人灵长类动物的规定：移动式或旅行式畜舍设施，当需要保护非人类之灵长类免于极端的温度及提供动物的健康与福利时，移动式或旅行式畜舍设施必须能够有效率地加温或降温。在非人类之灵长类所处之地，设施周遭的温度不可以连续 4 小时低于 45 华氏度（7.2℃）或高于 85 华氏度（29.5℃）；移动式或旅行式畜舍设施必须有效率地随时通风，必须由窗户、门、排气孔、风扇或空调设备来进行通风。当旅行式畜舍设施内周遭温度到达或高于 85 华氏度（29.5℃）时，必须提供辅助的通风设备；移动式或旅行式畜舍设施必须被充分地照明，足以允许畜舍的例行检查与清洁，及观察非人类之灵长类。动物区必须提供每日定期的日照循环，不论是自然的或是人工的光线。光线必须均匀普遍地照射动物畜舍设施，有效地提供照明以帮助维持良好的管理操作、适当地清洁、适当地动物检查与动物的福利；当有无关人员在场时，必须在移动式或旅行式畜舍设施与无关人员间有一个障壁去制止无关人员与非人类之灵长类身体的接触。[1]

---

[1] 《动物福利法案（犬、猫）》《动物福利法案（兔子）》《动物福利法案（非灵长类）》英文原文均载于美国农业部官方网站：http://www.aphis.usda.gov/animal_welfare/downloacls/AC_BlueBook_AWA_508_comp_version.pdf，最后访问时间：2020 年 7 月 19 日访问。

### 四、澳大利亚

澳大利亚颁布的《动物关照和保护法》规定，在没有适当准备，包括没有适当食物、休息、掩蔽处或饮水的情况下，禁止关押或运输动物；或者在动物有病不适和关押或运输的时候关押或运输动物；或者用不利于动物福利的方式来关押或运输动物；或者用不适合的运载箱或运输工具来关押或运输动物。

另外，澳大利亚还制定了许多有关动物运输的准则，指导在动物运输中对动物福利的保证。这些准则包括：《陆地运输的牛福利实践准则》《陆地运输的马福利实践准则》《陆地运输的猪福利实践准则》《陆地运输的家禽福利实践准则》《海上运输的牲畜福利实践准则》《空中运输的牲畜福利实践准则》《铁路运输的牲畜福利实践准则》《路运输的牲畜福利实践准则》等。[1]

## 第五节　国外动物福利保护的动物实验内容

实验动物还没有统一、准确的概念，通常是指用于科学研究、生物学测试、药品及生物制品原材料的动物。这种动物是在特定条件下，经过严格定向培育，具有稳定的生物学特性，明确的遗传和微生物背景。实验动物具有对实验处理敏感性强、个体差异小、反应一致、重复性好的特点。在很多情况下，实验动物的含义不仅是指上述定义中的实验动物，而是泛指实验用动物。动物实验是医学、科学研究和教学工作中必不可少的重要手段，通过动物实验，可以观察、分析、研究和解决医学中的许多问题，如学习医学知识，探索人类疾病的发病机制，寻求疾病的治疗方法，评价药物的疗效和安全性等。医学动物实验的方法是多种多样的，如动物的选择、分组、编号、抓取、固定、麻醉、手术、给药、采血、取尿、急救、处死等，各个医学学科的动物实验几乎都要涉及这些基本的实验操作方法。这些方法无疑将对实验动物带来不必要的痛苦、伤害甚至死亡。实验动物福利日益被人们所重视，许多国家和地区已经通过立法对其予以保障。

### 一、实验动物保护的"3R"原则

一直以来，各种各样的实验给动物带来不同程度的痛苦，虽然人类的外科

---

[1] 参见曹菡艾：《动物非物——动物法在西方》，法律出版社 2007 年版，第 222 页。

手术或实验可以通过麻醉等方式减轻动物的痛苦，但是动物性实验就很难避免了。可动物实验却又是人类发展和时代所必需的。为了解决这样的矛盾，英国的动物学家 W. M. S. Russell 和微生物家 R. L. Burch 通过大量的调查研究，在1959 年《人道实验技术原则》中提出了科学、合理、人道的使用实验动物的理论。这就是现在国际社会普遍认可的"3R"理论，即为：寻找动物的替代品（Replacement）、减少实验动物数量（Reduction）和优化动物实验（Refinement）。1999 年新西兰的《动物福利法案》把"3R"原则作为实验动物福利法的基本原则。

我们提倡人道地对待实验动物，而并不要求一味地禁止动物实验。应当在既满足人类需要，又减少动物痛苦之间寻找平衡点。动物实验和动物福利可以相互监督，相互促进。按照有关学者的意见，在动物实验中，应坚决避免没有科学目的的实验；同时，对实验动物的痛苦减少到最低程度；那些一次性的实验动物，在实验结束后，应当迅速采取相应措施，给其"安乐死"。"3R"原则被许多人当作是折中点，让科学家与动物福利运动人士，在人类健康和动物福利之间获得妥协。瑞典从 1979 年开始，规定从事动物实验者，必须先交一份研究计划给伦理委员会审查。目的是审核动物实验计划，主要审核可能会造成动物疼痛或痛苦的实验。新的《动物保护法》规定，假如有其他替代方法能获致一样的研究结果，或者当该实验不符合"公共利益"的原则时，动物伦理委员会应当拒绝这些研究计划的申请。

## 二、英国

英国有关实验动物福利的立法，主要有《动物（科学方案）法》（1986年），其目的是通过建立一个控制、利用动物进行实验的机制，来规范实验和其他科学方案中使用动物的行为，以减轻实验动物的痛苦。该法规规定了一个三级控制的执照颁发系统，要求实验基地首先必须申请并且获得执照，设立的实验方案应获得批准，进行试验的个人必须拥有执照；规定设立了监督机构主管执照颁发事宜；规定了除经批准而且该动物已被完全麻醉或适合于一系列实验外，禁止对已进行过实验的动物再进一步实验；规定了实验动物食宿照料的最低标准；实验动物（老鼠、田鼠、仓鼠、兔、狗、猫、欧洲鹦鹉和灵长类动物）必须从合法的基地获得。并且，规定了无证人员进行实验和不遵守饲养条件等行为，均构成犯罪，应当承担相应的法律责任。

英国《动物保护法案》（麻醉）（1954 年）规定：如果给动物做的手术没有

使用麻醉剂来消除手术中的疼痛，这次手术将被认为不合法和不人道的手术，主要负责人将承担相应的法律责任；此条款适用于任何没有使用防止动物组织过敏或防止影响动物骨骼设备的手术或使用空心针进行注射或抽血的手术。

反对所有能够给动物造成疼痛、痛苦或苦痛的实验或程序，不论什么时候使用动物，都必须尽一切可能避免给动物造成痛苦。

英国皇家反虐待动物协会（RSPCA）规定：反对动物实验，包括不必要的重复，科学价值不大，或已有不用活体动物的替代方法的动物实验；反对在非必须性物质检验中使用动物，如化妆品、某些家用产品和食品添加剂；在实验申请许可之前，需要对所有新的实验和实验草案进行全面的伦理审查；应该任命1个或几个人全面负责在一个科学程序中的动物的日常管理，必须任命1个兽医外科医生监控这些动物的健康和福利状况；反对使用从野外捕获得任何动物来做实验研究；反对使用黑猩猩来做实验研究。

英国还于1997年制定了《实验动物专利法》，规定动物试验获得专利权的标准和条件。同时，作为欧盟的成员国，也在欧盟《关于实验和其他科学目的使用脊椎动物的保护协定》（1985年5月通过，1986年10月1日实施）的调整范围之内。[1]

### 三、德国

德国《动物福利法》对动物实验作出了详细的规定。

该法第7条规定，"动物实验"是指为实验目的在动物身上进行的可能导致其遭受痛苦或伤害，或者就动物基因进行的可能导致其基因改变或导致其遭受痛苦或伤害的任何手术或处理。

该法规规定动物实验的条件：预防、诊断或治疗人或动物存在的疾病、痛苦、身体缺陷或其他反常情况，或者探究人或动物的生理状况或功能，或者对人或动物的生理状况或功能施加影响；探究环境危害；对物质或产品进行测试，以确保它们对人或动物的健康是安全的或者它们对防止害虫是有效的；基础研究。特别规定在脊椎动物身上的实验只有在实验动物遭受的痛苦或伤害就实验目的而言在道德上是合理的情况下才能实施；禁止为开发或测试武器、弹药或相关设备之目的在动物身上做实验；原则上禁止为开发烟草产品、洗涤剂和化

---

[1]　参考宋伟：《善待生灵——英国动物福利法律制度概要》，中国科技大学出版社2001年版，第59~61页。

妆品之目的在动物身上做实验。[1]

该法规第8条规定，希望在脊椎动物身上进行实验的人必须从有关当局获得对拟计划实验的授权，授权通知应载明实验负责人或其代表的姓名，授权适用于一个固定期限[2]。

该法规第9条规定，只有具备必要的专业知识的人士方能在动物身上进行实验。此外，只有完成兽医医学、医学或自然科学的大学学习的人士以及能够证明因职业资格而具备必要的专业知识的人士方能对脊椎动物进行实验。并规定对所有动物实验应做记录[3]。

**四、欧盟**

欧盟适用于实验动物的保护法规主要有：欧盟为缔约方的、欧洲理事会主持制定的《用于试验和其他目的的脊椎动物保护欧洲公约》《关于签署用于试验和其他目的的脊椎动物保护欧洲公约的理事会决定》。两者的目的均在于减少动物实验和用于实验的动物的数量。此外，欧盟所制定的有关实验动物的重要法规还有《关于用于试验和其他科学用途的动物保护各成员国法律、条例和行政办法的统一理事会法令》以及《关于欧盟成员国化妆品法律统一、修改 76/768/EEC 理事会法令的欧洲议会和理事会法令》，上述法规规定欧盟从 2004 年开始禁止进行化妆品成品的动物试验，对于重复剂量毒性试验、生殖毒性试验和毒物代谢动力学的试验，因无替代方法，以上试验的禁令已延至 2013 年生效。

## 第六节　国外动物福利保护的动物屠宰内容

通常人们要通过屠宰动物而获取所需的肉、毛皮以及其他部分，也会因为其他原因通过屠宰来剥夺动物的生命。从动物福利的角度考虑，应当在整个屠宰过程中采取相应措施，以减少动物不必要的痛苦。目前，一些国家和地区已经通过立法作出规定。

---

[1]　德国《动物福利法》第7条。
[2]　德国《动物福利法》第8条。
[3]　德国《动物福利法》第9条。

## 一、英国

涉及动物屠宰的法律主要有《屠宰场法》（1974 年）和《动物福利法（屠宰）》（1995 年制定，1999 年、2000 年、2001 年和 2003 年分别修订），上述法规规定农场动物的屠宰人员必须领取执照；屠宰房应保证动物的基本安全，其结构、设备和工具不会引起动物的刺激、痛苦及伤害；屠宰场应远离动物，实施单独屠宰等；任何参与屠宰和杀害动物的人，都不应当引起本可以避免的对动物的刺激和痛苦或让动物忍受本可以避免的刺激和痛苦；除法律规定拥有专门知识和技巧并按法律人道的、高效的执行人以外，任何人不得参与屠宰和杀害动物；政府在各个屠宰场都设有专职卫生检查员，牲畜在宰杀前必须经卫生检查员查验，确保其是健康牲畜。此外，还要对屠宰和加工全过程进行严格监督。在确认符合卫生标准后，才会在宰杀的牲畜胴体上加盖"检验合格"的印章，否则不得进入市场。对于违反上述规定，构成犯罪的，应承担相应的法律责任。阻碍执法人员执法的，处 2 级以下罚款；未经培训而私自屠宰的，可处 3 级以下罚款；提供虚假信息者，可处 5 级以下罚款；对其他犯罪行为，可处 5 级以下罚款或 3 个月以下监禁。[1]

## 二、欧盟

欧盟的有关动物屠宰方面的法律规定，最主要的是其参加的《屠宰动物保护欧洲公约》和《关于屠宰和宰杀时保护动物的理事会法令》。前者主要规定了动物屠宰的具体要求，后者提出设立小动物屠宰福利保护标准，为《屠宰动物保护欧洲公约》未提及的动物进行了相关福利的规范。例如，《屠宰动物保护欧洲公约》中规定："不得使动物在屠宰前和屠宰期间遭受任何刺激，疼痛。要求屠宰前必须致晕""在屠宰前，如果必要，应束缚动物，并使用适当的方式将动物击昏""在因为宗教原因屠宰牛时，必须用机械方式束缚牛，以避免给动物造成一切可避免的疼痛、痛苦、激动、伤害或撞伤""不得使用任何导致可避免的痛苦的束缚方式。不得将动物的后腿系起来或吊起来。不得在击昏前将他们吊起来。可以将鸡和兔子吊起来，但在吊起来之后必须马上击昏""在屠宰前必须将动物击昏之后才能屠宰。击昏方式一定要让动物失去知觉，然后才能屠宰，

---

〔1〕 英国《动物福利法》，载英国公共部门信息办公室网站，http://www.opsi.gov.uk/acts/acts2006/ukpga_20060045_en_1，最后访问时间：2020 年 7 月 19 日。

避免他们承受任何可以避免的痛苦。禁止使用刀刺、锤打或斧砍的方式屠宰动物。对于单蹄动物、反刍动物和猪，只能采取以下击昏方式：机械方式——利用机械器具击中或穿刺动物的大脑导致动物失去知觉；电击；气体麻醉""缔约国必须确保屠宰动物的专业人员必须具备适当的束缚、击昏和屠宰动物的技能"等。

《关于屠宰和宰杀时保护动物的理事会法令》的适用范围包括以生产肉类、皮、毛或其他产品为目的而饲养或拥有的动物的运输、入栏、束缚、击昏、屠宰和宰杀，也适用于为控制疾病而宰杀动物的方式。但不适用于受监管的科学实验、文化体育事业对动物的宰杀和某些野外狩猎活动。该法规定，在运输、入栏、束缚、击昏、屠宰和宰杀过程中，必须避免动物经历可避免的兴奋、疼痛和痛苦。屠宰场的建设及其设施、设备的运作，均必须避免动物经历可避免的兴奋、疼痛和痛苦。此外，还规定设备、束缚和其他设施的建造、设计和使用必须能够实现快速有效的击昏和宰杀。在该领域工作的工作人员必须具有必要的知识和技术以便依照法令规定人道和有效地履行这方面的工作任务。此外，还规定了有关疾病控制屠杀动物的问题和动物的入栏、束缚、击昏、放血等方面的具体要求。[1]

### 三、美国

美国的《人道屠宰法》（*Humane Methods of Slaughter Act*）于1960年通过并生效。该法主要规范宰杀牲畜的行为，旨在避免给动物带来不必要的痛苦并提倡改进屠宰方法。该法对因宗教原因按照宗教仪式屠宰动物的情况不予以规范。该法不适用于禽类的宰杀，仅适用于由联邦机构检查的屠宰场。规定必须在屠宰前以人道的方式对待牲畜、在屠宰时人道屠宰牲畜，以避免给动物带来不必要的痛苦。[2]

美国的《人道屠宰法》规定：牛、马、羊、骡子、猪和其他牲畜等，在被链缚、悬吊、扔掷和切割等之前，都必须先经由单次重击、枪杀、电击或施以化学药物或其它快速而有效的方法，让它们失去痛觉；禁止拖曳尚有意识之残障家畜和其他无法移动之动物；电流的使用应有效产生外科麻痹，也就是说使动物处于无法感觉疼痛的状态；在家畜遭到捆绑、举起、丢掷、抛投、切割前，

---

[1] 参见曹菡艾：《动物非物——动物法在西方》，法律出版社2007年版，第282~286页。
[2] 参考曹菡艾：《动物非物——动物法在西方》，法律出版社2007年版，第326页。

应先将其击昏或致死；动物应以能快速并有效地产生麻醉之电流电击，并应将动物之激动和不安减到最低；动物被击昏之后在捆绑、刺穿和放血的过程中应继续保持麻痹状态；操作电击设备的人员必须要很熟练、专心一致，并确知自己的职责；所有用于控制或电击之设施，都必须经常维修以保持良好状态。此外，所有指示仪器、工具和测量设备无论在工作或其余时间都应随时供系统检查人员检测；每一只动物皆应被施以足够之电流，以确保动物在放血的过程中已呈现麻醉状态。为使动物接受到足够电量以产生瞬间知觉丧失，应使用适当之时间测量、伏特数以及电流控制设备。电流应按规定使用，以避免产生出血或组织变化。[1]

1978 年，修订后的美国《联邦肉品检查条例》规定：为了杜绝不人道的屠宰方式，联邦肉品检查员有权驳回检查申请，直到业者改善任何残酷的屠宰方式为止。肉品工业的收益，靠的就是把动物送上生产线的速度，因此，借着控制这条生产线，足以有效遏止业者的残酷行为。该增修正案也同时禁止进口以非人道方式宰杀的任何肉品。美国农业部人员负责检查国外工厂，以确保肉品的卫生标准。自 1978 年起，检查项目增加了"人道屠宰"这项标准。

## 第七节　国外动物福利保护的医疗和手术内容

动物患疾病或者受伤，应当给予相应的治疗，有的情况下，需要对动物进行外科手术治疗。现实中，还存在为改变动物外观而进行的外科手术，允许或者禁止这种手术，不同国家的法律规定不同。纵观世界各国的动物保护立法，大多数国家明确规定了对患病动物应给予治疗，对动物进行手术时避免带来不必要的痛苦。

### 一、欧盟

《欧洲保护宠物公约》第 10 条关于外科手术的规定：禁止以改变宠物外观为目的的或具有其他非治疗目的的外科手术；非治疗目的的外科手术，只有在兽医从医学原理或特定动物的利益出发认为此非治疗性的过程是必要的或者避免繁殖的情况下才可以实施；将会或可能会引起动物剧烈疼痛的手术应在动物

---

[1]　"《人道屠宰法》简介"，载美国动物福利研究所网站，http://awionline.org/content/humane-methods-slaughter-act，最后访问时间：2020 年 7 月 19 日。

被麻醉的情况下由兽医施行，或在兽医监督下施行，不需要麻醉的手术应由合法人员施行。非治疗目的的外科手术包括裁尾巴、剪耳朵、清音化、拔指甲和尖牙。1995 年 3 月 10 日欧洲理事会通过的《关于宠物动物外科手术的决议》规定，为了增强公约第 10 条的实施效果，各成员国应当让法官、饲养者和兽医知道，"切断"性的手术是不应当被执行的，应当鼓励饲养协会按照公约第 10 条的要求改进饲养标准，应当考虑逐步停止那些已经遭受整形手术的狗的展览和买卖。该决议还列举了 74 种应该得到保留的"自然"尾巴，并罗列了裁尾巴的害处。

## 二、葡萄牙

葡萄牙于 1995 年颁布的《保护动物法》第 1 条规定："动物患病、受伤或者处于危险的边沿，应该得到尽可能的帮助。"[1]

挪威的《动物福利法案》第 7 条规定，会给动物带来痛苦的外科手术和内科治疗手段只有兽医才有资格实施，如果这些治疗手段会造成动物极大的肉体痛苦，除非因为医学上的原因，那么兽医在治疗前应该对动物进行全身麻醉或者局部麻醉。非兽医不准对动物进行阉割或者绝育手术，不准对未满 1 个月的小猪进行这类手术，并且所有这类手术都必须在麻醉状态下进行。该法案第 13 条规定除了政府部门的规定以及兽医在一些特殊需要的情况下，禁止阉割狗和家禽、在猪鼻子上穿圈、挖掉动物的角、剪短或是烧掉家禽的蹼子、剪掉家禽的冠、剪掉狗的声带。

## 三、瑞典

瑞典的《动物福利法案》第 9 条规定："除非动物在疾病或者伤害非常严重必须被立即杀死的情况下，一只生病或者受伤的动物应该得到毫不延迟的必要照顾。"[2]该法案第 10 条至 12 条对动物外科手术作了规定。主要规定：动物除在兽医必要治疗的情况下，不应被应用外科治疗或者给予注射治疗；兽医应在外科治疗过程或对动物注射前预定。《动物福利法规》第 25 条规定，该国内动物的阉割和牛、山羊的去角即使不作为兽医治疗的必要方式也应被允许，牛、山羊应在麻醉情况下由兽医或者兽医指定的合适人选进行去角手术。

---

〔1〕 常纪文：《动物福利法——中国与欧盟之比较》，中国环境科学出版社 2006 年版，第 85 页。
〔2〕 常纪文：《动物福利法——中国与欧盟之比较》，中国环境科学出版社 2006 年版，第 86 页。

### 四、德国

德国的《动物福利法》第四章对动物实施手术作了具体规定，主要规定：未经对脊椎动物进行麻醉，不得对其实施导致痛苦的手术。对于温血动物及两栖动物，麻醉应由兽医进行；[1] 禁止对脊椎动物实施全部或部分截肢或者切除或毁坏其全部或部分器官或组织。[2] 该法第六章为教育、培训和进一步培训之目的进行手术和治疗规定，只有在下列情况下方能为教育、培训和进一步培训之目的实施导致动物痛苦或伤害的手术或治疗：①在大学、其他科研机构或医院；②为医学或科学附属职业之目的的作为职业培训或进一步培训课程的一部分。上述手术或治疗只有在没有其他办法（例如，通过放映影片）达到相同目的之情况下方能实施。如果有关当局提出要求，实验者必须提供为什么不能以其他方式达到手术或治疗目的的理由。[3]

## 第八节　国外动物福利保护的免疫与防疫内容

驯养动物与人们的日常生活接触密切，人畜共患病时有发生。长期存在的动物炭疽、结核病、布鲁氏菌病、沙门氏菌病、狂犬病、流行性乙型脑炎等，直接或间接来源于动物。近年来，国际上又发现艾博拉病、疯牛病、莱姆病也来源于动物。现代社会人与动物之间距离的不断缩小，使动物疫病向人类扩展的可能性增加。人畜共患病不仅给养殖业及相关产业造成巨大经济损失，而且直接威胁人类健康，打乱正常的社会生活秩序，引发严重的社会问题。

动物疫病防控的技术路线要点是：其一，要进行免疫；其二，要进行疫情监测，监测中未见异常并通过检疫后进入交易市场或屠宰加工，监测中发现动物疫情或疑似疫情的，进行疫情报告；其三，由各级疫病预防控制中心、国家参考实验室和区域性实验室进行诊断，根据诊断结果划定疫点、疫区和受威胁区；其四，对疫区进行强制封锁，并按有关规定实施强制扑杀、无害化处理和消毒，同时，通过流行病学调查追溯疫源，并加强效果监测；其五，在一个潜

---

〔1〕　德国《动物福利法》第5条。
〔2〕　德国《动物福利法》第6条。
〔3〕　德国《动物福利法》第10条。

伏期后经验收合格解除封锁,逐步恢复生产和交易。[1]

　　动物免疫与防疫已经成为国际社会广泛关注的问题,许多国家通过立法规范动物防疫工作。

### 一、美国

　　美国纽约的《农业和市场法律统一法案》第 69 章 25-B 条款关于遗弃动物的条款规定:有意贩卖或提议贩卖、使用、暴露任何已知有马鼻疽或其他危害到人类生活或健康的传染性疾病的马或其他动物,或过去生病复原的,或引起或允许上述动物被贩卖、被出价购买、被使用、被暴露,或过去生病复发的,或拒绝剥夺患上述疾病的动物生命的人,将被认为犯下轻罪,处以 1000 美元以下罚款,或者不超过 1 年的监禁,或同时处以罚款和监禁。

### 二、日本

　　日本的《防止狂犬病法案》规定,伴侣犬在出生 91 天之后,每年必须进行登记以及注射防疫针。拥有者应当带爱犬到兽医院注射疫苗,并且取得狂犬疫苗注射的证明。

### 三、韩国

　　韩国的《家畜传染病预防法》规定,政府支援传染病预防接种费用。但随着宠物数量的增加,狂犬病、狗蛔虫病等人畜共患的传染性疾病由动物传染给人的担忧日益强烈。特别是遗弃动物无法定期预防接种,它们与野生动物接触后很容易传染人畜共患的疾病。

## 第九节　国外动物福利保护的动物收容

　　对动物的救助是动物福利保障的重要部分,设立疾病、危难与无主动物收容站是一项主要的措施。尤其对于宠物福利保护,有着更重要的意义。

### 一、英国

　　英国于 1906 年颁布的《狗法》要求警察和其他负有职责的人给收容的流浪

---

[1] "关于印发全国动物防疫体系建设规划的通知",载《饲养广角》2007 年第 3 期。

狗提供充足的食物和水。

## 二、瑞典

瑞典于 2002 年修订的《动物福利法》规定，宠物动物遭受莫名其妙的痛苦并且采取任何措施均无济于事，不知道宠物动物的主人是谁或者宠物动物的主人难以找到，或者拥有者不能遵守监管机关下达的保护动物福利决定，严重忽视监管，忽视动物的照料，虐待动物，犯下《刑事法典》第 16 条和第 13 条有关残酷对待动物的罪行，或者多次违反与动物福利有关的条款，以及在其他绝对必要的情况下，县行政部门、专门的监管机构或者警察机构应该收容和管理该动物。如果救助的措施不是由县行政部采取，机构应立即通知县行政部门，由县行政部门来决定进一步的措施。宠物动物一旦被有关机构看管，除非得到许可，其主人或者拥有者不能接近它们。宠物动物被看管后，它的命运无非有 3 种，即由警察机构出售、转让或者杀死。如果出售或者转让均不可能，县行政委员会可以决定由警察机构处死宠物动物。救助的费用应当由宠物动物的主人支付，如果宠物动物已经被出售的，出售的钱可以折抵部分救助的费用；如果主人找不到或者不知道宠物动物的主人时，这笔救助的钱应当由公共资金支付。如果动物患有异常严重的疾病或者被异常严重地伤害的，兽医、警察可以立即杀死该动物；在紧急的情况下，一般的人也可以行使该项权利。动物处死之后，执行者应当立即通知动物的主人或者拥有者，如果通知不可能，警察机构应当公告。[1]

## 三、韩国

韩国的《动物保护法修正案》规定，拥有 50 万人口以上的地区，必须设立遗弃动物保护所。

## 四、德国

德国有关动物收容的规定比较详细。该国的动物收容所由公益团体设立，并能得到政府资助。德国的相关法律对动物收容所的具体规制主要有：

1. 设立许可的要件规定。在德国，动物收容所依据《动物保护法》第 11 条第 1 项第 2 款的规定，必须先申请主管机关的许可后才能成立。依据该条的规

---

〔1〕　常纪文：《动物福利法——中国与欧盟之比较》，中国环境科学出版社 2006 年版，第 93~94 页。

定，申请人在申请许可时，必须提供文件说明其所要收容的动物种类、对收容行为负责的人员以及收容的空间及设施。根据该条第 2 项的规定，主管机关必须审查申请人所提供的文件，并只有在确定申请人可以信赖，具有必要的知识，并且其提供给动物的空间与设施符合《动物保护法》第 2 条所规定的基本原则时，才能许可其设立动物收容所。在经许可设立后，各州的动物保护主管机关及德国动物保护协会都有权监督这些动物收容所是否能继续遵守这些要件。

2. 收容动物的环境与方式。一方面，对收容动物的环境要依照《动物保护法》第 2 条所规定的基本原则，特别要让动物有符合其种类所需要的活动空间。并保持其清洁，预防动物之间疾病的传染。例如，依据《动物保护——狗类保护规则》的规定，要养育狗时，必须使每只狗有与其大小相适应的居住空间；此外，要让动物的生活空间有充分的阳光及新鲜空气。而且不同的动物要分别收容在不同的空间。

另一方面，动物收容所也要按照所收容的动物种类采取合适的饲养方式。例如，在饲养狗时，要注意到狗爱好群居的天性，要成群的饲养，同时，要每天定期让其出外散步，与社会进行接触，且不能任意分开母狗与小狗（《动物保护——狗类保护规则》第 2 条）。依据德国动物保护协会的《动物收容所规则》第Ⅲ条第 2 项的规定，动物收容所必须优先用成群饲养的方式来饲养狗，只有在不能有效的控制成群的饲养方式时，才能例外的将每只狗隔离开来。提供饲料的种类与多寡也必须能符合动物的需求。

3. 人事规范。《德国动物保护法》第 2 条第 3 项规定，收容及照顾动物者都必须有照顾及饲养动物所必要的知识，依据《为执行动物保护法的一般行政规定》第 12.2.2.2 条的规定，这表示负责的人员必须或者拥有为国家承认的相关专业的学位，或者从事过相关职业或具有长期的负责照顾动物的丰富经验，从而被认为具有照顾特定动物的相关知识。根据兽医官员的判断，主管机关可以要求其中没有国家所承认的学位，只有因为职业或经验而具有照顾动物所需知识的人员接受相关知识的进一步教育（《为执行动物保护法的一般行政规定》第 12.2.2.3 条）。依据德国动物保护协会的《动物收容所规则》第 II.1 条第 2 项的规定，动物收容所必须提供所属工作人员学习与照顾动物相关知识的机会，特别是关于动物行为与动物卫生方面的知识。

动物收容所的人员除了主持的所长及其他行政人员外，一般分成下列三类：兽医、动物照顾员（Tierpfleger/ Tierpflegerin）和义工（Ehrenamtliche Tierpfleger）。在德国，基于爱好动物而加入动物收容所工作的义工一直是动物收容所

很重要的人力来源 。由于动物收容所财务上的问题，长期以来他们一直必须依赖义工的协助，才能顺利的营运下去 。如前所述，政府或动物收容所都会对这些义工进行在职训练，让他们能通晓必要的相关知识。动物收容所收容与照顾动物的空间原则上只有动物收容所的工作人员可以进入，而也只有动物收容所的工作人员才能给动物喂食。这都是为避免其他人任意进入或喂养动物，反而造成对动物健康的损害（《动物收容所规则》第Ⅲ.2条）。

## 第十节　国外动物福利保护之训练、竞技、展览和表演

科学的训练不仅有利于动物的身心健康，还有利于增进人类与宠物动物之间的感情，反之，如果宠物动物的表演才能和天赋被人类过分甚至变态地利用或者发挥，那就会影响宠物动物的身心健康。[1] 因此，许多公约和国家法都规定了宠物动物的科学训练和宠物动物有条件地参与广告、娱乐、竞技等表演活动的条款。

### 一、欧盟

《保护宠物动物的欧洲公约》第7条规定："任何宠物动物都不得以对其健康和福利有害的方式被训练，尤其是以强迫宠物动物超过自然能力、力气或者借助能导致动物伤害或者不必要疼痛、痛苦或者忧伤的人工帮助方式。"[2] 第9条设立的宠物动物广告、娱乐、竞技或者其他类似表演活动的开展条件为：其一，创造适当的符合该公约第2条第2款规定的宠物动物拥有条件；其二，不使宠物动物的健康和福利存在风险；其三，在竞技中或者其他任何时候，不得给宠物动物吃足以增加或者减少宠物动物自然表现性状的并且给宠物动物的健康和福利带来风险的物质，具有类似效果的处理活动或者设施也不要采取或者施加。

### 二、德国

德国于2001年修订的《动物福利法》第3条中规定禁止：对动物在训练，

---

[1] 常纪文:《动物福利法——中国与欧盟之比较》，中国环境科学出版社2006年版，第84页。
[2] 常纪文:《动物福利法——中国与欧盟之比较》，中国环境科学出版社2006年版，第84页。

竞赛或类似活动中，施以伴有显著的痛苦，致病或损伤和影响其能力的措施，以及对其在竞赛或类似活动中使用兴奋剂；对于动物有巨大痛苦，致病及损伤的教育及训练；伴有痛苦，致病或损伤的对动物的摄影，展出，广告或参加的类似活动；用一种动物在另一种动物身上进行严酷的训练或试验；以侵略性的行为来教育或训练动物，此种行为包括：①致使其本身痛苦，疾病或损伤或；②致使其本身或其同伴当他们以其种类固有的自然方式接触时遭受痛苦或本可避免的疾病与损伤；③导致它必须在使其痛苦或本可避免的疾病与损伤的条件下饲养。[1]

### 三、瑞典

瑞典于 2002 年修订的《动物福利法》第 8 条规定，禁止训练动物养成好斗的习气。第 17 条规定，在可能导致伤害的情况下，动物的拥有者或者照料者不得把动物训练为体育竞赛（如斗狗、斗鸡）动物或者把动物用于体育竞赛活动。第 18 条规定，把动物运用于其他的体育竞技项目（如赛跑）时，不得给动物服用改变动物性情的物质。第 33 条规定，任何一场动物竞技比赛，均应当有国家农业部任命的兽医参加，在比赛之前，兽医应当仔细地检查赛场，如果发现可能伤害参赛动物福利的情况，可以要求取消比赛。兽医的出场费用由组织比赛的单位承担。第 35 条和第 36 规定，宠物猫和狗不得巡回在动物园展出（但可以在规定的马戏团、动物表演场、动物花园、动物公园等场所展出）。[2]

⊃ 思考题
1. 《英国动物福利法》的内容。
2. 《欧盟动物福利法》体系。
3. 举例说明国外禁止虐待动物的法律规定。
4. 举例说明国外动物收容的法律规定。

---

〔1〕 Germany Animal Welfare Act，载密歇根州立大学法学院网站，http：//www. animallaw. info/nonus/stat-utes/stdeawa1998. htm，最后访问时间：2020 年 7 月 19 日。
〔2〕 常纪文：《动物福利法——中国与欧盟之比较》，中国环境科学出版社 2006 年版，第 85 页。

# 有关动物保护的国际公约和国际组织

## 第一节　有关动物保护的国际公约

1972 年的《斯德哥尔摩宣言》第 4 条原则指出"人类负有特殊的责任保护和妥善管理由于各种不利的因素而现在受到严重危害的野生生物后嗣及其产地。因此，在计划发展经济时必须注意保护自然界，其中包括野生生物"。动物保护已经是全球共同关注的问题，尤其是濒危动物和分布跨越国境的动物的保护，更是国际社会关注的焦点，需要各国共同努力。通过缔结条约进行保护是有效的方式。条约是指国际法主体之间按照国际法所缔结的确定其相互间权利和义务关系的书面协议。

20 世纪以来，保护生物多样性的国际法不断增加，并开始关注于特定物种的保护。随着生物多样性的锐减以及国际社会对生物多样性认识的不断深入，越来越多的有关生物多样性保护的国际条约被签订，其保护的重点通常是特定物种及其栖息地。

目前，有关动物保护的全球性条约主要有：1973 年的《濒危野生动植物种国际贸易公约》(*The Convention on International Trade in Endangered Species of Wild Fauna and Flora*，*CITES*)、1992 年的《生物多样性公约》(*The Convention on Biological Diversity*)、《关于特别是作为水禽栖息地的国际重要湿地公约》(*Convention on Wetlands of International Importance Especially as Waterfowl Habitat*) 又称《拉姆萨尔公约》等。

### 一、《联合国生物多样性公约》

生物多样性是指地球上的生物所有形式、层次和联合体中生命的多样化。

简单地说，生物多样性是生物和它们组成的系统的总体多样性和变异性。生物多样性包括三个层次：基因多样性、物种多样性和生态系统多样性。生物多样性是地球生命经过几十亿年发展进化的结果，是人类赖以生存和持续发展的物质基础。

《联合国生物多样性公约》是联合国环境与发展大会通过的《21 世纪议程》框架下的三大重要国际环境公约之一，于 1992 年 6 月在里约热内卢通过，并于 1993 年 12 月生效，目前已有 188 个缔约国。公约的核心目标是保护世界生物物种的多样性，促进生物多样性组成部分的可持续性利用并以公平合理的方式共享遗传资源的商业利益。

公约最高权力机构是公约缔约国大会，其日常工作由联合国环境规划署领导下的并对缔约国大会负责的公约秘书处负责。该秘书处位于加拿大蒙特利尔。公约秘书处由七个部门组成，其主要职能如下：

1. 执行秘书办公室：负责秘书处的总体事务，整合部门工作并保障完成缔约国大会的要求。

2. 社会、经济和法律事务部：为缔约国、基金管理人和合作组织提供解决社会、经济和法律事宜。

3. 科学技术事务部：为缔约国、基金管理人和合作组织可持续性利用并以公平合理的方式共享遗传资源提供支持。

4. 物种安全事务部：在国际准则框架下协调各国行为以保障实现主要目标，即保护物种多样性和人类健康免受物种变化所带来的影响。

5. 执行和技术支持部：对秘书处组织协调大会事项和与各缔约国合作提供技术支持。

6. 外联部：负责外联及宣传等事务。

7. 资源及会务部：主要负责财务管理、人力资源管理并为大会和《卡塔赫纳生物安全议定书》会务服务。

公约的目标是"按照本公约有关条款从事保护生物多样性、持续利用其组成部分以及公平合理分享由利用遗传资源而产生的惠益；实施手段包括遗传资源的适当取得及有关技术的适当转让，但需顾及对这些资源和技术的一切权利，以及提供适当资金"。

公约规定多项关于保护和持续利用生物资源和生物多样性的措施。其第 6 条规定了为保护和持续利用生物多样性制定国家战略、计划或方案。第 7 条规定了查明与监测对保护和持续利用生物多样性至关重要的生物多样性组成部分，以及对保护和持续利用生物多样性产生或可能产生重大不利影响的过程和活动种类。第 8 条规定了建立保护区系统或需要采取特殊措施以保护生物多样性地区进行就地保护。第 9 条规定了移地保护最好在生物多样性组成部分的原产国采取措施移地保护这些组成部分。第 10 条关于生物多样性组成部分的持续利用，规定了采取有关利用生物资源的措施，以避免或尽量减少对生物多样性的不利影响；保护并鼓励那些按照传统文化惯例而且符合保护或持续利用要求的生物资源习惯使用方式。第 11 条鼓励每一缔约国应尽可能并酌情采取对保护和持续利用生物多样性组成部分起鼓励作用的经济和社会措施。第 12 条规定在查明、保护和持续利用生物多样性及其组成部分的措施方面建立和维持科技教育和培训方案。第 13 条规定促进和鼓励对保护生物多样性的重要性及所需要的措施的理解，并通过大众传播工具进行宣传和将这些题目列入教育大纲，酌情与其他国家和国际组织合作制定关于保护和持续利用生物多样性的教育和公众意识方案。第 14 条规定了对可能对生物多样性产生严重不利影响的拟议项目进行环境影响评估。还规定了信息交流以及技术和科学合作。

随着生物技术产品的产业化水平不断提高，生物技术的安全问题也引起国际社会和各国政府的广泛关注，并成为国家之间环境保护合作的热门议题。导致了《卡塔赫纳生物安全议定书》的产生。该议定书于 2000 年 1 月 29 日达成谈判文本，于 2003 年 9 月 11 日生效。《卡塔赫纳生物安全议定书》是在《生物多样性公约》前提下，为保护生物多样性和人体健康而控制和管理"生物技术改性活生物体"越境转移而制订的国际法律文件。

《卡塔赫纳生物安全议定书》的目标是遵循《关于环境与发展的里约宣言》所确立的预先防范原则，努力确保在凭借现代生物技术获得的、可能对生物多样性的保护和可持续使用产生不利影响的改性生物体的安全转移、处理和使用，尤其是越境转移方面采取充分的保护措施，并考虑到对人类健康所构成的威胁。

《卡塔赫纳生物安全议定书》还规定了"事先知情同意"程序和风险评估要求以及有关生物安全信息与资料的交流等内容。

### 二、《濒危野生动植物种国际贸易公约》

从广义上讲，濒危物种（Endangered Species）泛指珍贵、濒危或稀有的野生动植物；从野生动植物管理学角度讲，濒危物种是指《濒危野生动植物种国际贸易公约》（*Convention on International Trade in Endangered Species of Wild Fauna and Flora*，*CITES*，1973 年 3 月 3 日于华盛顿签订）附录所列物种及国家和地方重点保护的野生动植物。濒危物种可以分为绝对性和相对性两种。绝对性是指濒危物种在相当长的一个时期内野生种群数量较少，存在灭绝危险。相对性是指某些濒危物种的野生种群绝对数量并不太少，但相对于同一类别的其他物种来说却很少；或者某些濒危物种，在另外一些国家或地区可能并不被认为是濒危物种。[1]

1972 年 6 月在瑞典首都斯德哥尔摩召开的"联合国人类与环境大会"全面讨论了环境问题，特别是濒危野生动植物保护问题，提议由各国签署一项旨在保护濒危野生动植物种的国际贸易公约，这标志着联合国开始全面介入世界环境与发展事务，被誉为是世界环境史上的一座里程碑。

1973 年 3 月 3 日，有 21 个国家的全权代表受命在华盛顿签署了《濒危野生动植物种国际贸易公约》，又称《华盛顿公约》。1975 年 7 月 1 日，该公约正式生效。截至 2004 年 10 月，有 166 个主权国家加入。中国于 1981 年正式加入该公约。该公约在保护野生动植物资源方面取得的成就及享有的权威和影响举世公认，已成为当今世界上最具影响力、最有成效的环境保护公约之一。

该公约的宗旨是通过各缔约国政府间采取有效措施，加强贸易控制来切实保护濒危野生动植物种，确保野生动植物种的持续利用不会因国际贸易而受到影响。

该公约将其管辖的物种分为三类，分别列入三个附录中，并采取不同的管理办法。该公约第 2 条基本原则规定"①附录一应包括所有受到和可能受到贸易的影响而有灭绝危险的物种。这些物种的标本的贸易必须加以特别严格的管理，以防止进一步危害其生存，并且只有在特殊的情况下才能允许进行贸易。②附录二应包括：其一，所有那些目前虽未濒临灭绝，但如对其贸易不严加管理，以防止不利其生存的利用，就可能变成有灭绝危险的物种；其二，为了使本款第 1 项中指明的某些物种标本的贸易能得到有效的控制，而必须加以管理的其他物种。③附录三应包括任一成员国认为属其管辖范围内，应进行管理以防止或限制开发利用而需要其他成员国合作控制贸易的物种。④除遵守本公约各项规定外，各成员国均不应允许就附录一、附录二、附录三所列物种标本进行贸易"。

该公约要求各国对野生动植物进出口活动，实行"许可证/允许证明书"制

---

[1] "濒危物种"，载百度百科，http://wapbaike.baidu.com/view/266524.htm，最后访问时间：2020 年 7 月 20 日。

度，建立有效的双向控制机制。公约对三个附录所列物种的进口、出口和再出口分别规定需要事先获得并交验相关许可证或证明书。这种机制使历史文化传统、社会发展水平、政治经济利益不尽相同的国家都能接受并予以积极支持和合作，特别是能使消费国主动协助分布国防止其野生动植物的偷猎或非法贸易活动。

该公约规定了成员国执行公约的措施，该公约第 8 条第 1 款规定"成员国应采取相应措施执行本公约的规定，并禁止违反本公约规定的标本贸易，包括下列各项措施：①处罚对此类标本的贸易，或者没收它们，或两种办法兼用；②规定对此类标本进行没收或退还出口国"。

该公约要求成员国为该公约的执行设立管理机构和科学机构，公约第 9 条第 1 款规定"各成员国应为本公约指定：①有资格代表该成员国发给许可证或证明书的一个或若干个管理机构；②一个或若干个科学机构"。

该公约对于动物福利也予以考虑，公约第 7 条第 7 款规定"任何国家的管理机构可不按照第 3 条、第 4 条和第 5 条的各项规定，允许用作巡回动物园、马戏团、动物展览、植物展览或其他巡回展览的标本，在没有许可证或证明书的情况下运送，但必须做到以下各点：①出口者或进口者向管理机构登记有关该标本的全部详细情况；②这些标本系属于本条第 2 款或第 5 款所规定的范围；③管理机构已经确认，所有活的标本会得到妥善运输和照管，尽量减少伤亡、损害健康或少遭虐待"。

2007 年 6 月 3 日，第十四届缔约国大会在荷兰海牙召开。会议涉及的政策性议题有七十多个，涉及战略计划、公约完善、国家立法、敏感物种管理等方面。

经中国国务院批准，中国于 1980 年 12 月 25 日加入了《濒危野生动植物种国际贸易公约》，并于 1981 年 4 月 8 日正式生效。1993 年 4 月 14 日，中华人民共和国国务院林业部发出通知，决定将《濒危野生动植物种国际贸易公约》附录一和附录二所列非原产中国的所有野生动物（如犀牛、食蟹猴、袋鼠、鸵鸟、非洲象、斑马等），分别核准为国家一级和国家二级保护野生动物。

### 三、《关于特别是作为水禽栖息地的国际重要湿地公约》

地球上有三大生态系统，即森林、海洋、湿地。湿地复杂多样的植物群落，为野生动物尤其是一些珍稀或濒危野生动物提供了良好的栖息地，是鸟类、两栖类动物的繁殖、栖息、迁徙、越冬的场所。

《关于特别是作为水禽栖息地的国际重要湿地公约》（*Convention on Wetlands of International Importance Especially as Waterfowl Habitat*）又称《拉姆萨尔公约》，于 1971 年 2 月 2 日在伊朗的拉姆萨尔（Ramsar）诞生，并于 1975 年 12 月 21 日生效，经 1982 年 3 月 12 日的"议定书"修正。

该公约的宗旨是："现在和将来，阻止对湿地的不断侵占和湿地的丧失。"该公约中所指的湿地包括沼泽、湿原、泥炭地和各种天然或人工的水域，其中海洋水域规定为低潮水深不超过 6 米的海域。

该公约提出，地球湿地及生物资源的保护，需要世界各国的共同行动才能够得到保证。该公约规定：各缔约国在指定列入名录的湿地时或行使变更名录中与其领土内湿地有关的记录时，应考虑其对水禽迁徙种群的养护、管理和合理利用的国际责任；缔约国应制定并实施其计划以促进已列入名录的湿地的养护并尽可能地促进其境内湿地的合理利用；如其境内的及列入名录的任何湿地的生态特征由于技术发展、污染和其他类干扰而已经改变，正在改变或将可能改变，各缔约国应尽早相互通报；缔约国应设置湿地自然保护区，无论该湿地是否已列入名录，以促进湿地和水禽的养护并应对其进行充分的监护；缔约国应就履行该公约的义务相互协商。

该公约的秘书处设在国际自然与自然资源保护联盟（IUCN），并在世界各大洲设有分支机构，很多国家还成立了相应的专门常设机构来履行该公约，并定期举行成员国国际会议。

### 四、《保护野生动物迁徙物种公约》

动物迁徙是一种自然现象，也是全球性现象，是指动物定期地从一个地方迁移到另一个地方。迁移动物容易受到人类一些活动的威胁，需要通过国际合作予以保护，《保护野生动物迁徙物种公约》正是国际共同努力的结果。

《保护野生动物迁徙物种公约》（*The Convention on the Conservation of Migratory Species of Wild Animals*），简称《波恩公约》，于 1979 年 6 月 23 日在联邦德国波恩签署，并于 1983 年 11 月 1 日开始生效。

该公约的"迁徙物种"是指野生动物任何物种或其次级分类的全部种群或该种群在地理上彼此独立的任何部分，它们中相当大的部分周期性地可预见地穿越一个或多个国家管辖的边界。

该公约的基本原则：缔约方承认保护迁徙物种的重要性和范围国在任何可能的和适当的时候为此目的而协议采取行动，特别关注保护状况不利的迁徙物

种，为保护这些物种和它们的栖息地单独或合作采取适当的和必要的步骤的重
要性；缔约方承认采取行动避免任何迁徙物种变成濒危物种的必要性；应促进、
支持与迁徙物种有关的研究，并为此进行合作。

《波恩公约》保护的迁徙物种是指周期性或可能会穿越一国或几国的野生动
物，分为两个附录。"附录Ⅰ"中列入的是在全部或部分分布范围内有灭绝危险
的濒危迁徙种，分布迁徙区域国家有义务对其严格加强保护；"附录Ⅱ"列入的
是需要国际开展合作进行保护和管理的迁徙物种，不一定是受危种。至 1996 年
5 月，该公约已有成员 49 个。但中国、美国、加拿大、俄罗斯、日本等国至今
尚未加入。该公约的受托国为德国，并设有专门的秘书处，定期召开成员国
大会。

《波恩公约》收录到"附录Ⅰ"的物种有 40 多种，包括 15 种兽类、20 种
鸟类、4 种爬行类和 1 种淡水鱼类。列入"附录Ⅰ"的种类不是一成不变的，且
受危的因素除了生境丧失，还包括妨碍物种迁徙的各种人类活动和障碍物，以
及外来物种等潜在危险。按该公约的规定，成员国不得捕捉"附录Ⅰ"的迁徙
物种，包括狩猎、捕捞、捕获、干扰、蓄意杀害或类似的活动。该公约对"附
录Ⅱ"收录的物种并不要求成员国承担保护义务，但敦促成员国对此进行合作、
签定有关进一步保护的协议，并提出了指导性原则。

**五、《南极海洋生物资源养护公约》**

海洋是生命的摇篮。从第一个有生命的细胞诞生至今，仍有二十多万种生
物生活在海洋中，其中海洋植物约十万种，海洋动物约十六万种。从低等植物
到高等植物，植食动物到肉食动物，加上海洋微生物，构成了一个特殊的海洋
生态系统，蕴藏着巨大的生物资源。这些资源是社会生产、生活原料的重要供
给部分之一，对其持续的利用是国际共同发展的要求。

《南极海洋生物资源养护公约》（*Convention on the Conservation of Antarctic
Marine Living Resources*，*CCAMLR*）是南极条约体系中的一项重要公约。公约于
1980 年 5 月 20 日签署，1982 年 4 月 7 日生效，现有 34 个缔约国，委员会秘书
处设在澳大利亚塔斯马尼亚州首府霍巴特。

该公约共有 33 条和 1 个附件，其宗旨是保护和合理利用南极海洋生物资源，
防止过度捕捞对生态系统造成的损害，加强对南极海洋生态系统的科学研究及
有关国际合作。该公约适用于南纬 60 度以南和该纬度与南极幅合带之间区域的
南极海洋生物资源。该公约框架下的南极海洋生物资源养护委员会负责制定南

极海洋生物资源的养护措施和有关制度，在该公约适用区域从事海洋生物资源调查或捕捞活动的缔约方可申请成为委员会成员国。

### 六、《国际捕鲸规定公约》

鲸生活在海洋中，是一种哺乳动物，其体型是世界上现存动物中最大的，在世界各海洋均有分布。由于鲸类经济价值很大，自古以来就是人类捕杀的对象。但过去由于捕猎的手段落后，猎取量较小，尚不足以影响鲸的数量。从 18 世纪以来，人们改用舰船和火炮猎捕鲸类，杀伤力大大增强，这使得鲸的数量锐减，很多种类濒临灭绝。1972 年联合国人类环境大会作出决议，呼吁禁止 10 年商业捕鲸，但关于鲸的保护仍然存在争议。

《国际捕鲸规定公约》（*International Convention for the Regulation of Whaling*）是国际上比较重要的动物保护公约之一，其于 1948 年 11 月 10 日开始生效。

《国际捕鲸规定公约》的宗旨有两个：一是保护地球上的鲸鱼，防止人类的过度捕猎；二是合理利用现有的鲸鱼资源。

该公约设立国际捕鲸委员会，1946 年 12 月 2 日，国际捕鲸委员会根据《国际捕鲸公约》在华盛顿成立，其宗旨和任务是：调查鲸的数量；制定捕捞和保护太平洋鲸藏量的措施，如确定鲸的保护品种和非保护品种、开放期和禁捕期、开放水域和禁捕水域、捕捞时间和工具等；对捕鲸业进行严格的国际监督。

### 七、《保护世界文化和自然遗产公约》

1972 年 11 月 16 日，第 17 届联合国教科文组织大会在巴黎通过了《保护世界文化和自然遗产公约》（*Convention Concerning the Protection of the World Cultural and Natural Heritage*）。该公约主要规定了文化遗产和自然遗产的定义，文化和自然遗产的国家保护和国际保护措施等条款。该公约规定了各缔约国可自行确定本国领土内的文化和自然遗产，并向世界遗产委员会递交其遗产清单，由世界遗产大会审核和批准。凡是被列入世界文化和自然遗产的地点，都由其所在国家依法予以严格保护。

该公约规定自然遗产为"从审美和科学角度看具有突出的普遍价值的由物质和生物结构或这类结构群组成的自然面貌""从科学或保护角度看具有突出的普遍价值的地质和自然地理结构以及明确划为受威胁的动物和植物生境区""从科学、保护或自然美角度看具有突出的普遍价值的自然景观或明确划分的自然区域"。

该公约规定，缔约国均承认，"本国领土内的文化和自然遗产的确定、保护、保存、展出和遗传后代，主要是有关国家的责任。该国将为此竭尽全力，最大限度地利用本国资源，必要时利用所能获得的国际援助和合作，特别是财政、艺术、科学及技术方面的援助和合作"。该公约还明确规定，缔约国在充分尊重"文化和自然遗产的所在国的主权，并不使国家立法规定的财产权受到损害的同时，承认这类遗产是世界遗产的一部分，因此，整个国际社会有责任合作予以保护"。

## 第二节　国际动物保护组织

从国内外动物福利保护的经验来看，公众参与是相当重要的一支力量。除必要的行政、司法部门外，动物福利法自身的特殊性，如动物无法对自身的权益受损进行申诉等，均决定了动物保护需要全民的监督予以保障。案件程度一般较轻而不易上升到司法判决的高度、动物福利案件审理时往往专业知识要求较高、动物与整个人类联系密切等，都需要通过扩大民众的参与程度来实现。

### 一、动物保护组织在动物保护进程中的作用

从世界范围来看，大部分的动物保护组织都相当于"非政府组织"（Non-Governmental Organizations）。其一般指非政府的、非营利的、自主管理的、非党派性质的，并且具有一定志愿性质的、致力于解决各种社会性问题的社会组织。它是人类社会发展过程中的一次重要的制度创新和组织创新，并被称为与政府和营利组织相并列的第三部门。[1] 动物保护组织从其产生之初就在整个动物保护运动中扮演着重要的角色。美国的动物保护运动就开始于1866年美国防止虐待动物协会 ASPCA 成立。1824年，世界上第一个动物保护组织——防止虐待动物协会 SPCA 成立，这个组织很快就吸引了很多社会中上阶层人士的支持。它在1833年、1835年、1849年和1854年4次成功地修改了《马丁法案》，扩大了该法案所保护的范围，加入了狗、猫、鸡、猪等所有的家禽、家畜，而且还禁止了以诱饵捕猎动物、剪猪耳等。近年来，我国也成立了一些动物保护组织，它们在我国的动物保护领域所起的作用日渐凸显。

---

[1] 孙志祥："'双重管理'体制下的民间组织——以三个民间环保组织为例"，载《中国软科学》2001年第7期。

（一）动物保护组织能够成为政府与民众之间的桥梁，解决双方的信息"偏载"问题

随着环保意识和生态的觉醒，面对环境污染和生态危机日重的趋势，民众已经感到人与动物和谐相处的必要性。为此，就需要禁止虐待动物，尊重动物的生命和福祉，参与动物的保护。但是，个人的力量总是有限的，在相关专业知识和信息尚难完整取得的前提下，个人无法面对利益纷繁、需求多元化的社会以及日益复杂的生态和环境危机，因此，参加和组织动物保护团体，并通过其活动来维护人类与动物的平衡利益，就成了一种需要。

一个国家，在动物保护事务中起主导作用的本应是政府，这是因其强势地位和公权力性质而决定的。但政府并非万能，不能保证将人类利益与动物福利两者之间的矛盾降至最低点、最小范畴。这时就需要有来自外部力量的制约和监督。而动物保护组织，作为民间力量，以预防和制止虐待动物为己任，以实现人类与动物的和谐相处为目标，不受制于任何官方组织，有相对独立的地位，能对政府起到一定的约束作用，促进动物保护工作的开展。

政府职能的行使最主要的是决策、执行和监督三类行为，在动物保护领域也不例外。动物保护法律政策的出台，涉及生态伦理、社会经济的发展、政府与民众的承受力和环境科学，也会影响和触动相关的利益集团。因此，一项好的决策的作出绝不可能是一蹴而就的，一定是在反复讨论、质疑、沟通和妥协之后才能尘埃落定。而动物保护组织一般是由相关学科的学者、法律界人士、科学家、市民等热心动物保护工作、关注人类生存环境的各界人士组成的，他们可以发挥各自的专业和社会资源特长，在对话的基础上以"动物保护论坛""听证会"等形式给政府提供咨询，在这样一种利益表达和利益协调中，帮助政府作出正确的、合乎社会和人类生活发展规律的科学决策，使政府的决策既能保护动物的生命和福利，又能兼顾各方利益。在政府执行动物保护的相关法律法规、政策时，动物保护组织可以以其专业的眼光和较好的社会号召力，帮助公民在获得动物生态知情权的基础上，更加积极地参与到政府的动物保护工作中。并在参与的过程中作为社会力量对政府的执法行为进行监督，及时提出纠正的意见和建议。

动物保护组织作为"公民表达自由"与"政府主导"之间的桥梁，为公民提出自己的利益要求和社会建议提供了平台。它是介于公民与政府之间的缓冲力量，有利于二者的信息传递和反馈，让政府能够及时了解公民在动物保护问题上的利益诉求、态度以及可能进行的让步和让步的程度，同时也让公民更加

充分地明晰政府决策的背景和缘由，以此尽可能地减少和化解政府与公民之间的矛盾，并通过逐步沟通、斡旋、游说，促进政府与公民在动物保护领域的合作。

同时，动物保护组织是公众参与动物保护的重要形式，它可以透过各种媒介向社会传播动物保护知识，促进整个社会动物保护意识的提升。由于其自身形式和人员构成，会比政府更能取得民众的认可，并逐渐在民众中形成一种动物保护共识，一种广泛承认的社会意见，即"公众舆论"。这样也可以成为监督政府违法行政和具体公权力人的权力异化行为的有效途径。

另外，因为动物保护组织中有相当一批相关学科的专家和学者，这样就可以在政府部门处理动物保护纠纷时，提供咨询或协助，使其能更加公正、合理地定纷止争。[1]

（二）动物保护组织的相对独立性和专业性，让其能够更加彻底地致力于动物保护立法的推进

现实中动物保护组织的经费基本上是自行解决的，其主要来源是本组织会员的会费、社会捐款以及私人捐款等非政府渠道，这种经济上的独立性，决定了动物保护组织追求和实现目标的坚定性和彻底性。而民众或公立组织往往因为各方利益和多种因素的左右，在动物保护和动物福利问题上摇摆不定。与它们相比，动物保护组织在动物保护和动物福利问题上的态度要单纯得多。他们的宗旨基本上都是防止动物受到虐待、遗弃或非人道宰杀，加强对动物的关爱，提高动物的福利水准等。这种单一的目标设定，与民众或公立组织在动物保护问题上的目标多元化不同，少有干扰和羁绊。由此，动物保护组织的存在，在推动一个国家的动物福利立法和动物保护进程中都会发挥巨大的潜能。

此外，动物保护纠纷的解决通常比较复杂，所需专业知识的水平较高，动物又无法对自身权益受损进行申诉。而动物保护组织可以通过自律、自治的方式提高其管理、组织、协调能力，推选既懂专业又懂法律的代表出席诉讼，帮助相关部门及动物所有人及时解决此类纠纷，使动物福利的损害能最大限度得到救济。

（三）动物保护组织的群众性，让其在整个社会的动物保护意识的培养中发挥不可替代的作用

动物保护组织的成员构成决定了它的群众性特质，又因它的行动和宗旨中

---

〔1〕　陈延辉："民间环保组织在环境保护中的作用"，载《中山大学学报论丛》2003 年第 4 期。

较少有功利因素而获得了良好的号召力和公信力。它本身的目标实现亦要求其不断地接受最新的动物保护意识和知识，并很快通过动物保护组织的组织网络影响社会。动物保护组织在其规模扩张中，也会吸引越来越多的民众参与到动物保护的队伍里，通过亲身体会切实地感受善待生命、保护动物的乐趣，逐渐消除人们最初在对待这件事情上的不接纳或抵触情绪。

动物保护是一项公益性的全民事业，整个社会的参与是必不可少的。许多民众有强烈的参与热情，但缺乏有效的组织。政府具有其他组织无法比拟的动员各种资源的能力和合法性，而动物保护组织具有比较专业化的动物福利知识和理论，有比较完整的实施方案和详细的规则，有专业人员，有比较好的媒体关系。在这种情况下，一方面动物保护组织积极进行动物保护知识的普及和宣传。环保组织的热忱和灵活，让其相对于政府相关部门来说效率更高，主动性亦较强。它们会采取多样化的方式、利用各种途径，宣传动物保护知识和提高民众的动物保护意识。激发民众参与动物保护的热情。另一方面在政府有关部门、居委会及其他相关组织之间进行游说和协调，促成各方的合作。实践证明，动物保护组织在这一方面发挥的作用是不可忽视和低估的。

## 二、全球动物保护组织概况

迄今为止，世界各国主要的动物保护组织有：1866 年"美国防止虐待动物协会"（ASPCA）成立；1868 年美国"麻州防止虐待动物协会"（MSPCA）成立；1875 年英国"维多利亚街保护动物免于解剖协会"（Victoria Street Society for the Protection of animals from Vivisection）成立；1883 年"美国反动物解剖协会"（American Anti-Vivisection Society）成立；1889 年"美国人道教育协会"（American Humane Education Society）成立；1895 年美国"新英格兰反动物解剖协会"（New England Anti-Vivisection Society）成立；1898 年"英国废除解剖联盟"（British Union for the Abolition of Vivisection）成立；1906 年英国"动物保卫及反动物实验协会"（Animal Defence and Aniti-Vivisection Society），1938 年更名为"动物福利大学联盟"简称 UFAW；1929 年英国"全国反解剖协会"（National Anti-Vivisection Society）成立；1946 年"国家医学实验协会"（National Society for Medical Research）成立；1948 年"摩利士动物基金会"成立；1951 年"动物福利组织"（Animal Welfare Institute）成立；1952 年"实验动物资源组织"（Institute for Animal Laboratory Resources）成立；1954 年"美国人道协会"（Humane Society of the United States）成立；1955 年"动物保护立法联盟"（Society for Animal Protective Legislation）成立；1957 年"动物之友"（Friends´ of Animals）成立；1959 年英国"要美丽不要残酷协会"（Beauty without Cruelty）成立；1959 年"天主教动物福利协会"（Catholic Society for Animal Welfare）成立，现称为"国际动物权协会"；1967 年英国"动物基金会"（Fund for Animals）成立；1967 年英国"农场动物福利咨询委员"（Farm Animal Welfare Advisory Committee）成立；1968 年"动物保护组织"（Animal Protection Institute）成立；1969 年"国际动物福利基金会"（International Fund for Animal Welfare）成立；1971 年"绿色和平组织"（Greenpeace）成立，现称"国际绿色和平组织"；1973 年"国际灵长类动物保护联盟"（International Primate Protection League）成立；1973 年"国家反动物解剖协会"（National Antivivisection Society）成立；1980 年"人道对待动物协会"（People for the Ethical Treatment of Animals）成立；等等。

（一）动物保护组织的工作内容及运作模式

欧美发达国家与动物福利相关的民间组织非常发达，对其动物福利事业的发展有着重要的推进作用。早期的动物保护组织派人去学校和教堂进行演讲，出版通讯简报，并且大量散发传单。等时机成熟时，他们就开始利用舆论对政治人物施加压力，以期达到立法的目的。而且，这些组织的领导人很快就意识到组成全国性的联盟对于促成全国性的动物保护立法至关重要。例如，美国的"动物法律保护基金"，由美国律师于 1979 年组织成立，其旨在弘扬在法律领域保护动物、维护动物生命权益。其活动主要包括对虐待动物的行为向法庭提出起诉，为指控虐待动物的起诉方提供免费法律咨询，努力提倡加强美国各州防止动物虐待的立法，鼓励敦促联邦政府执行现有动物保护法，鼓励法学院教授动物法、鼓励学生学习动物法，并下设一个法学学生动物法律保护基金，为社会提供有关动物法律的公共讲座、演讲，普及和宣传保护动物的常识。一些国家的防止虐待动物协会具有法律资格可以代表动物对虐待动物者提起刑事诉讼，指控残害动物者，不论是个人、机构还是公司。这些动物福利慈善组织的另一项重要工作是促进动物保护和动物福利的立法工作，向政府和立法机构提请报告和呼吁，敦促、改善动物福利和动物福利立法。此外，一些动物福利机构，还经常对使用动物的公司、实验室等机构进行监督调查，收集证据，对于有虐待动物嫌疑者，向有关当局报告，要求提起诉讼。例如，2003 年以色列动物保护组织联盟诺亚认为，人工强制喂鹅致使用于制造鹅肝酱的鹅的肝长得异常肥大的做法属于对鹅的虐待，违反了以色列的《动物福利法》，并据此起诉了以色列司法部部长、农业部部长和蛋禽属。而事实上，以色列司法部曾于 2001 年颁布了一项《人工强制性喂养条例》，该条例并没有禁止人工强制性喂养鹅。法庭最终判定人工强制性喂鹅违反《动物福利法》，《人工强制性喂养条例》的有关条款无效，因此，人工强制性喂鹅的方法被予以禁止。[1]

近年来，在欧美和澳大利亚等国相继出现了一些由职业律师和大学法学院学生组成的团体，专门为动物打官司和提供有关动物的法律咨询。例如，1979年由美国律师组织成立的"动物法律保护基金"，曾组织并出庭了多个重要案例，并有胜诉案例。在澳大利亚，2005 年由著名商业人士私人出资成立了一个名叫"无声者"的动物慈善机构，该组织特别重视通过法律途径改善动物福利，其下设动物法部，并聘请了澳大利亚有史以来第一名全职动物法律师。该基金还每年出资赞助各类在澳大利亚开展的同动物福利有关的教育、法律研究项目和活动。[2]

此外，以美国的"预防虐待动物协会"（SPCA）为例简要说明动物保护组织的运作模式。"预防虐待动物协会"是承担保护动物和收容流浪动物、制止虐待动物的最主要机构。这类机构的运作资金通常是来自社会私人或其他慈善基金、企业的捐款，也有少数私人机构用自己的私有资金运作。所有这类组织的宗旨都是保护动物，改善动物生存福利。

很多国家都设有 SPCA 组织，SPCA 的机构通常有：国家级、省（州）级行政机构，地方机构，包括：行政办公室、执法部门、动物医院、动物收容所。SPCA 虽然是民间的非营利性动物保护组织，但他们成立和运作是有法律根据的，通常的依据是《预防虐待动物法令》（各国有关保护动物的法令名称不同）。SPCA 组织不但照顾城市流浪动物，还根据政府的授权承担动物保护的执法职能，当有虐待动物的案件发生，他们可以依法进行调查。当虐待动物的行为严重到犯罪的程度，当地警察就会介入，SPCA 会配合警察进行调查，如果需要司法程序解决，SPCA 会承担公诉人的角色。SPCA 在动物保护立法和修改法令的活动中也起到十分重要的作用。

SPCA 组织的资金来源主要是：①直接向社会募捐，包括企业、各种慈善基金会及个人。为了募集到足够的资金，机构设有集资部门，长年从事募集资金的工作。②通过组织一些社会性活动来募集资金，比如，每年定期或结合大型

---

〔1〕 曹菡艾：《动物非物——动物法在西方》，法律出版社 2007 年版，第 227 页。

〔2〕 曹菡艾：《动物非物——动物法在西方》，法律出版社 2007 年版，第 78 页。

节日，在社区、商城里举行动物展览、动物游行，让公众了解该组织及为动物所做的工作，以此方式募集资金。③通过自我运作产生一定效益，比如 SPCA 下设动物医院，医院产生的收益全部用于支持协会的运作和动物收容所。另外，动物收容所在人们领养动物时要收取一定费用，这也构成协会收入的来源，还有发行杂志等。④政府合同。很多 SPCA 的地方机构与当地政府签订合同，负责照顾该城市的流浪动物，政府则支付一定费用。各地的机构在经济上是独立运作的，也就是说，如果不能成功地募集到足够的资金就得关门。在以上所有经费来源中，募捐和政府合同是最主要的资金来源。募捐实际分为实物和现金。实物捐助也是包罗万象：包括动物食品、玩具、被褥、笼舍、工具、用品，甚至当需要时捐助建材等。简而言之，只要是需要的用品，一律来者不拒。志愿者实际上也是一种捐助，他们捐出自己的时间和精力。

由于 SPCA 是非营利机构，并且其资金主要来源于社会捐款，所以机构的设置力求短小精悍，日常的大量工作都由志愿者承担，通常行政办公室设专人常年招聘志愿者，为志愿者提供必要的培训，志愿者本身的管理和协调也由志愿者承担。志愿者的工作涉及 SPCA 的全部工作，包括：募捐、组织活动、展览、日常文档处理、网站维护、收容所的动物照顾、在医院照顾生病动物等。可以说，志愿者在 SPCA 的日常工作中起到了非常重要的作用，功不可没。所以每年 SPCA 都会开会表彰贡献突出的志愿者。

动物收容所在 SPCA 的全部工作中占了很大的比重。通常动物收容所对送来的、捡来的动物一律来者不拒，收容所会询问主人放弃动物的原因，但通常不会拒绝接收动物。被抛弃动物的原因有很多种，比较常见的有：老年人死去，伴侣动物失去主人无人照顾；老年人生病，无力再照顾伴侣动物；主人迁居，无法带着动物；主人搬入不允许养动物的公寓；动物走失；因主人虐待动物，动物被 SPCA 没收等待别人收养；动物被主人遗弃；因各种原因主人不再喜欢动物而将其送入收容所等待别人收养等。收容所对各种来源的动物一律先做身体检查，没做绝育手术的一律先做手术，对有病的先做治疗，然后在条件许可的情况下，送到寄养家庭寄养一段时间，旨在观察该动物的习性，或校正不好的习惯，然后在网站上发布该动物的资料，包括习惯特点等，等待其被收养。动物收容所收容动物的目的是为被抛弃或流浪动物寻找一个新的家庭，使之能够有比较好的生存条件和环境。动物收容所的条件再好，终究无法做到像一个家庭那样宠爱动物，因为动物不仅仅需要食物，还需要人的爱抚、触摸、玩耍，需要感情的交流。而收容所由于空间有限，通常都是把动物关在笼子里，所以收容所只是为动物提供一个临时栖息所。改善动物待遇的根本办法还是为动物寻找一个好的家庭。收容所除了照顾收留的动物，另一个重要的工作就是为动物寻找收养家庭。每个收养家庭都有记录，如果收养家庭遗弃了收养动物，就失去了再领养动物的资格。收容所有专人负责跟踪、了解被收养动物的情况，确保动物得到了应该得到的待遇。

不论是协会还是收容所，为了实现自己的宗旨，都必须让社会公众了解他们的组织和他们所从事的工作，所以宣传是一个非常重要的常规工作。通过各种有效的宣传活动使人们了解动物保护组织和他们的工作，通过宣传动物保护的概念使公众提高和加强保护动物的自觉性和主动性，这样动物保护组织才会得到更多的捐款，更多的志愿者，使人们更多地参与保护动物活动，更积极地发现和检举虐待动物行为。所有这一切都是为了达到一个单纯的目的：防止虐待动物。

此外，除了机构实体，大量有关动物法律和动物福利的网站不断出现，其中比较有影响的动物法网站有："动物法律和历史网站中心"（http：//www. animallaw. info），该网站建于2004年，汇集了全球有关动物的法律规范资料，包括很多国家的动物立法、案例法、分析、介绍和文章。涉及农场动物、实验动物、工作动物、伴侣动物、野生动物等各类动物的相关规定。目前该网站已有几百份案例法全文，上千个美国联邦和各州的动物法规。

（二）世界著名的动物保护组织

1. 世界动物保护协会（WSPA）。世界动物保护协会总部设于伦敦，它是由成立于1953年的动物保护联盟（WFPA）与成立于1959年的动物保护国际联合会在1981年合并而成的。其取得的最显著的成就是促使欧盟议会通过了一系列保护野生动物的法律法规。如今WFPA有13个分布在世界各地的办公室，440多位动物保护专家分布在101个国家。它的主要任务是：提高全球动物的福利标准。主要致力于在全球通过法律程序，确保动物享有的福利，让每一个人都理解、尊重和保护动物的福利。其倡导的主要运动有关注世界畜牧业运动、世界宣言运动、远离残忍文化的运动、反对饲养黑熊运动等。

2. 英国防止虐待动物协会（RSPCA）。RSPCA是世界上历史最为悠久、规模最大的动物福利组织之一。其主要任务是：进行反对虐待动物和促进善待动物的宣传教育；由动物保护检查员执行动物保护法律；作为英国政府和议会有关动物福利问题和制定有关法律的顾问机构；收容和救助被遗弃的和伤病的动物，为它们重新安排养主；向社会大众进行动物养主责任和动物福利问题的教育。RSPCA 的工作还包括：友伴动物（宠物）的饲养、照顾、医疗和绝育；经济动物（食用和毛动物）的饲养、运输和改善屠宰的环境条件；制止捕猎海豹和鲸；制止使用毛皮动物产品；实验动物的福利，如日用化工产品和药品试验、科研实验动物的使用方法与条件；救助野生动物，保护与恢复野生动物的生境，以及评价与改善娱乐动物的狩猎、动物园和马戏团的环境条件。RSPCA 已与我国有关部门开展合作，进行支持保护野生动物、友伴动物收容所和爱护动物教育等项目。

3. 世界自然基金会（World Wildlife Fund，WWF）。世界自然基金会是世界上最大的、经验最丰富的独立性非政府环境保护机构，前身是世界野生生物基金会（World Wildlife Fund International）。其成立于 1961 年，总部设于瑞士。目前世界自然基金会通过由 27 个国家级会员、21 个项目办公室及 5 个附属会员组织组成的一个全球性网络在北美洲、欧洲、亚太地区及非洲开展工作。WWF 自 1980 年以来已同国际及地方各级政府和其他国际性机构建立了稳固的合作关系。世界自然基金会的目标是制止并最终扭转地球自然环境的加速恶化，并帮助创立一个人与自然和谐共处的美好未来。为达到目标，WWF 意欲通过保护基因、物种及生态系统的多样性，确保现在和将来可持续地利用可再生的自然资源，减少污染，制止对自然资源和能源的过度开发和消耗，来达到保护自然及生态进程的目的。其主要致力于：保护世界生物多样性、确保可再生自然资源的可持续利用、推动减少污染和浪费性消费的行动。其开展的活动众多，有野生动物保护工作，如我国的大熊猫保护项目等。

4. 国际爱护动物基金会（IFAW）。国际爱护动物基金会成立于 20 世纪 60 年代，总部设在美国的马萨诸塞州。其主要致力于在全球范围内通过减少野生动物的商业贸易和野生动物交易，保护动物栖息地及救助陷于危机和濒危中的动物来提高野生动物与伴侣动物的福利。其全球的各个项目以及捐助活动主要集中于：减少商业利用和野生动物交易、救助陷于危机和苦难中的动物、动物栖息地保护。其开展的主要活动有：紧急救援活动（救助过 19 000 只遭受油污的企鹅、拯救陷于灾难中的动物、营救搁浅的鲸和海豚、支持救助孤幼动物的避难所）；制止捕鲸、更多了解 IWC（国际捕鲸委员会）、建立新的鲸保护区、拯救全球濒危的鲸；大象和象牙运动（制止象牙从业者、从盗猎者手中保护大象、重建整个公园以保护所有物种、必要时营救和重新安置大象）；野生动物贸易（拯救大猩猩及其他濒危物种、终止丛林动物肉类贸易、拯救藏羚羊、制止将野生动物作为伴侣动物的贸易）；拯救琴海豹活动（制止残酷的猎杀、获得免费参观海豹之旅、终止资助和支持猎杀、改革加拿大渔业政策）；在各国和地区的努力（推广国际爱护动物行动周、获得禁止用猎犬打猎的胜利、拯救灰熊以及拯救全球各地更多的动物）。

5. 国际野生生物保护学会（The Wildlife Conservation Society，WCS）。国际野生生物保护学会的前身是纽约动物学会（The New York Zoological Society），成立于1895年，总部设立在美国纽约市，是一个致力于保护野生生物及其所栖息生境的非营利性的国际性组织。WCS在全球范围内同许多政府机构和当地自然保护组织建立了关系。国际野生生物保护学会的策略是支持综合的野外研究课题，培训当地的自然保护专业人员，保护和管理野生生物种群。开展的主要活动有：设立野外研究课题，建立野外工作计划；派遣专家赴世界各地医治野生动物和培训当地兽医；WCS的教育部编写以强化自然保护为内容的中小学教材并在世界各地举办教师培训班。

6. 野生救援组织（Wild Aid）。野生救援组织是环保志愿者组建的非营利组织，成立于20世纪70年代初，总部设于美国旧金山。其主要目标是保护濒危的野生动物。具体目标有：大规模削减野生动物的非法贸易；把保护野生动物事宜提高到最高国际议程；保护荒漠地带；确保濒危物种种群数量的恢复；确保人类与野生动物长期和平相处。创新性地找到了保护野生动物的方法，该方法可信而有效，并能直接量化保护成果。联络政府、地方团体和消费者一起参与保护。并尽力改变社会对野生动物消费的观念。其各个项目及主要活动集中在保护野生动物、停止非法贸易、削减社会对野生动物的需求三个方面。

7. 国际素食协会（International Vegetarian Union，IVU）。自1908年成立以来，其一直致力于在世界范围内推行素食主义。国际素食协会是一个非营利的组织，它接受任何主要宗旨为倡导素食主义，且授权负责人是素食者的非营利的组织。IVU的成员资格——素食主义，包括严格素食主义，是一种戒食肉、家禽或鱼及其副产品的行为。IVU的宗旨是在世界范围内推行素食主义。为了实现这一宗旨，其主要目标是：鼓励建立地区，国家和区域的素食团体，以及促进这些团体之间的合作；促使召开世界和区域的素食者大会，以增进人们对素食事业的关心，并为素食者们提供相互认识的机会；尽可能地增加基金以支持成员社团；鼓励IVU自身及其成员组织在所有领域内开展有关素食主义的研究，及收集和出版有关素食主义的各种资料，包括各种媒体形式，协会会员通过参加历届的世界素食大会（每2年举行一次）来领导IVU的活动。

8. 生而自由基金会（Born Free Foundation，BFF）。生而自由基金会成立于

1964 年，总部设在英国。其主要目的是保护动物生活在其栖息地内，反对动物园、马戏团饲养动物，反对家庭饲养宠物。生而自由基金会是同情动物组织的代表，鼓励更多人或社团来关爱动物生存权利。开展的主要活动有：废除动物园运动、保护人类亲密朋友大象运动、保护大型猫科动物运动、保护埃塞俄比亚野狼运动、保护海豚运动、保护灵长目运动以及保护黑熊运动。

9. 国际自然和自然资源保护联盟（IUCN）。国际自然和自然资源保护联盟（International Union for Conservation of Nature and Nature Resources）于 1948 年由联合国教科文组织在法国巴黎建立，是由各国政府、非官方机构、科学工作者及其他自然资源保护专家组成的国际组织，下设 6 个工作委员会。

物种保护委员会主要职能是研究和确定需要保护的生物物种，出版《红皮书》和《受危动植物名录》等。列入《红皮书》中的物种都是国际关注的物种。该委员会还成立猫科动物专家组、犬科动物专家组等，定期召开会议，研讨地球上受危动物的现状和保护措施。目前，我国有数名学者是各专家组的成员。

国家公园和保护区委员会主要职能是区划和建立世界范围内的保护区网，制定保护区建立的原则和标准，建立保护区和国家公园名录及档案等，对世界各国的保护区事业发展起到了组织、督促和指导作用。列入名录的各国保护区，在全球范围内构成了国际自然保护区网。

生态学委员会主要职能是评价世界生态系统的现状和自然资源保护的措施，促进自然资源的科学管理和持续利用。

环境规划委员会主要职能是应用生态学的原理和方法，促进世界环境的规划和建设。

环境教育委员会主要职能是宣传和普及科学知识，通过世界范围的教育，提高人们对自然资源保护和利用重要性的认识。

环境政策法律和管理委员会主要职能是研究人类影响环境的社会、政治和经济的实质，建立环境立法等。

IUCN 自成立以来，主持过很多地区的自然保护项目计划，促进了多项国际条约的签署，主办过多次国际会议，出版了兽类、鸟类、两栖爬行类和植物等的《红皮书》分册，明确了自然保护区的分类和基本概念，提出了建立自然保护区的原则、标准和世界保护区网的规划，推进了自然保护学科的建立和发展，扩大了自然保护的宣传和教育面。1979 年，我国以国务院环保办公室的名义加入了 IUCN。

10. 美国反动物实验协会（American Anti-Vivisection Society，AAVS）。美国

反动物实验协会成立于 1883 年，总部设在纽约，是美国最早的动物保护协会。该协会的目的是废除在科研、教育和药物试验中用动物作实验。该协会还反对以其他方式虐待动物。

该协会的主要进展：

（1）采取有效措施恳请美国国立卫生研究院（NIH）改变它的医疗政策，希望政府建立替代动物实验方法研究基金；

（2）推动禁止使用动物作实验的立法，建立黑猩猩避难所；

（3）向医学学生宣传，使他们不使用动物作解剖实验；

（4）与美国农业部一起推动、制订了《联邦福利法案》，自 1970 年颁布该法案以来，最大限度保护了科学研究中所使用的鸟类、老鼠、猴子等动物。

该协会的主要活动：

（1）开展替代动物实验研究；

（2）禁止买卖猫和狗作为实验动物；

（3）实验室里的动物福利运动；

（4）替代动物实验的教育运动；

（5）提倡素食运动；

（6）制定动物福利法案。

11. 国际野生动物关怀组织（Care for the Wild International ，CWI）。国际野生动物关怀组织成立于 1984 年，总部设在英国。其目标是为世界上任何处于危难的动物提供援助。与当地群众和地方政府一道来减轻野生动物的苦难。

该组织采取的主要措施有：

（1）资助英国政府建立动物营救和保护中心，保护和营救的野生动物种类繁多，比如獾、水獭、狐狸、海鸟、捕食海鸟动物、海豹以及海豚等；

（2）在保护非洲和亚洲的老虎、大象、大猩猩、乌龟、犀牛、黑猩猩、长臂猿和河马的项目中也起到了重要作用；

（3）通过教育来提高人们关爱动物的意识；

（4）支助对重大生态系统和动物福利的调查。

该组织参与的重大活动有：反对捕鲸运动、拯救毛衣岛海豚运动、禁止盗猎雪豹运动、禁止走私藏羚羊运动、取消麻醉盗猎大型动物运动、拯救鲸鱼运动等。

12. 美国人道协会（The Humane Society of the United States）。美国人道协会是美国最大和最有效的动物保护组织，设立于 1954 年，总部在美国首都华盛顿。该协会致力于追求一个对所有动物人道和可持续并且有益于人类的世界，是美国人反对虐待、剥夺和忽视动物的主流力量，宣扬人与动物关系的可信声音的同盟。美国国际人道协会（Humane Society International，HSI）是其负责国际项目的机构，近年来在中国与其他机构和中国有关方举办了 2009 年中国第二、三次伴侣动物研讨会、2008 年的农场动物和可持续农业国际论坛。HSI 关注中国的动物保护事业，曾参与对四川地震时的动物救助和其他相关工作。

13. 亚洲动物基金（Animals Asia Foundation）。亚洲动物基金由谢罗便臣女士（Jill Robinson）创办于 1998 年，是一个正式注册的动物福利慈善机构，总部设在我国香港地区，同时在英国、美国、澳大利亚、德国和意大利设有办事处，并在这些国家享受税收减免待遇。亚洲动物基金还在中国和越南建立了黑熊救护中心，全球雇员超过 230 名。亚洲动物基金致力于在亚洲帮助需要救助的野生、家养和濒危动物。亚洲动物基金由居住在亚洲的专业人士管理，目前致力于为在复杂变幻的环境下苦苦挣扎的动物寻找富有建设性的解决方案。具体的方法包括三方面的内容：首先，采用最先进的兽医技术、动物护理和环境保护科学，根据不同地区的实际需求，为当地的动物提供解决方案；其次，与各国政府基金进行富有成效的沟通和合作，以开创双赢的局面；最后，在社区进行、推广富有创意的项目和活动，给人们的观念带来深远的变化并激励人们与动物和平共处。

⊙ 思考题

1. 《联合国生物多样性公约》的主要内容。

2. 《濒危野生动植物种国际贸易公约》的宗旨及内容。

3. 举例说明美国动物保护组织的重要作用。

4. 英国防止虐待动物协会的主要工作内容。

# 第七章 中国动物保护法立法与实践

## 第一节　中国动物保护思想溯源

　　生态问题已经成为制约我国经济与社会发展的重要因素，并已引起人们的普遍关注。反观中国历史，深入挖掘和梳理传统的动物保护思想，对于进一步提高人们热爱生命、珍视动物的道德自觉意识，拯救已遭破坏的生态环境，具有非常重要的现实意义。

　　原始社会，风霜雪雨、电闪雷鸣、洪水台风、狼虫虎豹等自然物及自然力量都因人类无法掌握而存在于人类社会的对立面，它们也的确曾极大地威胁着人类的生存。但是原始人无法将自己的生存独立于自然之外。由于长期与某些动物、植物或其他生物发生着联系，尤其是看到了一些动物的威猛强大和其所具有的特殊禀赋，于是人类便将自己的主观感情投射到了它们身上，萌发了对它们的认同和崇拜，认为自己的氏族与这些事物有着灵魂的或力量的联系，这就产生了人类历史上最初的意识形态——图腾崇拜。而动物就是原始人最初的图腾崇拜的对象。在《史记·五帝本纪》记载着："炎帝欲侵陵诸侯，诸侯咸归轩辕。轩辕乃修德振兵……教熊、罴、貔、貅、貙、虎，以与炎帝战于阪泉之野。三战，然后得其志。"这里所说的轩辕，指的就是黄帝，黄帝振兵所教的不是真正的动物，而是以熊、罴、貔、貅、貙、虎为图腾的氏族。随着生产力水平的提高，人类开始客观地认识动物，并开始以动物征服者的姿态出现。随后，在中国古代文明发展过程中，人类逐渐认识到自己只是自然万物的守护者，人类的行为不应只考虑自身的利益，还应关照动物的生存，让人与天地万物的生命都获得充分的发展。这些思想在中国古代的儒家、道家、佛教文化中都有不同程度的体现。

## 一、中国儒家文化中有关动物保护的思想

在中国五千年灿烂的文明中，儒家文化是中国文化的根基。儒家是一个同情动物的学派，在其博大精深的思想体系中，蕴含着丰富的动物生态伦理思想。儒家思想强调"仁人爱物"，儒家思想的代表人孔子认为统治者不仅要施"仁政"，还要把仁的思想贯彻到社会生活的各个领域，"好生而恶杀"，对动物也要有仁爱之心；孟子更是将"恻隐之心"作为人性"四端之一"，根据"人皆有不忍人之心"的性善论，用"仁者以其所爱，及其所不爱"的逻辑推出"君子之于物也，爱之而弗仁；于民也，仁之而弗亲。亲亲而仁民，仁民而爱物"[1]，来论证道德系统是由"爱物"的生态道德和"亲亲""仁民"的人际道德构成。纵观整个儒家精神，虽然儒学主要关心的是人，但是它在肯定人道本于天道，"赞天地之化育"的同时，又肯定人为万物之灵，可以"制天命而用之"，主张"尽人事以与天地参"。在此基础上，儒家提出了丰富的合理开发利用和保护自然环境的思想，在这些思想中蕴含着中国传统的环境道德观念。儒家是把超越狭隘的人类中心主义，追求并臻于非人类中心主义的"天人合一"境界视为人们道德成熟的标志。具体来说，儒家文化的爱护动物思想主要的内涵有：

（一）兼爱万物，尊重自然

儒家认为"仁者以天地万物为一体"，一荣俱荣，一损俱损，因此，尊重自然就是尊重人自己，爱惜其他事物的生命，也是爱惜人自身的生命。孔子将对待动物与对待人等同起来，认为人应同情动物、善待动物，否则就是不人道，所谓"启蛰不杀，则顺人道；方长不折，则恕仁也"。[2] 他的"钓而不纲，弋不射宿"就体现了他弃恶的价值取向。荀子认为"万物各得其和以生，各得其养以成"，主张对自然万物施以"仁"。董仲舒则更明确地主张把儒家的"仁"从"爱人"向"爱物"扩展。"质于爱民，以下至于鸟兽昆虫莫不爱。不爱，奚足谓仁？"即是说仅仅爱民还不足以称之为仁，只有将爱民扩大到爱鸟兽昆虫等生物，才算做到了仁。这里的仁不仅包含了人际道德，还包含着动物生态伦理思想。而苏轼的"钩帘归乳燕，穴纸出痴蝇。为鼠常留饭，怜蛾不点灯"，陆游的"拍蚊违杀戒，引水动机心"，则更为淋漓尽致地展现了儒家对弱小生命的怜悯与关切。宋儒张载认为"仁爱"就是爱人、爱物。人是天地万物中的一员，

---

[1]　（清）焦循：《孟子正义》，中华书局1987年版，第34页。
[2]　王怡然译注：《孔子家语》，长春出版社2017年版，第80页。

同万物具有共同的本性，所以不能偏私自己。他提出了"民吾同胞，物吾与也"的命题，意思是说人和物都是天地所生，在天地面前人与人都是同胞兄弟，人与物都是同伴朋友。爱心兼爱，成不独成。要真正地爱人，就必然要爱物。从拟人化的亲缘视角看待人与万物的关系，深含了善待万物之意。儒家这种"生生""利物""爱万物"的思想，是基于其自身需要的，"爱物"是要人们爱惜自己周围的一切事物。而"爱物"的终极原因是使人生活得更幸福，"爱物"就是爱人类自己。

此外，在儒家文化中，对人与动物、动物与动物的关爱程度是有区别的。据《论语·乡党》记载："厩焚，子退朝，曰：'伤人乎？'不问马。"马厩被烧，孔子只问人而不问马，从此可看出对人的关怀是第一位的。齐宣王以羊换牛来祭神，在一定程度上也表明了对动物仁爱程度的差别。[1] 对此，王阳明解释得非常清楚："禽兽与草木同是爱的，把草木去养禽兽，又忍得；人与禽兽同是爱的，宰禽兽以养亲，与供祭祀，燕宾客，心又忍得。至亲与路人同是爱的，如箪食豆羹，得则生，不得则死，不能两全，宁救至亲，不救路人，心又忍得。这是道理合该如此。乃至吾身与至亲，更不得分别彼此厚薄。盖以仁民爱物，皆从此出。"[2] 按照动物与人类进化的亲缘关系，对不同动物施以不同程度的同情心，是儒家动物生态伦理思想的一大特色。

（二）以时禁发，以时养发

儒家依据对生物与环境之间的关系的认识，从利国富民，保证人类生产和生活资源的持续性出发，要求人们在利用自然资源时，要顺应生物的繁育生长规律，"以时禁发"，去开发利用自然资源。春秋时期的管仲提出了"以时禁发"的原则。"山林虽近，草木虽美，宫室必有度，禁发必有时"。要求人们在开发利用自然资源时，要有恰当的固定的时限，要按照规定的时节进行。孟子也提出"不违农时，谷不可胜食也；数罟不入洿池，鱼鳖不可胜食也。斧斤以时入山林，材木不可胜用也"。在他看来，"爱物"就是尊重自然外物的生长规律，爱惜、保护、帮助促进其生长和发育。鱼、鳖、鸡、狗等动物的繁殖、生长都有一定的时节和规律，所以，植桑养蚕、畜养鸡狗、下网捕鱼必须尊重和顺从规律。只有这样才能"衣帛食肉"，百姓"不饥不寒"，"养生丧死无憾"。如果无视自然外物的生长繁殖规律，"违其时""夺其时"，又放纵物欲，取之无度，

---

〔1〕 李学勤主编：《十三经注疏·孟子注疏》，北京大学出版社1999年版，第314页。
〔2〕 （宋）黎清德编：《朱子语类》，中华书局1986年版，第108页。

用之无节，将会导致自然资源的枯竭，最终的受害者将是人类自己。

（三）取用有节，物尽其用

儒家注重经世治国，他们所倡导的"礼义"政治是一种有节制的政治，要求统治者节制自己的行为，克制自己贪得无厌的欲望，把节约人、财、物上升到国策的高度。儒家提出"政在节财"的主张，主要是从政治和经济的角度来考虑问题的，但它客观上具有保护自然的意义，因为，节财就包括要节制利用自然资源，节制利用自然资源就会避免对自然的掠夺和浪费。

孔子主张"不时不食"，善待动物，反对竭泽而渔、覆巢毁卵的行为。他说："刳胎杀夭则麒麟不至郊，竭泽涸渔则蛟龙不合阴阳，覆巢毁卵则凤凰不翔。何则？君子讳伤其类也。夫鸟兽之于不义也尚知辟之，而况乎丘哉！"（《史记·孔子世家》）可见，孔子已经明白要维护生态平衡，不可过量捕杀动物。孔子还提出"断一树，杀一兽，不以其时，非孝也"，内含"取物不尽"的生态道德和可持续发展思想。荀子继承并发展了孔孟的生态伦理思想，在《王制》篇提出了"取之有时、用之有度"的生态保护思想："草木荣华滋硕之时，则斧斤不入山林，不夭其生，不绝其长也；鼋鼍鱼鳖鳅鳝孕别之时，罔罟、毒药不入泽，不夭其生，不绝其长也……污池渊沼川泽，谨其时禁，故鱼鳖优多，而百姓有余用也；斩伐养长不失其时，故山林不童，而百姓有余材也。"在他看来，君主应善于协调生物群落的关系，使各种生物和谐发展，动物得以兴旺繁衍，其他生物得以生存，所谓"君者，善群也。群道当，则万物皆得其宜，六畜皆得其长，群生皆得其命"。[1]

在儒家文化的爱护动物的思想中，同情同类的道德心理是其情理基础。孔子把人的道德态度当成人的内心感情的自然流露，甚至认为动物也存在与人相似的道德情感，并且可以引发人类的良知。曾子所言"鸟之将死，其鸣也哀；人之将死，其言也善"以及"君子讳伤其类"的记载都表明，有灵性的动物尚且对同类的不幸遭遇具有同情之心，人类则更应该自觉地禁止伤害动物，主动地保护动物。孟子认为，人固有一种爱护生命的恻隐之心，动物临死前的颤抖和哀鸣，足以震撼人的心灵，引起人对于动物生命的同情，所谓"君子之于禽兽也，见其生，不忍见其死；闻其声，不忍食其肉"。荀子也认为："凡生乎天地之间者，有血气之属必有知，有知之属莫不爱其类。今夫大鸟兽则失亡其群

---

[1]　田海舰："试析儒家生态伦理思想及其现代意义"，载《湖北大学学报（哲学社会科学版）》2006年第5期。

匹，越月逾时，则必反铅，过故乡，则必徘徊焉，鸣号焉，踯躅焉，踟蹰焉，然后能去之也。小者是燕爵犹有啁噍之顷焉，然后能去之。"〔1〕儒家这种以鸟兽昆虫具有与人类一样的同情同类的道德心理，对中国古代珍爱动物、保护动物的行为产生了深远的影响。

综上，我们可以看出，在中国以儒家思想为核心的传统文化中，体现了珍爱动物、保护动物福利的思想。在儒家经典《易经》中就有一句名言，即"天行健，君子以自强不息；地势坤，君子以厚德载物。"意谓：天（即自然）的运动刚强劲健，相应于此，君子应刚毅坚卓，奋发图强；大地的气势厚实和顺，君子应增厚美德，容载万物。即"自强不息，厚德载物"。"厚德载物"明确指出作为君子必须具备的一个优秀品质，即对万物怀有仁爱之心。这里的万物当然主要指有生命、有知觉的各种动物。这种思想是先民在长期实践中，在俯仰思索间所得出的极为伟大的思想。若真正以这种思想来指导实践，不但有利于世间万物的生存与发展，有利于自然与社会的和谐，而且也非常有利于人自身的完善与发展。可惜，这一神圣思想后来被孔子庸俗化和狭隘化。孔子把君子所爱的范围加以限制，只从政治伦理的现实角度认为"仁者爱人"，而忽略了从更高的哲学角度提出爱其他有生命的动物。其实，爱人与爱各种生命是相辅相成、互相促进、缺一不可的。对各种生命的热爱有利于丰富人的感情世界，促进个人对人类的热爱，而对人类的热爱能深化个人对生命的认识，进而使人自觉地热爱其他生命。只强调对人的"爱"，而忽略对与人休戚相关的其他生命的爱，这种对人之"爱"就会变的空洞、抽象、单薄，进而流于形式。

儒家文化的动物保护思想虽然尚有"自私物种"的狭隘性，可它具有的超前的动物生态伦理思想是不可否认的。法国神学家史怀泽在其《敬畏生命》中说："中国伦理学的伟大在于，它天然地、并在行动上同情动物。"〔2〕儒家文化善待生命的理论既蕴涵了儒家博爱的胸怀，又体现了其对宇宙本质、人与自然关系的独特思考。而这些思考既展现了古圣先贤独特的生存智慧，又为今人提供了可资借鉴的生态思想资源。1988年，75位诺贝尔奖获得者在巴黎发表宣言："如果人类想继续生存，那么，他将不得不在时间上退回2500年前去领受孔子的智慧。"的确，儒家文化的爱护动物的思想以朴素的、直观的形式反映了

〔1〕 荀子：《礼论》第四章，载四维文学网站，http：//siweiip.com/read/16023/1094067.html，最后访问时间：2020年7月20日。
〔2〕 ［法］阿尔贝特·史怀泽：《敬畏生命》，陈泽环译，上海社会科学出版社1992年版，第75页。

当时人们对自然与自身关系的认识，其热爱生命、珍视动物的思想即使在当今时代依然有着重要的价值。

## 二、中国道家文化中的动物保护思想

在道教伦理中，动物保护思想也十分丰富。早期道教经典《太平经》就认为"夫天道恶杀而好生，蠕动之属皆有知，无轻杀伤用之也"。[1] 即蠕动的小生命都有知觉，不能轻易杀伤。五代谭峭《化书》直接认为动物界也有它们的伦理关系，他说："夫禽兽之于人也何异：有巢穴之居，有夫妇之配，有父子之性，有生死之情。乌反哺，仁也。隼悯胎，义也。蜂有君，礼也。羊跪乳，智也。雉不再接，信也。孰究其道？万物之中，五常百行，无所不有也。……且夫焚其巢穴，非仁也；夺其亲爱，非义也；以斯为亨，非礼也；教民残暴，非智也；使万物怀疑，非信也。夫膻臭之欲不止，杀害之机不已，羽毛虽无言，必状我为贪狼与封豕；鳞介虽无知，必名我为长鲸之与巨虺也，胡为自安，焉得不耻？吁！直疑自古无君子。"[2]《孙真人卫生歌》也认为某些动物知情达理，他说："雁有序兮犬有义，黑鲤朝北知臣礼。人无礼义反食之，天地神明俱不喜。"于是道教形成了"三厌"之戒的传统。"三厌"就是孙思邈真人提到的天厌雁、地厌犬和人厌鲤。道教在理论上承认了动物有道德秩序。这些思想的基础就是道家的生态伦理理论。

（一）道家文化中的生态伦理理论

道家是中国古代哲学的主要流派之一。以老庄为代表，道家哲学比较系统地论述了天人关系，提出"天"与"人"合而为一，肯定人是自然界的一部分，高扬了宇宙生命统一论，对中国古代环境伦理思想的发展，产生了极其深远的影响。道家主张师法自然，生而不有，为而不恃，功成而弗居，并且提出"类无贵贱"的温和的生物平等主义思想。《老子》云："域中有四大，而人居其一焉"。清楚地表明了人和万物是平等的，与万物共同构成一个有机的整体，"道"之所以崇高和尊贵，是因为它具有生长万物而不据为己有的崇高德性。庄子继承老子思想，认为"自然"和"人为"不仅有一定的界限，而且各有自己的职分，不能过分夸大人的作用，更不能"以人灭天"，要返回到自然的状态，才能达到一种生生和谐的人与自然的平衡和协调状态。在道家思想看来，"祸莫大于

---

〔1〕 王明编：《太平经合校》，中华书局 1960 年版，第 174 页。

〔2〕 《道藏》第 23 册，文物出版社、上海书店、天津古籍出版社 1988 年版，第 598 页。

不知足，咎莫大于欲得"。"知足"就是要人们克制自己的欲望。此外，在"知足"的基础上还要"知常""知和""知止"。懂得自然的"无为"本性和运行规律，懂得人与自然万物和谐相处的道理，行为和欲望必须有合理的限度，知道适可而止，而这，正是人类可持续发展理论深邃的哲理之源。

1. 人与天地万物相统一的宇宙论。老子哲学把思考的范围扩展到了整个宇宙。老子的宇宙论首先看到：天地万物是一个整体，人是天地万物的一部分。老子认为，包括人类在内的天地万物都含有"阴阳"，都是由阴阳二气妙合而成的。正所谓："万物负阴而抱阳，冲气以为和。"从天地万物发生的本源来看，它们都是来自同一个"道"。所谓："道生一，一生二，二生三，三生万物。"道是独一无偶的，由独一无偶的"道"分化出"阴阳"二气，二气相互激荡而生出第三者即"和"，由它们再产生出千差万别的天地万物。这是老子建立的人与天地万物相统一的整体宇宙观。

2. 自然规律与道德法则的一致性。老子把天地万物的运动变化规律称之为"天道"或"天之道"，既然天与人是合一的，人是自然的一部分，那么，"天道"与"人道"也就是一致的，"道"既是自然万物所遵循的规律，也是人类行为应该遵守的法则。老子认为人应当顺应自然，而为此则必须遵从"道"。"人法地，地法天，天法道，道法自然"。即：人以地为法则，地以天为法则，天以道为法则，道以自然为其法则。老子提出的师法自然的思想，内在地包含了人类的道德行为、道德法则也应遵循自然法则的思想。

3. 处理人与万物关系的道德法则。老子哲学从自然和人道规律的一致性中，引申出处理人与万物关系的道德准则。"知止不殆""知足不辱"是道家道德准则的集中体现。"名与身孰亲？身与货孰多？得与亡孰病？甚爱必大费，多藏必厚亡。知足不辱，知止不殆，可以长久。"意即：名誉与生命相比，哪一个更亲近？生命与财产相比，哪一个更重要？获得与丧失相比，哪一个更有害？所以，贪得无厌必然招致更大的破费，过多的贮藏必然招致更多的损失。知道满足就不会受到屈辱，知道适可而止就不会带来危险，这样就可以保持长久。

道教是以"道"为最高信仰的中华民族固有的传统宗教，是中国古代文化遗产的一个有机组成部分，在中国传统文化中占有重要地位。澳大利亚环境哲学家里查德·西尔万和大卫·贝内特对道教在人与自然关系问题上具有的生态智慧，给予了高度评价，认为"其中蕴涵着深层的生态意识，它为'顺应自然'

的生活方式提供了实践基础"。[1] 在这些理论的基础上，亦形成了道家的动物保护思想

（二）道教文化的保护动物的思想

道教在"天人合一"生态整体观的指导下，对人与动物的关系，不仅有系统而深刻的论述，而且有具体的动物保护措施。

《洞玄灵宝太上六斋十直》说："道教五戒，一者不得杀生。"刘宋道士陆修静《受持八戒斋文》规定："不得杀生以自活。"《思微定志经十戒》规定："不杀，当念众生。"《初真十戒》规定："不得杀害含生，以充滋味，当行慈惠，以及昆虫。"《老君说一百八十戒》规定："不得渔猎伤煞众生""不得绝断众生六畜之命""若人为己杀鸟兽鱼等皆不得食"。《说十戒》规定："不得杀生屠害，割截物命。"[2]《无上秘要》卷44《洞真三元品戒仪》中的《中元品戒》认为："屠割六畜杀生""射刺野兽飞鸟""烧山捕猎""捕鱼张筌"等都是罪过。[3]《阴骘文》告诫人们"举步常看虫蚁""勿登山而网禽鸟，勿临水而毒鱼虾，勿宰耕牛"。[4] 道教要人们将慈爱之心扩大到自然物上，不要杀戮众生。《警世功过格》规定："救一有力于人之物命（牛马犬类），五功至五十功""救一无力于人之畜命（猪羊之类），三功"[5]。

除了"不杀生"外，道教还反对惊吓、虐待动物。《老君说一百八十戒》中规定："不得以足踏六畜""不得冬天发掘地中蛰藏虫物""不得妄上树探巢破卵""不得笼罩鸟兽""不得妄鞭打六畜群众""不得惊鸟兽"[6]。《太上感应篇》劝人们不要"射飞""逐走""发蛰""惊栖""填穴""覆巢""伤胎""破卵"[7] 等。当然，道教也不是无条件地反对杀生。在世俗生活中道教只是要求人们不要滥杀动物，只"取作害者以自给，牛马骡驴不任用者，给天下，至地有余，集共享食。勿杀任用者、少齿者，是天所行，神灵所仰也"。[8] 认为万物初生，或生命正处在旺盛时期不得捕杀，不可过早地中断其生命进程。

〔1〕　余谋昌：《生态哲学》，陕西人民教育出版社2000年版，第212页。

〔2〕　《道藏》第23册，文物出版社、上海书店、天津古籍出版社1988年版，第258、281、267、278、271、274、264页。

〔3〕　《道藏》第25册，文物出版社、上海书店、天津古籍出版社1988年版，第150页。

〔4〕　袁啸波编：《民间劝善书》，上海古籍出版社1995年版，第7页。

〔5〕　李一氓：《藏外道书》第12册，巴蜀书社1994年版，第76页。

〔6〕　《道藏》第22册，文物出版社、上海书店、天津古籍出版社1988年版，第271~273页。

〔7〕　《道藏》第27册，文物出版社、上海书店、天津古籍出版社1988年版，第59~63页。

〔8〕　王明编：《太平经合校》，中华书局1960年版，第57页。

道教的这种禁止杀生、反对惊吓或虐待动物的主张，充分反映了道教对动物生命的关爱。道教力图以神学的力量引导人们走向尊重生命、关怀生命、保护生态环境的道德实践。[1]

道教中保护动物思想的大力宣传者是道教善书。宋元以降，道教伦理逐渐出现了世俗化、通俗化和民间化趋势，并产生了专门劝人去恶从善的书籍——道教善书。道教善书将动物保护思想落实到人们的日常生活之中，对善待动物做了许多详尽的规定。道教善书是假神仙之口训导、托神仙的名义降授或道教徒以个人名义撰著的、用道教教义劝人去恶从善以成仙了道和积善获福的通俗道德教化书。这种通俗道德教材数量极大，尤以《太上感应篇》《文昌帝君阴骘文》和《关圣帝君觉世真经》影响为最，称为"三圣经"。它们一出，就引起帝王将相、达官贵人、社会名流的重视，为之做的注释不下数百种。"三圣经"时至今日仍然产生着影响。环境伦理学家施韦策就把它誉为环境伦理学的"圣经"。善书中有很多劝导人类爱护动物的内容，尊重动物的生存权利，把对待人的道德推广到动物界。认为共享"道"的人与万物都应受到道德关注，而关心动物特别能体现人的慈善。虽然人又必须依赖自然界提供生活资料，如植物、动物等。人不吃喝，就会饿死，人的生命就得不到保证。但人不能为了自己的贪欲、猎奇，过度地损害动植物的生命，尤其不要在动物产卵、孕育的时节打猎，不要破坏它们的栖息，最好戒杀或买物放生。善书对人们对待动物的善、恶行为进行了详细的分类和记录。为了方便不识字的人们记录准确，还专门设计了简易的格子，或画圈，或数红豆黑豆等。善书自宋代开始流行，持续到民国，它的出现反映了当时代人对道德滑坡和虐待动物的忧虑。[2]它推广动物保护思想的方式方便、易行、有效，也是值得我们今天借鉴之处。

总之，道家的生态伦理理论和保护动物的思想及措施可以帮助人们摆正人与动物的关系，特别是道教的"天人一体""尊重生命""自然无为""崇俭抑奢""返璞归真"的生态伦理思想对当代应对生态危机亦有一定的借鉴意义。

### 三、中国佛教文化的护生思想

东汉时，佛教传入中国并逐渐地与中国固有的文化相融合而中国化。佛教

---

〔1〕 毛丽娅："道教的生态伦理思想及其现代价值"，载《四川师范大学学报（社会科学版）》2005 年第 3 期。

〔2〕 陈霞："道教善书的动物保护思想初探"，载《中国道教》2004 年第 6 期。

所宣扬的人类与动物的关系以及佛教的生态理念主要表现在其生命观、自然观和理想观三个方面，这些生态理念也直接影响了中国文化，丰富了中国古代文化中的生态平衡思想。

（一）佛教文化的环境伦理意识

现代环境伦理的一个显著特征是强调对地球上的生命和生态系统的保护，而这一思想在中国佛教的思想中可以寻找到理论支持。在中国传统文化中，有关尊重生命的思想表述最完整的是佛教禅学，如果剔除其中附加的宗教的神秘内容，可以看到，佛学理论中所阐发的生命观，包含了丰富和深刻的环境伦理思想。

1. 万物平等的生命意识。在佛学中，人与自然之间是没有明显界限的，生命与环境是不可分割的一个整体。所谓"依正不二"，"依"是指"依报"（环境），"正"是指"正报"（生命主体），在佛的面前，人与其他所有生物都是平等的，"一切众生悉有佛性，如来常住无有变易"。佛教中的众生一是指人，二是指生物。这样一来，所有生命都潜藏着"佛"性，都有自己的价值，天台宗大师湛然将此明确表述为"无情有性"，即没有情感意识的山川、草木、大地、瓦石等，都具有佛性。禅宗更是强调：郁郁黄花无非般若，青青翠竹皆是法身。大自然的一草一木都有其存在价值，都有可能达到"佛"这一生命的最高境界。人和其他生物的区别只是由在生灭轮回中的不同境遇所造成的。

佛教生命观的基调是众生平等、尊重生命。佛教认为当一个人的生命告终时，其一生动作和行为的总和会作为一个整体产生效果，且决定转世的生者的性格，众生所做的善业和恶业都会引起相应的果报。佛教据此提出不杀生的生命观。杀生，指杀害人畜等一切生灵。诸罪当中，杀罪最重；诸功德中，不杀第一。佛教宣扬的这些理念成为许多中国人生活的信条。基于这一缘由，清净国土、珍爱自然、爱惜生命是佛教徒天然的使命。

此外，佛教不但认为众生平等，还认为众生轮回。在佛教里有个经典的典故，讲的是一个妇人在给自己怀里的孩子喂食，一只流浪的老狗走过来向她乞食，这个妇人用石头向它扔去，那只老狗流着眼泪走了。圣僧看到了此景就问她为什么这样，并告诉她在她的前世里，她的父亲为了保护她而被恶人杀死，这只老狗就是她的父亲，而她怀里的小孩就是那个恶人。"轮回"的思想对当时的古人影响很大，人类对于善待动物的行为也由一种法律上的强制转为了自身的主动行为。

2. 普度众生的慈悲情怀。佛教从非人类中心和万物平等的立场出发，主张善待万物和尊重生命。佛教对生命的关怀，最为集中地体现在普度众生的慈悲情怀上。在佛法上，"与乐"叫作慈，"拔苦"叫作悲。佛教教导人们要对所有生命大慈大悲。"大慈与一切众生乐，大悲拔一切众生苦。"（《大智度论》）

3. 不杀生的道德戒律。在佛教中首恶是杀生。这里的杀生不仅意味着对人的生命的伤害，而且也包含对所有生物的伤害。不杀和不伤害的戒律规定着人对动物的关系。佛教的"不杀生"是建立在以现实中所有的生命现象都遵循因果报应和转世再生的信仰基础之上的，因果报应和再生使得所有生命都具有"血缘关系"。某个动物前世曾经是并可能再次成为人类，因此，所有生物都互有关系。

（二）佛教文化中的护生理念对中国民众的影响

佛教的最高理想是升入极乐世界。对极乐世界的描述，体现了佛教徒对理想生态的设定。极乐世界是无苦有乐的世界，内容包括：其一，极乐世界充满秩序，井井有条。其二，"水"是生命存在的基本要素，极乐世界有丰富的优质水，称为"八功德水"。其三，极乐世界有丰富的树木鲜花，如各种颜色的莲花等，香气芬馥。其四，极乐世界有优美的音乐，使人快乐。其五，极乐世界有增益身心健康的花雨，使人们身心适悦而不贪著。其六，极乐世界有奇妙多样的鸟类。其七，极乐世界有清新的空气。在漫长的历史发展中，佛教提炼出一系列独特的生活方式，这些生活方式有着保护动物等一些很高的生态价值思想，这集中表现于素食、放生、美化寺庙等行为中。汉传佛教要求僧人吃素，也就是以食用植物为主，这是落实不杀生戒的有力保证。一千四百多年前，南朝的梁武帝萧衍首先提出来：和尚一律不准吃肉。许多梵文佛经中都记载着佛教教导弟子避免食肉的故事。大乘佛教通常鼓励僧侣们成为严格素食者，对于其他教徒则鼓励他们逐步摆脱肉食这种伤害生命的行为。小乘佛教中，僧人行十二头陀乞食时有"不挑食"的说法，乞食中若别人无意间给了混有肉食的食物，僧人在挑除肉食后，其他食物还是要吃下去的。许多经文中都描述了佛的饮食，但都从没有特殊要求过在家信众。佛教《楞严经》中还有永断五辛的说法，五辛是葱、蒜、洋葱、韭菜及兴渠。佛教对于教徒不仅要求和鼓励素食，并且认为，断除五辛的饮食才是更好的、有利于教徒修行。中国佛教可以食用奶制品，但不食蛋。虽然酒为谷类或水果制成，但因为喝酒会乱性，故不可食用。素食的根本目的是培育人的慈悲佛性。现如今，动物种类正以前所未有的速度消亡，其中很重要的一个原因，就是有大量动物被人类残杀食用了。可以肯定地说，素食对于保护动物的多样性有着重要的作用。

同时，佛教还鼓励放生，所谓放生，就是用钱赎买被捕的鱼、鸟等动物，将其放回江河、山野，使其重获生命自由。放生是戒杀、素食的发展。佛陀所处的地区，天气炎热，生命繁盛，为防止杀生，佛教徒取水之时，就用滤水袋过滤，将所得小生物放入专门的容器中，再将它们放入江河泉池。在中国民间，放生是颇受尊敬的善行，人们喜欢在节日放生，也愿意到寺庙放生。为满足佛教徒的放生意愿，寺庙有专门的设施，叫"放生池"。放生池一般多在佛寺周围，池中充水，大的放生池中还有假山、亭子、草木等，供动物生存休栖。佛教还有专门放生的法会，叫"放生会"。杭州名闻天下的西湖前身就是放生池。一直到今天，无论穷乡僻壤，还是城郭闹市，佛教的活动场所无不充满着祥和之气，动植物和人和谐共处，显现了佛教优良的生态传统。

并且释迦牟尼佛还订立每年 4 月 16 日至 7 月 15 日为安居期，称为僧安居。安居又称禁足，就是安居的僧众严禁出入道场，因为安居期间，也是草木、虫类繁殖最盛时，恐外出时易误伤害生灵。

由于有传统文化中的"仁义礼智信"为基础，再加上佛教的护生理念的熏陶，在中国民间，吃斋（素食）、放生是颇受尊敬的善行。即使是贵为天子的皇帝也会在重要的日子沐浴更衣、斋戒敬天，为延年益寿，也会组织放生。南朝的梁武帝萧衍就下令提倡臣民吃素，并且祭祀天地神明祖宗的供品，不准再用三牲猪头，统统改成面粉做的猪头。金口一开，一呼百诺。一时，素食者"天下户口，几去其半"。

从以上的这些介绍来看，可以说在爱护生命、保护动物方面，佛教做到了极致。也可以说在创造、保障生命的和谐、自然的和谐上，佛教的理念是早已超越了各种思想。汉传佛教对于动物及世间万物生命的看法，与中国传统文化异曲同工，只是多了一层宗教信仰的外衣而已。作为中国文化的主流"天人合一"思想制约、影响着中国古人的行动，使历史上不少的中国人能够以悲悯的情怀，负责任的态度，善待我们这个世界上的生命，积极地维护着人类与自然的和谐统一。[1]

---

[1]　孙江："动物保护立法历史溯源——兼谈动物立法与构建和谐社会的理性意义"，载《新远见》2008
　　年第 3 期。

## 第二节　中国动物保护立法

### 一、中国动物保护立法现状综述

（一）尚未形成一个完整的体系

我国至今还没有一部对动物保护法的宗旨、原则、任务、保护对象、适用范围、基本制度以及基本管理体制作出明确规定的能够统领全局的动物保护基本法，这就直接制约了对于动物保护单行法规的制定。

相对于外国的专门性立法，我国目前只有《野生动物保护法》《陆生野生动物保护实施条例》《水生野生动物保护实施条例》和《实验动物管理条例》等几部法律法规涉及野生动物和实验动物的保护，其他有关动物保护的规定只散见于《森林法》《渔业法》和《海洋环境保护法》等之中，现行的有关动物保护的法律法规数量较少。所以，我国动物保护的相关法律覆盖面窄，并且主要是出于对人类合理利用动物资源的规范，还远未达到"福利"的层面。

（二）受保护的动物范围有限

在动物保护法视角下，国际通行的做法是以动物与人之间的关系为标准，将动物分为野生动物和驯养动物。不论是野生动物还是驯养动物，都应享有应有的福利。但我国即使是在"保护"层面，所保护的动物种类也是相当有限的，可以说是仅限于《野生动物保护法》中规定的动物种类。我国《野生动物保护法》在总则的第 2 条规定："本法规定保护的野生动物，是指珍贵、濒危的陆生、水生野生动物和有重要生态、科学、社会价值的陆生野生动物。"由此可见，我国仅保护珍贵、濒危的野生动物和对人类有益或者有重要价值的陆生野生动物。同时，由于该法对于野生动物的范围也没有明确的界定，这无形中又将许多一般的野生动物排斥在外。同样，《实验动物管理条例》和相关的行政规章也只适用于实验动物，而对于数量庞大、与人类关系密切的农场动物、伴侣动物、工作动物和娱乐动物的保护在法律上则处于真空地带。

（三）对于残害动物的行为制裁不足

在法国及美国部分州，残酷对待动物的行为已被纳入刑法的调整范围内。如美国纽约 1829 年的《防止虐待动物法》规定，如果一个人恶意杀死、重伤或轻伤属于他人的马、牛或羊，或者，一个人恶意并残酷殴打或折磨不论是属于该人本人还是属于他人的此种动物，一旦定罪，属于犯轻罪。[1]《法国刑法典》第 R655-1 条规定："在非必要的情况下，以公开或非公开的手段，蓄意将家养动物，驯养、猎获圈养野生动物致死的行为，以第五级违章处以罚款。"而根据我国现行法律的规定，只有非法捕杀国家重点保护野生动物的，才追究刑事责任。而虐杀普通动物的行为，几乎不会受到任何处罚。

（四）相关法律条款过于原则化

欧美等国经过长期努力，已形成了一套完整的动物保护法律体系。法律对于相关概念、行为以及法律责任的承担作出了明确的规定。而我国此方面的法律主要是原则性的指导条款，几乎没有一个具体参照的标准，这不利于司法、执法的具体实践。例如，《野生动物保护法》第 26 条规定"不得虐待野生动物"。可具体什么行为属于"虐待"法律没有进一步说明。法律规定相当地笼统，导致实践操作非常困难。

## 二、中国动物保护的监管体制

（一）监管机构和职责

从世界范围来看，动物保护的监管体制分为两种模式：一是按照动物种类不同，将各类不同动物保护工作分配给不同的部门或机构管理；二是建立一个综合的动物保护监管机构，由该机构统一管理动物保护的所有事项或授权相关单位管理。

我国目前没有一个统一的监管机构，各类不同种类动物的管理分散在不同的部门或机构里，不同的监管内容又常常由不同的监管部门负责。农场动物由农业部门管理，负责饲养、防疫、检疫等监督管理；实验动物主要由医疗卫生部门管理，负责饲养、检疫、应用；海关负责进出口等监督管理；伴侣动物由公安机关管理，负责饲养许可、繁殖许可、年检、管护监督等；野生动物由林业部门和渔业部门管理，负责栖息地保护、种群繁殖、调查建档等；工作动物和娱乐动物的管理机构还不够明确，一般根据具体事项分机构管理，如动物展演由公安机关负责审批。

（二）监管体制存在的问题

我国动物保护的法律法规较为零散，所涉及范围比较狭窄，监管体制更是没有形成统一的体系，仍旧处在动物保护立法的初期，主要仍是采用分散机构

---

[1]　曹菡艾：《动物非物——动物法在西方》，法律出版社 2007 年版，第 319 页。

监督管理的模式监管，这是目前我国国情所决定的，这也是各国初期制定动物保护法律时较多采用的监管模式。但是，随着动物保护立法的不断完善，动物福利内容涉及的范围和领域都更为广泛，一项职责往往具有交叉性，需要两个或两个以上的监管部门同时负责，或者按照各自的职责分工多个机构同时具有管辖权，这种分散管理的模式就容易造成职责分工不清或相互重叠，使各部门之间产生推诿扯皮现象。因此，需要根据动物保护工作的需求，不断变化完善的内容，逐渐形成统一监督管理机构，明确职责分工，与逐步细化的法律规范相结合相匹配。这也是世界各国动物保护监管体制的发展趋势。

2018 年 3 月，国务院各部委进行了改革，组建了新的职能部门，整合了很多之前分散或不协调的机构及其职责。关于我国动物保护统一监管机构的组建，目前还是没有统一的观点和成熟的做法，有待于之后的立法研究者付出努力，从立法上、监管体制上并行达到动物保护的统一监管。

### 三、中国野生动物保护法律规定

野生动物是生物圈中的重要组成部分，但是在近百年中，它们面临着生存环境恶化和种类灭绝的厄运。而人类的活动作为这一现象的根本原因已成了不争的事实。欧盟计划通过建立自然环境保护系统，以保护各种野生物种，为此，其设立了欧洲野生动物的等级保护，禁止使用某些残忍的、不可采用的方法对待野生动物。在一些国家，持有某些鸟类、出售鸟蛋、骚扰鸟巢都是为动物保护法所禁止的行为[1]。

（一）中国野生动物保护法律体系

目前，我国已经形成了以《野生动物保护法》为主导，包括国际条约、《宪法》《刑法》及地方法规相关规定在内的保护野生动物的法律体系。

1.《宪法》。1982 年通过的现行《宪法》第 9 条第 2 款规定："国家保障自然资源的合理利用，保护珍贵的动物和植物。禁止任何组织或者个人用任何手段侵占或者破坏自然资源。"这是制定野生动物保护法律、法规的《宪法》基础，也将野生动物的保护和合理利用提高到了应有的高度。

2. 野生动物保护法律。由全国人大和人大常委会制定、颁布的与野生动物保护有关的法律主要有：1984 年实施并分别于 1998 年、2009 年、2019 年修改的《森林法》，1985 年实施并于 2002 年、2009 年、2013 年修订的《草原法》，

---

〔1〕 宋伟："中国法学界应当关注的话题：动物福利法"，载《森林与人类》2003 年第 1 期。

1989 年颁布并于 2014 年修订的《环境保护法》，1989 年实施并于 2016 年修订的《野生动物保护法》，1992 年实施并于 2009 年修订的《进出境动植物检疫法》，2000 年实施并分别于 2013 年、2016 年、2017 年修订的《海洋环境保护法》，2013 年修订的《渔业法》以及 2015 年修订的《动物防疫法》等。

3. 行政法规。1979 年的《水产资源繁殖保护条例》、1985 年的《森林和野生动物类型自然保护区管理办法》、1989 年 1 月经国务院批准的《国家重点保护野生动物名录》、1992 年生效并于 2016 年修订的《陆生野生动物保护实施条例》、1993 年实施的《国务院关于禁止犀牛角和虎骨贸易的通知》、1993 年实施并于 2013 年修订的《水生野生动物保护实施条例》、1987 年实施的《野生药材资源保护管理条例》、1997 年实施的《进出境动植物检疫法实施条例》、1988 年实施并于 2020 年修订的《兽药管理条例》和 2006 年实施的《濒危野生动植物进出口管理条例》等。

4. 部门规章。在部门规章的层次上，涉及野生动物保护的主要有：1991 年原林业部颁布和实施并于 2015 年修订的《国家重点保护野生动物驯养繁殖许可证管理办法》，1993 年由原林业部、财政部和原国家物价局发布的《陆生野生动物资源保护管理费收费办法》，1996 年农业部颁布的《关于加强水族馆和展览、表演、驯养繁殖、科研利用水生野生动物管理有关问题的通知》，1999 年由农业部颁布并于 2017 年第四次修订的《中华人民共和国水生野生动物利用特许办法》，2010 年农业部颁布并于 2019 年修订的《动物检疫管理办法》，2002 年农业部颁布并于 2020 年修订的《兽药生产质量管理规范》，2004 年建设部修订的《城市动物园管理规定》等。

5. 地方性法规与规章。地方性法规有 1990 年实施并于 2012 年修订的《宁夏回族自治区野生动物保护实施办法》、1997 年实施的《北京市实施〈中华人民共和国野生动物保护法〉办法》（已失效）、2001 年广东省实施并于 2020 年修订的《广东省野生动物保护管理条例》、2004 年实施的《云南省动物防疫条例》、2006 年实施并于 2017 年修订的《贵州省动物防疫条例》、2006 年实施并于 2018 年修订的《广东省湿地保护条例》、2006 年实施并于 2017 年修订的《天津市野生动物保护条例》、2007 年实施并于 2011 年修订的《辽宁省湿地保护条例》、1991 年实施并于 2015 年修订的《陕西省实施〈中华人民共和国野生动物保护法〉办法》等。

有关野生动物保护的地方性规章有：1988 年山东省政府颁布的《实施〈野生药材资源保护管理条例〉细则》（已失效）、2000 年黑龙江省政府修订的

《〈野生药材资源保护管理条例〉实施细则》（已失效）、2009 年北京市政府颁布的《北京市重点保护陆生野生动物造成损失补偿办法》等。

此外，我国还积极开展了野生动物保护的国际合作与交流，我国已先后加入了《濒危野生动植物种国际贸易公约》《关于特别是作为水禽栖息地的国际重要湿地公约》《生物多样性公约》《国际捕鲸管制公约》和《公海渔业和生物资源保护公约》等。并与日本、蒙古、澳大利亚、美国、加拿大、英国、俄罗斯等国签订了环境保护或自然保护双边协定。如 1990 年的《中华人民共和国政府与蒙古人民共和国政府关于保护自然环境的合作协定》、1994 年的《中华人民共和国政府和日本国政府环境保护合作协定》和《中华人民共和国政府和俄罗斯联邦政府环境保护合作协定》、1998 年的《中华人民共和国国家环境保护局与加拿大环境部环境合作备忘录》《中华人民共和国政府与大不列颠及北爱尔兰联合王国政府环境合作备忘录》等。

（二）《野生动物保护法》

《野生动物保护法》由中华人民共和国第七届全国人民代表大会常务委员会第四次会议于 1988 年 11 月 8 日审议通过，自 1989 年 3 月 1 日起施行。该法分别于 2004 年和 2009 年进行了两次个别条款的修正，变化不大。2016 年 7 月 2日，第十二届全国人民代表大会常务委员会第二十一次会议通过决议，对该法进行了全面修订，此次修订重点围绕保护手段、利用规范、放生行为等问题，并进行了大量的实地调研、专家座谈和公开征求修改意见，从 42 条增加到 54条，并于 2017 年 1 月 1 日实施。新的《野生动物保护法》共计五章，分别是总则、野生动物及其栖息地保护、野生动物管理、法律责任和附则。

1. 总则。第一章总则共计 9 条，规定了立法目的、使用范围、野生动物资源所有权及和法权益保护、基本原则、栖息地保护和社会参与的总体要求、公民参与野生动物保护的权利义务、监管体制、公众参与中的宣传教育与舆论监督等。其中第 2 条对"野生动物及其制品"作了十分明确的规定："本法规定保护的野生动物，是指珍贵、濒危的陆生、水生野生动物和有重要生态、科学、社会价值的陆生野生动物。本法规定的野生动物及其制品，是指野生动物的整体（含卵、蛋）、部分及其衍生物。"这条规定可以被认为是我国法律对野生动物的概念和范围的双重界定，有利于我国野生动物保护执法、司法工作的顺利开展。

该法第 4 条规定了基本原则，实行"保护优先、规范利用、严格监管的原则"，在第 4 条、第 5 条、第 6 条和第 8 条中分别提出了有关公众全面参与的机制，包括鼓励开展野生动物科学研究，培育公民保护野生动物的意识。国家鼓励公民、法人和其他组织依法通过捐赠、资助、志愿服务等方式参与野生动物保护活动，支持野生动物保护公益事业。任何组织和个人都有权向有关部门和机关举报或者控告违反该法的行为。各级人民政府应当加强野生动物保护的宣传教育和科学知识普及工作，鼓励和支持基层群众性自治组织、社会组织、企业事业单位、志愿者开展野生动物保护法律法规和保护知识的宣传活动。教育行政部门、学校应当对学生进行野生动物保护知识教育。新闻媒体应当开展野生动物保护法律法规和保护知识的宣传，对违法行为进行舆论监督。特别是第 8 条，可以被看作是野生动物保护法对公众参与这个基本原则的集中体现。

关于野生动物保护的监管体制，该法第 7 条规定了按照陆生和水生分级分类管理：国务院林业草原、渔业主管部门分别主管全国陆生、水生野生动物保护工作。县级以上地方人民政府林业、渔业主管部门分别主管本行政区域内陆生、水生野生动物保护工作。因此，我国野生动物保护的主管部门有两类，林业部门和渔业部门。

2. 野生动物及其栖息地保护。第二章"野生动物及其栖息地保护"共计 10 条，对野生动物的保护及其栖息地的保护均作出了详细的规定。

野生动物分类分级保护制度。我国将野生动物分为三类：国家重点保护野生动物、地方重点保护野生动物、"三有动物"。国家重点保护野生动物是珍贵、濒危的野生动物，根据其珍贵、濒危的程度，又继续划分为一级和二级保护，并制定"国家重点保护野生动物名录"，由国务院野生动物保护主管部门组织科学评估后制定，每 5 年根据评估情况对名录进行调整。"国家重点保护野生动物名录"报国务院批准公布。地方重点保护野生动物是指国家重点保护野生动物以外的，由省、自治区、直辖市重点保护的野生动物。"地方重点保护野生动物名录"由省、自治区、直辖市人民政府组织科学评估后制定、调整并公布。"三有动物"是指有重要生态、科学、社会价值的陆生野生动物，其名录由国务院野生动物保护主管部门组织科学评估后制定、调整并公布。目前我国已经公布的名录包括：①《国家重点保护野生动物名录》，由林业部和农业部共同拟定的名录，共列出中国国家一级重点保护野生动物 96 个种或种类，列出二级重点保护野生动物 160 个种或种类。名录还对水生、陆生野生动物作了具体划分，明确了由渔业、林业行政主管部门分别主管的具体种类。该名录于 1988 年 12 月 10 日由国务院批准。该名录于 1989 年 1 月 14 日由林业部、农业部发布。2003 年 2 月 21 日，国家林业局令第 7 号文发布，将麝科麝属所有种由国家二级保护野生动物调整为国家一级保护野生动物，以全面加强麝资源保护。②《国家保护的有益的或者有重要经济、科学研究价值的陆生野生动物名录》（简称三有名录），于2000年8月1日以国家林业局令第7号文的形式发布实施，名录中的物种总数为1591种。

野生动物及栖息地的动态监管制度。《野生动物保护法》第11条、第12条、第13条、第14条分别作了规定。第11条规定了野生动物栖息地的调查、监测、评估。县级以上人民政府野生动物保护主管部门，应当定期组织或者委托有关科学研究机构对野生动物及其栖息地状况进行调查、监测和评估，包括野生动物野外分布区域、种群数量及结构，栖息地的面积、生态状况，野生动物及其栖息地的主要威胁因素，野生动物人工繁育情况等，建立健全野生动物及其栖息地档案。第12条规定了重要栖息地名录及栖息地划定和管理。重要栖息地的确定，由国务院野生动物保护主管部门应当会同国务院有关部门，根据野生动物及其栖息地状况的调查、监测和评估结果，确定并发布野生动物重要栖息地名录。名录之外，还应当由省级以上人民政府依法划定相关自然保护区域，保护野生动物及其重要栖息地，保护、恢复和改善野生动物生存环境。对不具备划定相关自然保护区域条件的，县级以上人民政府可以采取划定禁猎（渔）区、规定禁猎（渔）期等其他形式予以保护。禁止或者限制在相关自然保护区域内引入外来物种、营造单一纯林、过量施洒农药等人为干扰、威胁野生动物生息繁衍的行为。相关自然保护区域，依照有关法律法规的规定划定和管理。第13条规定了县级以上人民政府及其有关部门编制开发利用规划和审批建设项目时要避免对野生动物及其栖息地造成的影响。机场、铁路、公路、水利水电、围堰、围填海等建设项目的选址选线，应当避让相关自然保护区域、野生动物迁徙洄游通道；无法避让的，应当采取修建野生动物通道、过鱼设施等措施，消除或者减少对野生动物的不利影响。环境影响评价文件的审批部门在审批环境影响评价文件时，发现涉及国家重点、地方重点保护野生动物的，应当向国务院和各省、自治区、直辖市人民政府野生动物主管部门征求意见。第14条规定了各级野生动物保护主管部门监视、监测环境对野生动物的影响，发现危害时，及时会同有关部门进行调查处理。

野生动物的救助防疫制度。该法第15条规定了应急救助与收容救护，要求当地政府在自然灾害、重大环境污染事故等突发事件发生或存威胁时，应当对国家或者地方重点保护野生动物及时采取应急救助措施。县级以上人民政府野生动物保护主管部门应当按照国家有关规定组织开展野生动物收容救护工作。

同时规定，禁止以收容救护为名买卖野生动物及其制品。国家林业局 2017 年第
47 号令《野生动物收容救护管理办法》于 2018 年 1 月 1 日起施行，针对受伤、
病弱、饥饿受困、迷途的野生动物（活体）的收容救护管理进行了规范。公众
在发现或者由执法机关查没了上述野生动物后，应当及时送至具备条件的场所，
如动物园、自然保护区进行检查、检疫和治疗，之后根据情形进行处理，包括
放归自然、按级别由国务院和省级林业主管部门调配、按防疫法会同卫生防疫
部门处理、对死体采取无害化措施后再调配等，并要求对动物种类、数量、采
取的措施、最终的状况建立收容救护档案。第 16 条规定了疫源疫病防控，要求
县级以上人民政府野生动物保护主管部门、兽医主管部门，应当按照职责分工
对野生动物疫源疫病进行监测，组织开展预测、预报等工作，并按照规定制定
野生动物疫情应急预案，报同级人民政府批准或者备案。关于人畜共患传染病
有关的动物传染病的防治管理，由县级以上人民政府野生动物保护主管部门、
兽医主管部门、卫生主管部门，按照职责分工负责。

野生动物的遗传资源管理制度。第 17 条规定，国家加强对野生动物遗传资
源的保护，对濒危野生动物实施抢救性保护。国务院野生动物保护主管部门应
当会同国务院有关部门制定有关野生动物遗传资源保护和利用规划，建立国家
野生动物遗传资源基因库，对原产我国的珍贵、濒危野生动物遗传资源实行重
点保护。

野生动物致害补偿制度。第 19 条规定，因保护该法规定保护的野生动物，
造成人员伤亡、农作物或者其他财产损失的，由当地人民政府给予补偿。具体
办法由省、自治区、直辖市人民政府制定。有关地方人民政府可以推动保险机
构开展野生动物致害赔偿保险业务。有关地方人民政府采取预防、控制国家重
点保护野生动物造成危害的措施以及实行补偿所需经费，由中央财政按照国家
有关规定予以补助。

3. 野生动物管理。第三章"野生动物管理"共计 22 条，围绕人类有关野生
动物及其制品的一系列活动作出了管理规定，从妨碍野生动物生息繁衍的活动、
猎捕野生动物、人工繁育野生动物、出售购买利用野生动物及其制品、生产经
营和滥食野生动物及其制品，到有关野生动物及其制品的广告发布、交易、运
输、携带、寄递、进出口管理，野生动物放生，外国人考察管理等形成了全方
位立体化管理的法律制度。

禁止妨碍野生动物生息繁衍制度。第 20 条规定，在相关自然保护区域和禁
猎（渔）区、禁猎（渔）期内，禁止猎捕以及其他妨碍野生动物生息繁衍的活

动，但法律法规另有规定的除外。野生动物迁徙洄游期间，在前款规定区域外的迁徙洄游通道内，禁止猎捕并严格限制其他妨碍野生动物生息繁衍的活动。迁徙洄游通道的范围以及妨碍野生动物生息繁衍活动的内容，由县级以上人民政府或者其野生动物保护主管部门规定并公布。

猎捕野生动物管理制度。第21条至第24条分别作了规定。第21条规定了禁止猎捕、杀害国家重点保护野生动物。因科学研究、种群调控、疫源疫病监测或者其他特殊情况，需要猎捕国家一级保护野生动物的，应当向国务院野生动物保护主管部门申请特许猎捕证；需要猎捕国家二级保护野生动物的，应当向省、自治区、直辖市人民政府野生动物保护主管部门申请特许猎捕证。第22条规定了猎捕非国家重点保护野生动物的规范，应当依法取得县级以上地方人民政府野生动物保护主管部门核发的狩猎证，并且服从猎捕量限额管理。第23条和第24条分别对猎捕者、猎捕的工具和方法作出了限制性的规定，如猎捕者应当按照特许猎捕证、狩猎证规定的种类、数量、地点、工具、方法和期限进行猎捕。持枪猎捕的，应当依法取得公安机关核发的持枪证。禁止使用毒药、爆炸物、电击或者电子诱捕装置以及猎套、猎夹、地枪、排铳等工具进行猎捕，禁止使用夜间照明行猎、歼灭性围猎、捣毁巢穴、火攻、烟熏、网捕等方法进行猎捕，但因科学研究确需网捕、电子诱捕的除外。

人工繁育野生动物管理制度。第25条规定，国家支持有关科学研究机构因物种保护目的人工繁育国家重点保护野生动物。除了科学研究目的外需要进行人工繁育国家重点保护野生动物的实行许可制度，应当经省、自治区、直辖市人民政府野生动物保护主管部门批准，取得人工繁育许可证，但国务院对批准机关另有规定的除外。第26条规定人工繁育国家重点保护野生动物应当有利于物种保护及其科学研究，不得破坏野外种群资源，并根据野生动物习性确保其具有必要的活动空间和生息繁衍、卫生健康条件，具备与其繁育目的、种类、发展规模相适应的场所、设施、技术，符合有关技术标准和防疫要求，不得虐待野生动物。这里"不得虐待野生动物"主要目的是规范人工繁育活动中出现的虐待行为，虽然本质上属于野生动物，但其生存在人类驯养的环境中，非常有必要对此问题作出更进细致的规范。

出售、购买、利用野生动物及其制品管理制度。第27条至第29条分别作了规定。第27条规定了禁止出售、购买、利用国家重点保护野生动物及其制品。因科学研究、人工繁育、公众展示展演、文物保护或者其他特殊情况，需要出售、购买、利用国家重点保护野生动物及其制品的，应当经省、自治区、直辖市人民政府野生动物保护主管部门批准，并按照规定取得和使用专用标识，保证可追溯，但国务院对批准机关另有规定的除外。这里提到的"专用标识"，是原国家林业局、原国家工商总局在 2003 年共同发布的《关于对利用野生动物及其产品的生产企业进行清理整顿和开展标记试点工作的通知》中要求的采用统一的"野生动物经营利用管理专用标识"，截至目前已经有 9 批目录，注册标识单位用户一千二百多家，试点涵盖十大领域：中成药品、保健品、食用品、日用品、工艺品、象牙制品、标本、皮革制品、蟒蛇皮乐器和活体野生动物。代表性的用户有北京同仁堂、漳州片仔癀、劲牌鹿茸劲酒等。第 28 条对人工繁育技术成熟稳定的动物作了特殊的管理规定，对人工繁育技术成熟稳定的国家重点保护野生动物，经科学论证，纳入国务院野生动物保护主管部门制定的人工繁育国家重点保护野生动物名录。2017 年 7 月，原国家林业局发布了《人工繁育国家重点保护陆生野生动物名录（第一批）》，包括梅花鹿、马鹿、虎纹蛙、鸵鸟、美洲鸵、大东方龟、尼罗鳄、湾鳄、暹罗鳄 9 种陆生物种；原国家农业部发布了《人工繁育国家重点保护水生野生动物名录（第一批）》，包括三线闭壳龟、大鲵、胭脂鱼、山瑞鳖、松江鲈和金线鲃 6 种水生物种。这些列出的物种可以凭人工繁育许可证，按照省、自治区、直辖市人民政府野生动物保护主管部门核验的年度生产数量直接取得专用标识，凭专用标识出售和利用，保证可追溯。第 29 条规定，在利用野生动物及其制品活动中，应当以人工繁育种群为主，有利于野外种群养护，符合生态文明建设的要求，尊重社会公德，遵守法律法规和国家有关规定。野生动物及其制品作为药品经营和利用的，还应当遵守有关药品管理的法律法规。比如作为中成药品的应当遵守《药典》。

禁止生产经营和滥食野生动物及其制品制度。第 30 条规定禁止生产、经营使用国家重点保护野生动物及其制品制作的食品，或者使用没有合法来源证明的非国家重点保护野生动物及其制品制作的食品。禁止为食用非法购买国家重点保护的野生动物及其制品。

野生动物及其制品的广告、交易、运输、携带、寄递管理制度。第 31 条至第 34 条分别作了规定。第 31 条规定了禁止发布有关广告的要求，第 32 条规定了禁止交易场所违法提供交易服务，包括网络交易平台、商品交易市场等交易场所，为违法出售、购买、利用野生动物及其制品或者禁止使用的猎捕工具提供交易服务。第 33 条规定了运输、携带、寄递国家重点保护野生动物及其制品出县境的，应当持有或者附有许可证、批准文件的副本或专用标识，以及检疫证明；运输非国家重点保护野生动物出县境的，应当持有狩猎、进出口等合法来源证明，以及检疫证明。第 34 条规定了相关部门的职责分工，县级以上人民政府野生动物保护主管部门应当对科学研究、人工繁育、公众展示展演等利用野生动物及其制品的活动进行监督管理。县级以上人民政府其他有关部门，应当按照职责分工对野生动物及其制品出售、购买、利用、运输、寄递等活动进行监督检查。

野生动物进出口管理制度。第 35 条至第 37 条分别作了规定。第 35 条明确了中国缔结或者参加的国际公约禁止或者限制贸易的野生动物或者其制品的进出口管理，包括名录的制定调整公布由国家濒危物种进出口管理机构负责，进出口活动须取得国家濒危物种进出口管理机构核发的允许进出口证明书，依法实施进出境检疫等。第 36 条对执法国际合作与国内协调机制作了规定，防范打击走私和非法贸易行动。第 37 条规定了境外引进野生动物物种及安全防范措施，从境外引进野生动物物种的，应当经国务院野生动物保护主管部门批准。从境外引进野生动物物种的，应当采取安全可靠的防范措施，防止其进入野外环境，避免对生态系统造成危害。确需将其放归野外的，按照国家有关规定执行。

禁止野生动物不当放生制度。第 38 条规定，任何组织和个人将野生动物放生至野外环境，应当选择适合放生地野外生存的当地物种，不得干扰当地居民的正常生活、生产，避免对生态系统造成危害。随意放生野生动物，造成他人人身、财产损害或者危害生态系统的，依法承担法律责任。2016 年 10 月原国家林业局发布了《陆生野生动物放归野外环境管理办法（征求意见稿）》，规范了组织、个人放归的活动，要求县级以上林业主管部门负责此项放归工作，省级林业主管部门根据需要，负责组织国家重点保护野生动物的放归工作。对具体放归的方案、应当注意的事项、实施的程序等也作出了规定。

禁止伪造编造有关野生动物的批准文件制度。第 39 条规定，禁止伪造、变造、买卖、转让、租借特许猎捕证、狩猎证、人工繁育许可证及专用标识，出售、购买、利用国家重点保护野生动物及其制品的批准文件，或者允许进出口证明书、进出口等批准文件。这些许可证和文件的发放情况，应当依法公开。这也是行政公开的基本要求。

外国人野外考察管理制度。第 40 条规定，外国人在我国对国家重点保护野生动物进行野外考察或者在野外拍摄电影、录像，应当经省、自治区、直辖市人民政府野生动物保护主管部门或者其授权的单位批准，并遵守有关法律法规规定。

4. 法律责任。第四章"法律责任"共计 16 条，对应第二章、第三章规定的各项法律制度，对违反禁止、限制性规范的相关主体，确定了行政责任和刑事责任。

监管部门及工作人员的法律责任。该法第 42 条规定，负有监管职责的部门的工作人员，玩忽职守、滥用职权的，由本级人民政府或者上级人民政府有关部门、机关责令改正，对负有责任的主管人员和其他直接责任人员依法给予记过、记大过或者降级处分；造成严重后果的，给予撤职或者开除处分，其主要负责人应当引咎辞职；构成犯罪的，依法追究刑事责任。

该法第 44 条到第 55 条规定了被管理者、被监管者的法律责任。行政责任承担方式主要有没收野生动物及其制品、没收禁用的工具、没收违法所得等、责令改正、吊销许可证狩猎证、撤销许可性文件、收回专用标识、罚款等。刑事责任采用引用性表述，构成犯罪的，依法追究刑事责任。第四章所涉的具有行政处罚职权的部门包括：野生动物保护主管部门、海洋执法部门、保护区域管理机构、公安机关、工商行政管理部门、海关、检验检疫部门等，分工明确，也有同时由两个以上部门根据情况选择由一家处罚的。另外，第四章中还规定了引用性的处罚条款，涉及的法律有《动物防疫法》《中华人民共和国广告法》《进出境动植物检疫法》《中华人民共和国治安管理处罚法》等，规定了引用性的处罚的，应当按照所引用法律规定处罚。

第 56 条是关于依法没收实物处理的规定。依照该法规定没收的实物，包括野生动物及其制品、违法工具等，由县级以上人民政府野生动物保护主管部门或者其授权的单位按照规定处理。原国家林业局 2016 年 11 月发布了《罚没陆生野生动物及其制品管理和处置办法（征求意见稿）》，规定了罚没陆生野生动物及其制品的登记、评估、保存、拍卖、捐赠、再利用、销毁、委托饲养救护、放归等处理方式，有利于野生动物资源的全面保护和利用。

第 57 条关于猎获物价值、野生动物及其制品价值评估标准和方法，原国家林业局 2017 年 11 月 1 日发布了《野生动物及其制品价值评估方法》（国家林业局第 46 号令），分别对野生动物整体的价值、野生动物制品的价值列出的详细的计算方法，主要按照《陆生野生动物基准价值标准目录》所列各该野生动物的基准价值乘以相应的倍数核算。价值和计算方法的明确，为违法犯罪行为的认定和定罪量刑有着重要意义。

5. 附则。第五章附则只有 1 条内容，关于该法实施的时间为 2017 年 1 月 1 日。根据我国法律不溯及既往的原则，凡是在 2017 年 1 月 1 日之前有关野生动物的活动，均遵循 1988 年颁布的《野生动物保护法》。

（三）《中华人民共和国渔业法》

1986 年 1 月 20 日，第六届全国人大常委会第十四次会议通过了《中华人民共和国渔业法》（以下简称《渔业法》），后又几经修改，现行《渔业法》是 2013 年修订的，分为总则、养殖业、捕捞业、渔业资源的增殖和保护、法律责任、附则 6 个部分，主要内容如下：

该法第 1 条规定了立法目的，制定《渔业法》是为了加强渔业资源的保护、增殖、开发和合理利用，发展人工养殖，保障渔业生产者的合法权益，促进渔业生产的发展，适应社会主义建设和人民生活的需要。《渔业法》的适用范围有：中华人民共和国的内水、滩涂、领海、专属经济区以及中华人民共和国管辖的一切其他海域从事养殖和捕捞水生动物、水生植物等渔业生产活动。另外，按上述《野生动物保护法》的规定，珍贵、濒危的水生野生动物的保护也适用《渔业法》。

国家对渔业生产的基本方针是以养殖为主，养殖、捕捞、加工并举，因地制宜，各有侧重。各级人民政府应当把渔业生产纳入国民经济发展计划，采取措施，加强水域的统一规划和综合利用。国家鼓励渔业科学技术研究，推广先进技术，提高渔业科学技术水平。在增殖和保护渔业资源、发展渔业生产、进行渔业科学技术研究等方面成绩显著的单位和个人，由各级人民政府给予精神的或者物质的奖励。

渔业的主管部门的职权划分为：国务院渔业行政主管部门主管全国的渔业工作；县级以上地方人民政府渔业行政主管部门主管本行政区域内的渔业工作；县级以上人民政府渔业行政主管部门可以在重要渔业水域、渔港设渔政监督管理机构；县级以上人民政府渔业行政主管部门及其所属的渔政监督管理机构可以设渔政检查人员；渔政检查人员执行渔业行政主管部门及其所属的渔政监督管理机构交付的任务。国家对渔业的监督管理，实行统一领导、分级管理。海洋渔业，除国务院划定由国务院渔业行政主管部门及其所属的渔政监督管理机构监督管理的海域和特定渔业资源渔场外，由毗邻海域的省、自治区、直辖市人民政府渔业行政主管部门监督管理。江河、湖泊等水域的渔业，按照行政区划由有关县级以上人民政府渔业行政主管部门监督管理；跨行政区域的，由有关县级以上地方人民政府协商制定管理办法，或者由上一级人民政府渔业行政主管部门及其所属的渔政监督管理机构监督管理。外国人、外国渔业船舶进入中国管辖水域，从事渔业生产或者渔业资源调查活动，必须经国务院有关主管部门批准，并遵守《渔业法》和中国其他有关法律、法规的规定；同中国订有条约、协定的，按照条约、协定办理。国家渔政、渔港监督管理机构对外行使渔政、渔港监督管理权。

对养殖业的管理，该法规定：国家鼓励全民所有制单位、集体所有制单位和个人充分利用适于养殖的水域、滩涂，发展养殖业。国家鼓励和支持水产优良品种的选育、培育和推广。水产新品种必须经全国水产原种和良种审定委员会审定，由国务院渔业行政主管部门公告后推广。水产苗种的进口、出口由国务院渔业行政主管部门或者省、自治区、直辖市人民政府渔业行政主管部门审批。水产苗种的生产由县级以上地方人民政府渔业行政主管部门审批。但是，渔业生产者自育、自用水产苗种的除外。水产苗种的进口、出口必须实施检疫，防止病害传入境内和传出境外，具体检疫工作按照有关动植物进出境检疫法律、行政法规的规定执行。引进转基因水产苗种必须进行安全性评价，具体管理工作按照国务院有关规定执行。县级以上人民政府渔业行政主管部门应当加强对养殖生产的技术指导和病害防治工作。从事养殖生产不得使用含有毒有害物质的饵料、饲料。从事养殖生产应当保护水域生态环境，科学确定养殖密度，合理投饵、施肥、使用药物，不得造成水域的环境污染。

关于对捕捞业的管理规定，具体有：国家在财政、信贷和税收等方面采取措施，鼓励、扶持远洋捕捞业的发展，并根据渔业资源的可捕捞量，安排内水和近海捕捞力量。国家根据捕捞量低于渔业资源增长量的原则，确定渔业资源的总可捕捞量，实行捕捞限额制度。国务院渔业行政主管部门负责组织渔业资源的调查和评估，为实行捕捞限额制度提供科学依据。中国内海、领海、专属经济区和其他管辖海域的捕捞限额总量由国务院渔业行政主管部门确定，报国务院批准后逐级分解下达；国家确定的重要江河、湖泊的捕捞限额总量由有关省、自治区、直辖市人民政府确定或者协商确定，逐级分解下达。捕捞限额总量的分配应当体现公平、公正的原则，分配办法和分配结果必须向社会公开，并接受监督。国务院渔业行政主管部门和省、自治区、直辖市人民政府渔业行政主管部门应当加强对捕捞限额制度实施情况的监督检查，对超过上级下达的捕捞限额指标的，应当在其次年捕捞限额指标中予以核减。国家对捕捞业实行捕捞许可证制度。海洋大型拖网、围网作业的捕捞许可证，由省、自治区、直辖市人民政府渔业行政主管部门批准发放。到中国与有关国家缔结的协定确定的共同管理的渔区或者公海从事捕捞作业的捕捞许可证，由国务院渔业行政主管部门批准发放。其他作业的捕捞许可证，由县级以上地方人民政府渔业行政主管部门批准发放；但是，批准发放海洋作业的捕捞许可证不得超过国家下达的船网工具控制指标，具体办法由省、自治区、直辖市人民政府规定。捕捞许可证不得买卖、出租和以其他形式转让，不得涂改、伪造、变造。从事捕捞作业的单位和个人，必须按照捕捞许可证关于作业类型、场所、时限、渔具数量和捕捞限额的规定进行作业，并遵守国家有关保护渔业资源的规定，大中型渔船应当填写渔捞日志。制造、更新改造、购置、进口的从事捕捞作业的船舶必须经渔业船舶检验部门检验合格后，方可下水作业。具体管理办法由国务院规定。

对于渔业资源的增殖和保护，该法规定了如下内容：县级以上人民政府渔业行政主管部门可以向受益的单位和个人征收渔业资源增殖保护费，专门用于增殖和保护渔业资源。未经国务院渔业行政主管部门批准，任何单位或者个人不得在水产种质资源保护区内从事捕捞活动。禁止使用炸鱼、毒鱼、电鱼等破坏渔业资源的方法进行捕捞。禁止制造、销售、使用禁用的渔具。禁止在禁渔区、禁渔期进行捕捞。禁止使用小于最小网目尺寸的网具进行捕捞。捕捞的渔获物中幼鱼不得超过规定的比例。在禁渔区或者禁渔期内禁止销售非法捕捞的渔获物。禁止捕捞有重要经济价值的水生动物苗种。因养殖或者其他特殊需要，捕捞有重要经济价值的苗种或者禁捕的怀卵亲体的，必须经国务院渔业行政主管部门或者省、自治区、直辖市人民政府渔业行政主管部门批准，在指定的区域和时间内，按照限额捕捞。在水生动物苗种重点产区引水用水时，应当采取措施，保护苗种。在鱼、虾、蟹洄游通道建闸、筑坝，对渔业资源有严重影响的，建设单位应当建造过鱼设施或者采取其他补救措施。用于渔业并兼有调蓄、灌溉等功能的水体，有关主管部门应当确定渔业生产所需的最低水位线。禁止围湖造田。沿海滩涂未经县级以上人民政府批准，不得围垦；重要的苗种基地和养殖场所不得围垦。进行水下爆破、勘探、施工作业，对渔业资源有严重影响的，作业单位应当事先同有关县级以上人民政府渔业行政主管部门协商，采取措施，防止或者减少对渔业资源的损害；造成渔业资源损失的，由有关县级以上人民政府责令赔偿。各级人民政府应当采取措施，保护和改善渔业水域的生态环境，防治污染。国家对白鳍豚等珍贵、濒危水生野生动物实行重点保护，防止其灭绝。禁止捕杀、伤害国家重点保护的水生野生动物。因科学研究、驯养繁殖、展览或者其他特殊情况，需要捕捞国家重点保护的水生野生动物的，依照《野生动物保护法》的规定执行。

《渔业法》的第五章是法律责任的规定，主要针对的违法情形有：使用炸鱼、毒鱼、电鱼等破坏渔业资源方法进行捕捞的，违反关于禁渔区、禁渔期的规定进行捕捞，或者使用禁用的渔具、捕捞方法和小于最小网目尺寸的网具进行捕捞或者渔获物中幼鱼超过规定比例，制造、销售禁用的渔具，使用全民所有的水域、滩涂从事养殖生产，无正当理由使水域、滩涂荒芜满 1 年，未依法取得养殖证擅自在全民所有的水域从事养殖生产，非法生产、进口、出口水产苗种等行为，责任形式包括没收渔获物、渔船、渔具、违法所得以及罚款、赔偿损失、责令限期开发利用、责令改正、责令停止经营、吊销捕捞许可证等。对于情节严重的，需追究刑事责任。

（四）《城市动物园管理规定》

1994 年建设部发布了《城市动物园管理规定》，2001 年、2004 年又先后对其进行了修正，分总则、动物园的规划与建设、动物园的管理、动物的保护、奖励和处罚及附则六章。

《城市动物园管理规定》的第 2 条规定了适用范围：综合性动物园（水族馆）、专类性动物园、野生动物园、城市公园的动物展区、珍稀濒危动物饲养繁殖研究场所。

与野生动物保护有关的具体规定有：国家鼓励动物园积极开展珍稀濒危野生动物的科学研究和移地保护工作。动物园的规划设计应当坚持环境优美、适于动物栖息、生长和展出、保证安全、方便游人的原则。动物园管理机构应当备有卫生防疫、医疗救护、麻醉保定设施，定时进行防疫和消毒。有条件的动物园要设有动物疾病检疫隔离场。动物园管理机构每年应当从事业经费中提取一定比例的资金作为科研经费，用于饲养野生动物的科学研究。动物园管理机构应当制定野生动物科学普及教育计划，要设专人负责科普工作，利用各种方式向群众，特别是向青少年，进行宣传教育。动物园管理机构应当制定野生动物种群发展计划。动物园间应当密切配合和协作，共同做好濒危物种的保护繁育研究工作。有条件的动物园应当建立繁育研究基地。国家重点保护的野生动物因自然或人为灾害受到威胁时，动物园管理机构有责任进行保护和拯救。动物园与国外进行"濒危野生动植物种进出口国际贸易公约"附录Ⅰ、Ⅱ野生动物的交换、展览、赠送等，涉及进出口边境口岸的，经国务院建设行政主管部门审核同意后，报国务院野生动物行政主管部门批准，并取得国家濒危物种进出口管理机构核发的允许进出口证明书[1]。大熊猫的进出口需报国务院批准。

---

[1]　谭涛哲："核发野生动植物允许进出口证明书的法理分析"，载《野生动物》2004 年第 4 期。

对在动物园建设、管理和野生动物特别是珍稀濒危野生动物的保护和科学普及教育中作出显著成绩的单位和个人，应当给予表彰或奖励。

（五）其他与野生动物保护相关的法律规范

1. 1998 年的《中华人民共和国国家环境保护局与加拿大环境部环境合作备忘录》。该备忘录第 2 条规定了中加合作领域，包括自然保护区的管理和生物多样性的保护。由此可以看出野生动物保护也包含在合作的领域。该备忘录第 3 条规定了合作方式，包括有关信息和资料的交换；互派专家、学者、代表团和培训人员；共同举办由科学家、专家、环境管理人员和其他有关人员参加的研讨会，专题讨论会及其他会议；实施双方商定的合作计划，包括开展联合研究；双方同意的其他合作方式。另外对执行保证的规定有，为执行该备忘录，双方将促进两国环境保护部门及从事环境保护工作的团体和企业间建立和发展直接的接触和联系。为检查与评价该备忘录的实施情况，制定双方在一定时期内的年度合作计划，并于必要时提供加强该备忘录下合作的具体办法，双方自本备忘录签字之日起 6 个月内各自指定一名或几名协调员。原则上，双方协调员每两年一次轮流在中国和加拿大召开例会。参加会议的国际旅费由派遣方负担，国内费用根据对等原则由接待方负担等。

2.《天津市野生动物保护条例》和《北京市重点保护陆生野生动物造成损失补偿办法》。

（1）《天津市野生动物保护条例》的主要规定。2006 年 5 月 24 日，天津市第十四届人民代表大会常务委员会第二十八次会议通过了《天津市野生动物保护条例》，2017 年 11 月 28 日，天津市第十六届人大常委会第三十九次会议通过了修正决议。该条例涉及了野生动物及其栖息地保护、驯养繁殖、猎捕管理及法律责任等内容。具体规定如下：

对野生动物及其栖息地保护的规定有，市重点保护野生动物名录，由市野生动物主管部门提出，经市人民政府批准并公布，报国务院备案。市野生动物主管部门应当至少每 10 年对本市野生动物资源进行一次普查，并建立档案。人民政府应当在重点保护的野生动物主要生息繁衍地区和水域设立野生动物自然保护区。天津市野生动物自然保护区的设立，由市野生动物主管部门提出，依照有关法律、法规规定的程序，报市人民政府批准并公布。野生动物主管部门或者其设立的野生动物救助机构，负责对捐赠、没收、误捕、受伤、搁浅的野生动物的接收、救护、放生等工作。财政部门应当每年安排资金，专项用于野生动物救护设施建设和救护经费支出，保证野生动物救护工作的开展。野生动主管部门应当按照职责分工加强对野生动物疫源疫病的监测。任何个人和组织发现患有疫病、疑似疫病或者异常死亡的野生动物，应当立即向当地动物防疫监督机构报告。

有关猎捕、驯养、繁殖和经营利用的主要规定有：禁止任何个人和组织非法猎捕和杀害野生动物。因特殊情况，需要猎捕国家重点保护野生动物的，应当按照有关法律规定，申请特许猎捕证。猎捕非国家重点保护陆生野生动物，应当持有狩猎证；捕捉市重点保护水生野生动物，应当持有捕捉证。天津市野生动物主管部门应当根据其区域内野生动物资源状况，确定天津市猎捕的野生动物种类和年度猎捕量限额。申请办理狩猎证、捕捉证，应当符合下列条件之一：因科学研究、资源调查、医药生产、教学需要的；因驯养繁殖需要获得种源的；因国际交往、交换需要的；因其他特殊情况需要的。野生动物主管部门应当依据确定的猎捕的野生动物种类和年度猎捕量限额，予以审批。经批准猎捕野生动物的个人和组织，必须按照批准的工具和方法猎捕。猎捕时应当采取措施避免误猎、误捕、误伤野生动物或者破坏其生存环境。对误捕的野生动物应当立即放生，对误伤的野生动物应当立即采取抢救措施并送交野生动物救助机构，对死亡的野生动物应当及时报告野生动物主管部门。驯养繁殖市重点保护野生动物的个人和组织，应当取得野生动物驯养繁殖许可证，并按照许可证规定的范围进行驯养。申请办理驯养繁殖许可证，应当向野生动物主管部门提出，并符合下列条件：有来源合法的野生动物种源；有适宜驯养繁殖野生动物的固定场所和必需的设施；具备与驯养繁殖野生动物种类、数量相适应的资金、人员和技术；有足够的饲料来源。运输、携带、邮寄市重点保护野生动物及其产品出市，应当持有野生动物及其产品运输证明。任何个人和组织不得为非法猎捕、宰杀、收购、出售、加工、运输、储存、携带野生动物及其产品者提供工具或者场所。经营利用市重点保护野生动物及其产品的个人和组织，必须在市或者区野生动物主管部门核定的年度经营利用限额内，从事经营利用活动。经营利用市重点保护野生动物及其产品的，应当缴纳野生动物资源管理费等。

（2）《北京市重点保护陆生野生动物造成损失补偿办法》的主要规定。地方性规章《北京市重点保护陆生野生动物造成损失补偿办法》自 2009 年 4 月 1 日起实行。主要涉及补偿对象、补偿费用的承担及计算标准、预防和控野生动物造成的损失、补偿的程序等。这一办法的出台，对解决当前不断出现的野生动物造成人身和财产损害问题的解决有积极意义。其主要内容有：

在北京市行政区域内，受到北京市确定给予补偿的陆生野生动物造成损失的单位和个人，均可以依照该办法申请补偿。这里所称的确定给予补偿的陆生野生动物范围，由北京市园林绿化行政主管部门根据国家和北京市"重点保护陆生野生动物名录"确定并向社会公布。北京市园林绿化行政主管部门负责全市野生动物造成损失补偿的组织指导和监督工作。区（县）林业行政主管部门负责本行政区域内陆生野生动物造成损失的认定、核实和补偿工作。乡（镇）人民政府、街道办事处应当做好陆生野生动物造成损失情况的调查工作，村民委员会、居民委员会配合做好相关工作。市和区（县）人民政府应当将陆生野生动物造成损失的预防控制、宣传培训和损失补偿等经费列入本级财政预算。陆生野生动物造成财产损失的补偿费用，由区（县）财政负担。发生较大范围陆生野生动物损害造成较大数额财产损失的，市级财政对相关区（县）给予适当补助。市园林绿化行政主管部门和区（县）林业行政主管部门应当做好预防和控制陆生野生动物可能造成损失的工作，包括：组织开展相关陆生野生动物物种资源调查，制定防范措施；设置警示牌，发放宣传手册，利用电视、广播、报刊宣传陆生野生动物保护的法律法规和保护防护知识；组织开展有关陆生野生动物生物习性、防护技术等内容的培训工作；研究并综合运用预防和控制陆生野生动物可能造成损失的工程技术和生物技术等。当事人发现陆生野生动物造成农作物损毁、圈养的家禽家畜受伤或者死亡的，应当在 5 个工作日内向当地乡（镇）人民政府或者街道办事处提出补偿申请。陆生野生动物造成财产损失的补偿费，根据预防控制措施采取情况，按照以下规定计算：农作物损失，按照核实的损失量和当地区（县）上一年度该类农作物的市场平均价格计算，补偿全部损失的 60%~80%；家禽家畜受伤的，补偿实际发生治疗费的 50%~70%，最高额不超过该类家禽家畜价值的 50%；家禽家畜死亡的，补偿费按该类家禽家畜当时的市场价格计算，补偿全部损失的 60%~80%。因保护重点保护陆生陆生野生动物造成损失，导致家庭生活困难的，可以依法向当地民政部门申请救助。符合社会救助条件的，当地民政部门应当适时给予救助。财政、审计和监察部门应当对陆生野生动物造成损失的补偿、调查勘验、宣传培训、预防控制等工作经费的使用情况加强监督检查。陆生野生动物造成人身伤亡的，由市园林绿化行政主管部门会同市财政部门参照该办法有关规定予以适当补偿。法律责任主要有行政处分和刑事责任的规范。

### 四、中国实验动物保护法律规定

实验动物对人类的健康具有重大的贡献，但是如果漫无科学目的或者反复盲目进行动物实验，就会给动物的身体造成莫大的痛苦，故应尽可能地减少活体动物实验，更有必要寻求代替动物实验的方法。现在世界上许多国家都逐渐取消了小学和中学的动物活体实验，这是近几十年来环境伦理观念和道德进步的结果。[1]

（一）有关实验动物保护法的渊源

1. 法律。由全国人大及其常委会制定的有关实验动物保护的法律主要是1992 年实施的《进出境动植物检疫法》和1998 年实施2007 年修订的《动物防疫法》。《野生动物保护法》中亦规定了因科学研究需要捕捉、捕捞、出售、收购和利用国家重点保护野生动物的内容。

2. 行政法规和部委规章。行政法规主要有，国务院在1988 年颁布的2017年最新修订的《实验动物管理条例》、1997 年实施的《进出境动植物检疫法实施条例》、2017 年修订的《饲料和饲料添加剂管理条例》、2020 年修订的《兽药管理条例》。

部委规章有，国家科委、原卫生部、原农业部、国家中医药管理局1997 年联合发布的《关于"九五"期间实验动物发展的若干意见》；原国家科学技术委员会1997 年发布的《实验动物质量管理办法》、1998 年发布的《国家啮齿类实验动物种子中心引种、供种实施细则》（已失效）、《国家实验动物种子中心管理办法》、原农业部于1997 年发布的《农业系统实验动物管理办法》；科技部、原卫生部、教育部、原农业部、原国家质检总局、国家中医药管理局、解放军总后卫生部于2001 年12 月5 日联合发布的《实验动物许可证管理办法（试行）》。

3. 地方性立法。一些民族自治地方的自治条例和单行条例包含着动物防疫的内容，或与实验动物的福利相关，或专门规范实验动物的经营行为，如2003年凉山彝族自治州人大常委会通过的《凉山彝族自治州实施〈四川省《中华人民共和国防疫法》实施办法〉的补充通知》等。[2]

关于实验动物保护的地方性法规和规章主要有：《北京市实验动物管理条例》《湖北省实验动物管理条例》《湖北省实验动物许可证管理实施细则》《黑龙江省实验动物管理条例》《吉林省实验动物管理条例》《广东省实验动物管理条例》《河北省实验动物许可证管理办法》《河北省关于药品检验用实验动物管

---

〔1〕 宋伟："中国法学界应当关注的话题：动物福利法"，载《森林与人类》2003 年第1 期。
〔2〕 常纪文：《动物福利法——中国与欧盟之比较》，中国环境科学出版社2006 年版，第153 页。

理意见的函》《福建省实验动物许可证管理办法（试行）》《江苏省实验动物管理办法》《陕西省实验动物管理办法》《浙江省实验动物管理办法》等。

此外，还有一些关于实验动物的配合饲料、环境与设施、遗传等国家标准和地方标准的规定。

由于我国有关实验动物的法律、法规和标准较多，无法一一列举，只就其重要的法律规范予以介绍。

（二）专门规范《实验动物管理条例》

于 1988 年 11 月 14 日开始实施并于 2017 年最新修订的《实验动物管理条例》（以下简称条例）是实验动物管理的基本法规，它规定了实验动物的饲育管理、检疫、传染病控制、应用及进出口管理等方面的内容。具体包括：

条例第 3 条规定了从事实验动物的研究、保种、饲育、供应、应用、管理、监督的单位和个人适用于该条例。

对实验动物的一般性管理，条例规定：实验动物的管理，应当遵循统一规划、合理分工，有利于促进实验动物科学研究和应用的原则。国家科学技术委员会（现为科技部）主管全国实验动物工作。省、自治区、直辖市科学技术委员会（现为科技厅或科技局）主管本地区的实验动物工作。国务院各有关部门负责管理本部门的实验动物工作。国家实行实验动物的质量监督和质量合格认证制度。实验动物遗传学、微生物学、营养学和饲育环境等方面的国家标准由国家技术监督局制定（现由国家标准局行使）。

条例的第二章（第 8 条至第 15 条）对实验动物的饲育管理方面进行了规定。条例第 8 条规定，"从事实验动物饲育工作的单位，必须根据遗传学、微生物学、营养学和饲育环境方面的标准，定期对实验动物进行质量监测。各项作业过程和监测数据应有完整、准确的记录，并建立统计报告制度"。条例第 9 条对实验动物的实验区域进行了规定，明确了实验实验动物的实验室和饲育室要有科学的管理制度和操作规定。第 10 条规定了实验动物的品种品系需国内外认可品种并且持有合格证书。第 11 条规定了实验动物分开饲养的依据。第 12 条对实验动物的级别进行了划分，分为四个级别。第 13 条对实验动物的饮食卫生作出了比较细致的规定。第 14 条根据实验动物的不同级别作出了不同实验动物饮用水的规定。第 15 条要求根据不同等级的实验动物的需要提供垫料。

条例的第三章（第 16 条至第 18 条）规定了实验动物的检疫和传染病控制。第 16 条规定，"对引入的实验动物，必须进行隔离检疫。为补充种源或开发新品种而捕捉的野生动物，必须在当地进行隔离检疫，并取得动物检疫部门出具的证明。野生动物运抵实验动物处所，需经再次检疫，方可进入实验动物饲育室"。第 17 条规定"对必须进行预防接种的实验动物，应当根据实验要求或者按照《家畜家禽防疫条例》的有关规定，进行预防接种，但用作生物制品原料的实验动物除外"。第 18 条对实验动物死亡的处理进行了规定，明确规定"实验动物患有传染性疾病的，必须立即视情况分别予以销毁或者隔离治疗。对可能被传染的实验动物，进行紧急预防接种，对饲育室内外可能被污染的区域采取严格消毒措施，并报告上级实验动物管理部门和当地动物检疫、卫生防疫单位，采取紧急预防措施，防止疫病蔓延"。

条例第四章（第 19 条至第 21 条）规定了实验动物的应用。第 19 条明确了应用实验动物的目的，应使用合格实验动物，以及使用不合格实验动物的后果。第 20 条规定了实验动物应具备的资料，包括"品种、品系及亚系的确切名称；遗传背景或其来源；微生物检测状况；合格证书；饲育单位负责人签名"。第 21 条规定实验动物的运输工作应当有专人负责。实验动物的装运工具应当安全、可靠。不得将不同品种、品系或者不同等级的实验动物混合装运。

条例第五章（第 22 条至第 24 条）规定了实验动物的进口与出口的管理。第 22 条规定了实验动物从国外进口应具备的相关资料。第 23 条规定了实验动物出口必须向国家科学技术委员会指定的保种、育种质量监控单位登记。第 24 条规定了进口、出口实验动物的检疫工作，按照《进出境动植物检疫法》的规定办理。

条例第六章（第 25 条至第 27 条）对从事实验动物工作的人员进行了规定。条例规定了从事实验动物工作单位应当根据需要来配备实验科技工作人员，以及经过专业培训的饲育人员，并且各类实验人员都必须遵守实验动物饲育管理的各项制度，熟悉、掌握操作规程。实验动物工作人员的资格审查由地方各级实验动物工作的主管部门进行，逐步实行资格认可制度。第 26 条规定实验动物工作单位对直接接触实验动物的工作人员，必须定期组织体格检查。对患有传染性疾病，不宜承担所做工作的人员，应当及时调换工作。第 27 条规定从事实验动物工作的人员对实验动物必须爱护，不得戏弄或虐待。这条规定是非常典型的动物福利的保护规定。

条例第七章（第 28 条至第 30 条）规定了奖励和处罚。条例规定对长期从事实验动物饲育管理，取得显著成绩的单位或者个人，由管理实验动物工作的部门给予表彰或奖励。对违反该条例规定的单位，由管理实验动物工作的部门视情节轻重，分别给予警告、限期改进、责令关闭的行政处罚。对违反该条例规定的有关工作人员，由其所在单位视情节轻重，根据国家有关规定，给予行政处分。

为贯彻落实《实验动物管理条例》，适应科学研究、经济建设和对外开放的需求，进一步提高实验动物管理工作质量和水平，维护动物福利，促进人与自然和谐发展，国务院科技部于 2006 年发布了《关于善待实验动物的指导性意见》，其中第 2 条："本意见所称善待实验动物，是指在饲养管理和使用实验动物过程中，要采取有效措施，使实验动物免遭不必要的伤害、饥渴、不适、惊恐、折磨、疾病和疼痛，保证动物能够实现自然行为，受到良好的管理与照料，为其提供清洁、舒适的生活环境，提供充足的、保证健康的食物、饮水，避免或减轻疼痛和痛苦等。"引用了国际通行的动物福利概念，是非常值得肯定的做法。

（三）《实验动物质量管理办法》和《实验动物许可证管理办法（试行）》

1. 1997 年原国家科学技术委员会颁布实施的《实验动物质量管理办法》（以下简称办法）。《实验动物质量管理办法》共有 5 章，其中与实验动物福利有关的规定主要体现在对实验动物生产和使用许可证的规范上，主要集中在办法的第三章。

该办法第三章第 9 条规定实验动物生产和使用，实行许可证制度。实验动物生产和使用单位，必须取得许可证。实验动物生产许可证，适用于从事实验动物繁育和商业性经营的单位。第 10 条规定实验动物使用许可证，适用于从事动物实验和利用实验动物生产药品、生物制品的单位。从事实验动物繁育和商业性经营的单位，取得生产许可证，必须具备下列基本条件：实验动物种子来源于国家实验动物保种中心，遗传背景清楚，质量符合国家标准；生产的实验动物质量符合国家标准；具有保证实验动物质量的饲养、繁育环境设施及检测手段；使用的实验动物饲料符合国家标准；具有健全有效的质量管理制度；具有保证正常生产和保证动物质量的专业技术人员、熟练技术工人及检测人员，所有人员持证上岗；有关法律、行政法规规定的其他条件。第 11 条规定从事动物实验和利用实验动物生产药品、生物制品的单位，取得使用许可证必须具备下列基本条件：使用的实验动物，必须有合格证；实验动物饲育环境及设施符合国家标准；实验动物饲料符合国家标准；有经过专业培训的实验动物饲养和动物实验人员；具有健全有效的管理制度；有关法律、行政法规规定的其他条件。第 13 条规定取得许可证的单位，必须接受每年的复查。复查合格者，许可证继续有效；任何一项条件复查不合格的，限期 3 个月进行整改，并接受再次复查。如仍不合格，取消其实验动物生产或使用资格，由发证部门收回许可证。但在条件具备时，可重新提出申请。第15条规定取得许可证的实验动物生产单位，必须对饲养、繁育的实验动物按有关国家标准进行质量检测。出售时应提供合格证。合格证必须标明：实验动物生产许可证号；品种、品系的确切名称；级别；遗传背景或来源；微生物及寄生虫检测状况，并有单位负责人签名。第16条规定实验动物生产单位，供应或出售不合格实验动物，或者合格证内容填写不实的，视情节轻重，可予以警告处分或吊销许可证；给用户造成严重后果的，应承担经济和法律责任。第17条规定未取得实验动物生产许可证的单位，一律不准饲养、繁育和经营实验动物。未取得实验动物使用许可证的单位，进行动物实验和生产药品和生物制品所使用的实验动物，一律视为不合格。

2.《实验动物许可证管理办法（试行）》。由科技部、原卫生部、教育部、原农业部、原国家质检总局、原国家中医药管理局、原解放军总后卫生部于2001年12月5日联合发布，并于2002年1月1日开始实施的《实验动物许可证管理办法（试行）》（以下简称试行办法），代替了卫生部的《医学实验动物管理实施细则》。其中与实验动物福利有关的规范主要有：

该试行办法适用于在我国境内从事和实验动物工作有关的组织和个人。实验动物许可证包括实验动物生产许可证和实验动物使用许可证。实验动物生产许可证，适用于从事实验动物及相关产品保种、繁育、生产、供应、运输及有关商业性经营的组织和个人。实验动物使用许可证适用于使用实验动物及相关产品进行科学研究和实验的组织和个人。

试行办法第5条和第6条规定了许可证的申请条件。试行办法第5条规定的申请实验动物生产许可证的组织和个人必须具备的条件有"实验动物种子来源于国家实验动物保种中心或国家认可的种源单位，遗传背景清楚，质量符合现行的国家标准；具有保证实验动物及相关产品质量的饲养、繁育、生产环境设施及检测手段；使用的实验动物饲料、垫料及饮水等符合国家标准及相关要求；具有保证正常生产和保证动物质量的专业技术人员、熟练技术工人及检测人员；具有健全有效的质量管理制度；生产的实验动物质量符合国家标准；法律、法规规定的其他条件"。试行办法第6条规定的申请实验动物使用许可证的组织和个人，必须具备下列条件："使用的实验动物及相关产品必须来自有实验动物生产许可证的单位，质量合格；实验动物饲育环境及设施符合国家标准；使用的实验动物饲料符合国家标准；有经过专业培训的实验动物饲养和动物实验人员；具有健全有效的管理制度等。"

试行办法第 8 条至第 10 条规定了许可证的审批和发放，明确了"省、自治区、直辖市科技厅（科委）负责受理许可证申请，并进行考核和审批。各省、自治区、直辖市科技厅（科委）受理申请后，应组织专家组对申请单位的申请材料及实际情况进行审查和现场验收，出具专家组验收报告"。

试行办法第 11 条至第 19 条对许可证的管理和监督进行了规定。第 11 条规定"凡取得实验动物生产许可证的单位，应严格按照国家有关实验动物的质量标准进行生产和质量控制，在出售实验动物时，应提供实验动物质量合格证，并附符合标准规定的近期实验动物质量检测报告。实验动物质量合格证内容应该包括生产单位、生产许可证编号、动物品种品系、动物质量等级、动物规格、动物数量、最近一次的质量检测日期、质量检测单位、质量负责人签字，使用单位名称、用途等"。第 12 条规许可证的有效期为 5 年，到期重新审查发证。第 13 条规定了具有实验动物使用许可证的单位在接受外单位委托的动物实验时，双方应签署协议书，使用许可证复印件必须与协议书一并使用，方可作为实验结论合法性的有效文件。第 14 条规定了实验动物许可证不得转借、转让、出租给他人使用，取得实验动物生产许可证的单位也不得代售无许可证单位生产的动物及相关产品。第 15 条规定了取得实验动物许可证的单位，需变更许可证登记事项，应提前 1 个月向原发证机关提出申请。第 16 条规定了许可证实行年检管理制度。年检不合格的单位，由省、自治区、直辖市科技厅（科委）吊销其许可证，并报科技部及有关部门备案，予以公告。第 17 条规定了未取得实验动物生产许可证的单位不得从事实验动物生产、经营活动。未取得实验动物使用许可证的单位，或者使用的实验动物及相关产品来自未取得生产许可证的单位或质量不合格的，所进行的动物实验结果不予承认。

试行办法的第 18 条对违反规定需承担的法律责任进行了规定，"已取得实验动物许可证的单位，违反本办法第 14 条规定或生产、使用不合格的动物，一经核实，发证机关有权收回其许可证，并予公告。情节恶劣、造成严重后果的，依法追究行政责任和法律责任"。

（四）《北京市实验动物管理条例》

《北京市实验动物管理条例》（以下简称北京条例）是我国第一部有关动物管理的地方性法规，其影响深远。此后，北京市科委又先后依据北京条例制定了《北京市实验动物质量检测机构管理办法（试行）》《关于加强北京市实验动物行政执法工作的实施办法》等一系列相关规章，建立了实验动物质量检测机构管理、实验动物从业人员培训管理、实验动物许可证管理、行政审批办法和质量监督守则等一个比较完整的实验动物管理制度体系。2004 年 12 月 2 日，经北京市第十二届人民代表大会常务委员会第十七次会议修订的《北京市实验动物管理条例》在总则的第 7 条明确提出"从事实验动物工作的单位和个人，应当维护动物福利，保障生物安全，防止环境污染"。[1] 这是我国在实验动物福利上的一个重大突破。之后北京市实验动物管理办公室根据北京条例出台了《北京市实验动物质量检测机构管理办法（试行）》《北京市实验动物从业人员健康体检管理办法》《北京市实验动物福利伦理审查指南》，进一步完善了管理体系。

北京条例分为总则、从事实验动物工作的单位及人员、实验动物的生产、实验动物的应用、实验动物的防疫、监督检查、法律责任和附则八章。其基本原则是协调统一，加强规划，合理分工，资源共享，有利于市场规范，促进实验动物的科学研究、生产和应用。

北京条例第一章（第 1 条至第 8 条）对其的目的、适用范围、原则、执行标准等作出了规定，明确地提出了应维护动物福利、保障生物安全，并且提出了对管理中工作突出的人员和单位应予以奖励。

北京条例第二章（第 9 条至第 13 条）主要针对从事实验动物工作的单位和人员进行了规定。第 9 条规定从事实验动物工作的单位，应当配备科技人员，有实验动物管理机构负责实验动物工作中涉及实验动物项目的管理，并对动物实验进行伦理审查。第 10 条规定从事实验动物工作的单位，应当组织从业人员进行专业培训。未经培训的，不得上岗。第 11 条规定从事实验动物工作的单位，应当组织实验动物专业技术人员参加实验动物学及相关专业的继续教育。第 12 条规定从事实验动物工作的单位，应当组织技术工人参加技术等级考核；对从事实验动物工作的专业技术人员，根据其岗位特点和专业水平评定、晋升专业技术职务。从事实验动物工作的单位，应当采取防护措施，保证从业人员的健康与安全，组织从业人员每年进行身体检查，及时调整健康状况不宜从事实验动物工作的人员。第 13 条和第 14 条规定了从事实验动物工作的人员，应当遵守实验动物的各项管理规定；取得实验动物许可证的单位和个人，生产或者应用实验用犬的，免交管理服务费。这里我们需要注意的是，这一条例首次提出了"对动物实验进行伦理审查"的要求。

北京条例第三章（第 15 条至第 21 条）对实验动物的生产进行了规定。第

---

[1]　刘文菊："北京实验动物立法走在全国前列"，载《科技潮》2004 年第 12 期。

15 条规定从事实验动物及相关产品保种、繁育、生产、供应、运输及有关商业性经营的单位和个人，应当按照实验动物生产许可证许可范围，生产供应或者出售合格的实验动物及相关产品。第 16 条规定实验动物生产环境设施应当符合不同等级实验动物标准要求。不同等级、不同品种的实验动物，应当按照相应的标准，在不同的环境设施中分别管理，使用合格的饲料、笼具、垫料等用品。第 17 条规定从事实验动物保种、繁育的单位和个人，应当采用国内、国际公认的品种、品系和标准的繁育方法。为补充种源、开发实验动物新品种或者科学研究需要捕捉野生动物的，应当按照国家有关法律、法规办理。第 18 条规定了从事实验动物及其相关产品生产的单位和个人，应当根据遗传学、寄生虫学、微生物学、营养学和生产环境设施方面的标准，定期进行质量检测。各项操作过程和检测数据应当有完整、准确的记录。第 19 条规定了从事实验动物及其相关产品生产的单位和个人，供应或者出售实验动物及相关产品时，应当提供质量合格证明。合格证明应当标明实验动物或者相关产品的确切名称、等级、数量、质量检测情况、购买单位名称、出售日期、许可证编号等内容，由出售单位负责人签字并加盖公章。第 20 条规定了运输实验动物使用的转运工具和笼器具，应当符合所运实验动物的微生物和环境质量控制标准。不同品种、品系、性别和等级的实验动物，不得在同一笼盒内混合装运。

北京条例第四章（第 22 条至第 26 条）对实验动物的应用进行了规定。第 22 条规定了利用实验动物从事科研、生产、检定、检验和其他活动的单位和个人，应当按照使用许可证许可范围，使用合格的实验动物。第 23 条规定动物实验环境设施应当符合相应实验动物等级标准的要求，使用合格的饲料、笼具、垫料等用品。涉及放射性和感染性等有特殊要求的实验室，应当按照有关规定执行。第 24 条规定了进行动物实验应当根据实验目的，使用相应等级标准的实验动物。不同品种、不同等级和互有干扰的动物实验，不得在同一试验间进行。第 25 条规定了申报科研课题、鉴定科研成果、进行检定检验和以实验动物为生产材料生产制品，应当把应用合格实验动物和使用相应等级的动物实验环境设施作为基本条件。应用不合格的实验动物或者在不合格的实验环境设施内取得的动物实验结果无效，生产的制品不得出售。第 26 条规定了从事动物实验的人员应当遵循替代、减少和优化的原则进行实验设计，使用正确的方法处理实验动物。这些规定，和《实验动物管理条例》的规定相比，增加了许可证、环境设施、实验原则和等级使用等方面的内容，相比与原来的规定内容更为广泛更为完善。

北京条例第五章（第 27 条至第 29 条）对实验动物的防疫进行了规定，但是规定比较原则性，比如第 27 条"实验动物的预防免疫，应当结合实验动物的特殊要求办理"。何谓特殊要求没有具体的规定，这也给北京条例的具体实施带来了一定了阻碍。

北京条例第六章（第 30 条至第 32 条）对监督检查进行了规定。第 30 条规定市科学技术行政部门对本市从事实验动物生产与应用的单位和个人进行监督检查，监督检查结果应当公示。第 31 条规定聘请实验动物质量监督员，协助其对本市实验动物生产和应用活动进行监督检查。第 32 条规定了对从事实验动物生产和应用的单位和个人建立信用管理制度。市科学技术行政部门应当公布实验动物许可单位和个人的信用信息。鼓励公民向市科学技术行政部门举报违法从事实验动物生产和应用的行为。新修订的北京条例增加了检查人员的聘用、检查结果公示、信用管理、对违法行为的举报等内容，较之于《实验动物管理条例》内容更为丰富，也更有可行性，加强了与群众的联系更为人性化。

此外，2005 年 7 月 29 日，湖北省第十届人大常委会第十六次会议通过了《湖北省实验动物管理条例》。该条例共分 7 章 39 条，对实验动物的生产与经营、应用、质量检测与防疫、生物安全与动物福利、管理与监督等活动进行规范，并明确了相关的法律责任。该条例明确规定实验动物工作实行许可制度，省科学技术行政部门负责本省行政区域内的实验动物管理工作。

有一点需要说明的是，关于野生动物被应用于科学目的的问题，《野生动物保护法》第 16 条规定，禁止猎捕、杀害国家重点保护野生动物。因科学研究需要捕捉、捕捞国家保护野生动物的，必须申请特许猎捕证。第 22 条规定，禁止出售、购买、利用国家重点保护野生动物或者其产品。因科学研究需要出售、购买、利用国家保护野生动物的，必须经过批准。这些规定涉及野生实验动物的捕捉和捕捞问题。

除此之外，《实验动物环境及设施国家标准》《实验动物机构、质量和能力的通用要求》《实验动物福利伦理审查指南》《动物实验人道终点评审指南》《猕猴属实验动物人工饲养繁育技术及管理标准》等初步构成了我国实验动物标准体系。

### 五、中国农场动物保护法律规定

农场动物为人类提供肉类、皮毛、蛋类及其他制品，其福利状况与人直接相关，因此，国外动物福利立法一般都将农场动物的福利作为其立法重点。这直接导致我国在近年来在动物产品的国际贸易中承受着巨大压力。越来越多的发达国家已经开始运用动物福利条款对国际贸易施加影响，如果肉用动物在饲养、运输、屠宰过程中不按动物福利的标准执行，检验指标就会出问题，从而影响肉食品的出口。我国一些经不符合动物福利标准的饲养、运输和屠宰的牲畜产品被他们拒之于国门之外。中国是一个农业大国，农产品包括动物及其产品出口越来越多。[1] 但我国与此相关的法律有限，在运输和屠宰环节的立法尚属空白，尤其是我国虐杀动物的生产方法早已经遭到了海内外的强烈抗议，甚至引起了市场萎缩并导致产品停产。即使已有的立法，无论从其立法原则还是具体内容来看也都远远没有达到福利一词的标准。欧盟销毁我国出口的肉食品就是出于这样的原因。可以这样说，动物福利正渐渐作为一项继"价格保护""技术堡垒"之后的"绿色壁垒"或"道德堡垒"，极大地影响着我国动物及其产品的贸易。

（一）我国农场动物保护法的主要渊源

1. 法律。《宪法》第 9 条规定："矿藏、水流、森林、山岭、草原、荒地、滩涂等自然资源，都属于国家所有，即全民所有；由法律规定属于集体所有的森林和山岭、草原、荒地、滩涂除外。国家保障自然资源的合理利用，保护珍贵的动物和植物。禁止任何组织或者个人用任何手段侵占或者破坏自然资源。"这是农场动物保护法律法规制定的宪法依据。

由全国人大常委会制定，于 2006 年 7 月 1 日开始实施并于 2015 年第一次修正的《畜牧法》是畜牧类农场动物福利保护的基本法。[2] 此外，涉及农场动物保护的法律还有 1992 年实施并于 2009 年修订的《进出境动植物检疫法》、1998年实施并于 2015 年修订的《动物防疫法》，2018 年修订的《野生动物保护法》也规定了野生动物驯养等和农场动物保护有关的内容。

2. 行政法规与部委规章。行政法规层面上，我国于 1985 年实施了《家畜家禽防疫条例》（已失效），1994 年实施了《种畜禽管理条例》（已失效），1997年实施了《进出境动植物检疫法实施条例》，2017 年修订了《饲料和饲料添加剂管理条例》，2020 年修订了《兽药管理条例》等。

---

[1] 刘哲石："我国动物福利保护立法存在的问题及完善"，载《湖南师范大学社会科学学报》2008 年第 3 期。

[2] 刘哲石："我国动物福利保护立法存在的问题及完善"，载《湖南师范大学社会科学学报》2008 年第 3 期。

涉及农场动物保护的部委规章主要有：1989 年农业部公布的《兽药药政药检管理办法》（已失效）和《进口兽药管理办法》（已失效）；1992 年实施的《家畜家禽防疫条例实施细则》（已失效），1996 年实施的《兽用生物制品管理办法》（已失效），1995 年实施的《农业系统实验动物管理办法》；2002 年实施的《动物检疫管理办法》《动物免疫标识管理办法》（已废止）和《兽药生产质量管理规范》；2003 年实施的《兽药生产质量管理规范检查验收办法》；2004 年实施的《猪口蹄疫 O 型灭活疫苗质量标准》；2005 年实施的《兽药注册办法》《兽用生物制品注册分类及注册资料要求》《中兽药、天然药物分类及注册资料要求》《兽用消毒剂分类及注册资料要求》《兽药变更注册事项及申报资料要求》《进口兽药再注册申报资料项目》和 2012 年实施的《饲料和饲料添加剂生产许可管理办法》等。

3. 地方性立法。地方性法规主要有，2002 年实施的《广东省动物防疫条例》、2004 年实施的《云南省动物防疫条例》、2017 年实施的《青海省动物防疫条例》、2018 年实施的《贵州省动物防疫条例》等。

民族自治条例和单行条例涉及农场动物保护的主要有，2003 年凉山彝族自治州人大常委会通过的《凉山彝族自治州实施〈四川省《中华人民共和国动物防疫法》实施办法〉及补充规定》等。其他地方性规范文件还有伊犁哈萨克自治州政府 2005 年实施的《州直高致病性禽流感应急预案》等。

（二）专门规范《畜牧法》主要规定

于 2006 年 7 月 1 日开始实施并于 2015 年第一次修订的《畜牧法》对畜禽的福利保护作出了相应的规定。《畜牧法》有关农场动物的范围界定是比较模糊的。其第 72 条规定："本法所称种畜禽，是指经过选育、具有种用价值、适于繁殖后代的畜禽及其卵子（蛋）、胚胎、精液等。"该概念所界定的动物范围，根据该法第 2 条"在中华人民共和国境内从事畜禽的遗传资源保护利用、繁育、饲养、经营、运输等活动，适用本法"的规定，仅限于畜禽。按照字面意思，畜禽仅包括家禽、兔、狐、犬、羊、牛、猪、马、驴、骡等，不包括蜜蜂、蚕、蛇等爬虫动物、鱼等水生动物、甲鱼等甲壳动物、牛蛙等两栖动物。但是《畜牧法》又明文规定了蜜蜂和蚕的养殖管理问题，而对于蛇等爬虫动物、甲鱼等甲壳动物、牛蛙等两栖动物、鱼等水生动物，《畜牧法》又没有明确涉及。根据农业部畜禽新品种的范围规定和其他文件的规定来看，蛇等爬虫动物、甲鱼等甲壳动物、牛蛙等两栖动物、鱼等水生动物没有被纳入畜禽的范畴，而是属于水产和其他动物的范围。

《畜牧法》分总则、畜禽遗传资源保护、种畜禽品种选育与生产经营、畜禽养殖、畜禽交易与运输、质量和安全保障、法律责任和附则共 8 章。

对畜牧业的主管，该法的规定是：国务院畜牧兽医行政主管部门负责全国畜牧业的监督管理工作。县级以上地方人民政府畜牧兽医行政主管部门负责本行政区域内的畜牧业监督管理工作。县级以上人民政府有关主管部门在各自的职责范围内，负责有关促进畜牧业发展的工作。国务院畜牧兽医行政主管部门应当指导畜牧业生产经营者改善畜禽繁育、饲养、运输的条件和环境。

第三章是对种畜禽品种选育与生产经营的规定。国家扶持畜禽品种的选育和优良品种的推广使用，支持企业、院校、科研机构和技术推广单位开展联合育种，建立畜禽良种繁育体系。从事种畜禽生产经营或者生产商品代仔畜、雏禽的单位、个人，应当取得种畜禽生产经营许可证。其应当具备下列条件：生产经营的种畜禽必须是通过国家畜禽遗传资源委员会审定或者鉴定的品种、配套系，或者是经批准引进的境外品种、配套系；有与生产经营规模相适应的畜牧兽医技术人员；有与生产经营规模相适应的繁育设施设备；具备法律、行政法规和国务院畜牧兽医行政主管部门规定的种畜禽防疫条件；有完善的质量管理和育种记录制度；具备法律、行政法规规定的其他条件。种畜禽场和孵化场（厂）销售商品代仔畜、雏禽的，应当向购买者提供其销售的商品代仔畜、雏禽的主要生产性能指标、免疫情况、饲养技术要求和有关咨询服务，并附具动物防疫监督机构出具的检疫合格证明。

《畜牧法》在畜禽养殖方面有关农场动物福利的规定主要有：县级以上人民政府畜牧兽医行政主管部门应当根据畜牧业发展规划和市场需求，引导和支持畜牧业结构调整，发展优势畜禽生产，提高畜禽产品市场竞争力。国家支持草原牧区开展草原围栏、草原水利、草原改良、饲草饲料基地等草原基本建设，优化畜群结构，改良牲畜品种，转变生产方式，发展舍饲圈养、划区轮牧，逐步实现畜草平衡，改善草原生态环境。国务院和省级人民政府应当在其财政预算内安排支持畜牧业发展的良种补贴、贴息补助等资金，并鼓励有关金融机构通过提供贷款、保险服务等形式，支持畜禽养殖者购买优良畜禽、繁育良种、改善生产设施、扩大养殖规模，提高养殖效益。国家支持农村集体经济组织、农民和畜牧业合作经济组织建立畜禽养殖场、养殖小区，发展规模化、标准化养殖。畜禽养殖场、养殖小区应当具备下列条件：有与其饲养规模相适应的生产场所和配套的生产设施；有为其服务的畜牧兽医技术人员；具备法律、行政法规和国务院畜牧兽医行政主管部门规定的防疫条件；有对畜禽粪便、废水和其他固体废弃物进行综合利用的沼气池等设施或者其他无害化处理设施；具备法律、行政法规规定的其他条件。养殖场、养殖小区兴办者应当将养殖场、养殖小区的名称、养殖地址、畜禽品种和养殖规模，向养殖场、养殖小区所在地县级人民政府畜牧兽医行政主管部门备案，取得畜禽标识代码。畜禽养殖场应当建立养殖档案，载明以下内容：畜禽的品种、数量、繁殖记录、标识情况、来源和进出场日期；饲料、饲料添加剂、兽药等投入品的来源、名称、使用对象、时间和用量；检疫、免疫、消毒情况；畜禽发病、死亡和无害化处理情况；国务院畜牧兽医行政主管部门规定的其他内容。畜禽养殖场应当为其饲养的畜禽提供适当的繁殖条件和生存、生长环境。从事畜禽养殖，不得有下列行为：违反法律、行政法规的规定和国家技术规范的强制性要求使用饲料、饲料添加剂、兽药；使用未经高温处理的餐馆、食堂的泔水饲喂家畜；在垃圾场或者使用垃圾场中的物质饲养畜禽；法律、行政法规和国务院畜牧兽医行政主管部门规定的危害人和畜禽健康的其他行为。从事畜禽养殖，应当依照《动物防疫法》的规定，做好畜禽疫病的防治工作。

在畜禽运输方面，该法规定，运输畜禽，必须符合法律、行政法规和国务院畜牧兽医行政主管部门规定的动物防疫条件，采取措施保护畜禽安全，并为运输的畜禽提供必要的空间和饲喂饮水条件。在质量安全保障方面，该法规定，县级以上人民政府应当组织畜牧兽医行政主管部门和其他有关主管部门，依照本法和有关法律、行政法规的规定，加强对畜禽饲养环境、种畜禽质量、饲料和兽药等投入品的使用以及畜禽交易与运输的监督管理。国务院畜牧兽医行政主管部门应当制定畜禽标识和养殖档案管理办法，采取措施落实畜禽产品质量责任追究制度。

（三）有关农场动物保护的专门性规定

1. 关于农场动物免疫和防疫的专门规定。

（1）《动物防疫法》的相关规定。现行《动物防疫法》是全国人大常委会于1997年通过实施并于2015年最新修订的。它只适用于在中华人民共和国领域内的动物防疫及其监督管理活动。进出境动物、动物产品的检疫，适用《进出境动植物检疫法》。《动物防疫法》分总则，动物疫病的预防，动物疫情的报告、通报和公布，动物疫病的控制和扑灭，动物和动物产品的检疫，动物诊疗，监督管理，保障措施，法律责任和附则共10章。其中对农场动物防疫的规定主要有：饲养动物的单位和个人应当依法履行动物疫病强制免疫义务，按照兽医主管部门的要求做好强制免疫工作。从事动物饲养、屠宰、经营、隔离、运输以及动物产品生产、经营、加工、贮藏等活动的单位和个人，应当依照该法和国务院兽医主管部门的规定，做好免疫、消毒等动物疫病预防工作。种用、乳用动物和宠物应当符合国务院兽医主管部门规定的健康标准。种用、乳用动物应当接受动物疫病预防控制机构的定期检测；检测不合格的，应当按照国务院兽医主管部门的规定予以处理。动物饲养场（养殖小区）和隔离场所，动物屠宰加工场所，以及动物和动物产品无害化处理场所，应当符合下列动物防疫条件：场所的位置与居民生活区、生活饮用水源地、学校、医院等公共场所的距离符合国务院兽医主管部门规定的标准；生产区封闭隔离，工程设计和工艺流程符合动物防疫要求；有相应的污水、污物、病死动物、染疫动物产品的无害化处理设施设备和清洗消毒设施设备；有为其服务的动物防疫技术人员；有完善的动物防疫制度等；具备国务院兽医主管部门规定的其他动物防疫条件。经营动物、动物产品的集贸市场应当具备国务院兽医主管部门规定的动物防疫条件，并接受动物卫生监督机构的监督检查。从事动物诊疗活动的机构，应当具备下列条件：有与动物诊疗活动相适应并符合动物防疫条件的场所；有与动物诊疗活动相适应的执业兽医；有与动物诊疗活动相适应的兽医器械和设备；有完善的管理制度。设立从事动物诊疗活动的机构，应当向县级以上地方人民政府兽医主管部门申请动物诊疗许可证。县级以上人民政府应当建立健全动物疫情监测网络，加强动物疫情监测。国务院兽医主管部门应当制定国家动物疫病监测计划。省、自治区、直辖市人民政府兽医主管部门应当根据国家动物疫病监测计划，制定本行政区域的动物疫病监测计划。动物疫病预防控制机构应当按照国务院兽医主管部门的规定，对动物疫病的发生、流行等情况进行监测；从事动物饲养、屠宰、经营、隔离、运输以及动物产品生产、经营、加工、贮藏等活动的单位和个人不得拒绝或者阻碍等。

（2）《动物检疫管理办法》。最新版的《动物检疫管理办法》是原农业部2002年通过实施并由农业农村部于2019年修订的。该办法规定，县级以上地方人民政府兽医主管部门主管本行政区域内的动物检疫工作。县级以上地方人民政府设立的动物卫生监督机构负责本行政区域内动物、动物产品的检疫及其监督管理工作。动物卫生监督机构指派官方兽医按照《动物防疫法》和该办法的规定对动物、动物产品实施检疫，出具检疫证明，加施检疫标志。动物卫生监督机构可以根据检疫工作需要，指定兽医专业人员协助官方兽医实施动物检疫。动物检疫遵循过程监管、风险控制、区域化和可追溯管理相结合的原则。动物卫生监督机构应当根据检疫工作需要，合理设置动物检疫申报点，并向社会公布动物检疫申报点、检疫范围和检疫对象。出售或者运输的动物、动物产品经所在地县级动物卫生监督机构的官方兽医检疫合格，并取得《动物检疫合格证明》后，方可离开产地。县级动物卫生监督机构依法向屠宰场（厂、点）派驻（出）官方兽医实施检疫。屠宰场（厂、点）应当提供与屠宰规模相适应的官方兽医驻场检疫室和检疫操作台等设施。出场（厂、点）的动物产品应当经官方兽医检疫合格，加施检疫标志，并附有《动物检疫合格证明》。出售或者运输水生动物的亲本、稚体、幼体、受精卵、发眼卵及其他遗传育种材料等水产苗种的，货主应当提前 20 天向所在地县级动物卫生监督机构申报检疫；经检疫合格，并取得《动物检疫合格证明》后，方可离开产地。向无规定动物疫病区运输相关易感动物、动物产品的，除附有输出地动物卫生监督机构出具的《动物检疫合格证明》外，还应当向输入地省、自治区、直辖市动物卫生监督机构申报检疫。跨省、自治区、直辖市引进乳用动物、种用动物及其精液、胚胎、种蛋的，货主应当填写《跨省引进乳用种用动物检疫审批表》，向输入地省、自治区、直辖市动物卫生监督机构申请办理审批手续。屠宰、经营、运输以及参加展览、演出和比赛的动物，应当附有《动物检疫合格证明》；经营、运输的动物产品应当附有《动物检疫合格证明》和检疫标志。

（3）《畜禽标识和养殖档案管理办法》。2002 年原农业部颁布了《动物免疫标识管理办法》，但是这一部法律的实施时间并不长，2006 年原农业部新颁布的《畜禽标识和养殖档案管理办法》（以下简称新办法）将其替代。新办法所称畜禽标识是指经农业部批准使用的耳标、电子标签、脚环以及其他承载畜禽信息的标识物，规定了畜禽标识制度应当坚持统一规划、分类指导、分步实施、稳步推进的原则，并且规定将畜禽标识所需费用列入省级人民政府财政预算。

新办法在畜禽标识管理方面规定：畜禽标识实行一畜一标，编码应当具有唯一性。畜禽标识编码由畜禽种类代码、县级行政区域代码、标识顺序号共 15 位数字及专用条码组成。农业部制定并公布畜禽标识技术规范，生产企业生产的畜禽标识应当符合该规范规定。省级动物疫病预防控制机构统一采购畜禽标识，逐级供应。畜禽标识生产企业不得向省级动物疫病预防控制机构以外的单位和个人提供畜禽标识。畜禽养殖者应当向当地县级动物疫病预防控制机构申领畜禽标识，并按照规定对畜禽加施畜禽标识。畜禽标识严重磨损、破损、脱落后，应当及时加施新的标识，并在养殖档案中记录新标识编码。动物卫生监督机构实施产地检疫时，应当查验畜禽标识。没有加施畜禽标识的，不得出具检疫合格证明。动物卫生监督机构应当在畜禽屠宰前，查验、登记畜禽标识。

畜禽屠宰经营者应当在畜禽屠宰时回收畜禽标识，由动物卫生监督机构保存、销毁。畜禽经屠宰检疫合格后，动物卫生监督机构应当在畜禽产品检疫标志中注明畜禽标识编码。省级人民政府畜牧兽医行政主管部门应当建立畜禽标识及所需配套设备的采购、保管、发放、使用、登记、回收、销毁等制度。

新办法第三章（第18条至24条）对养殖档案管理作出了规定，主要包括：畜禽养殖场应当建立养殖档案，应载明相关内容。县级动物疫病预防控制机构应当建立畜禽防疫档案，载明以下内容：①畜禽养殖场：名称、地址、畜禽种类、数量、免疫日期、疫苗名称、畜禽养殖代码、畜禽标识顺序号、免疫人员以及用药记录等。②畜禽散养户：户主姓名、地址、畜禽种类、数量、免疫日期、疫苗名称、畜禽标识顺序号、免疫人员以及用药记录等。畜禽养殖场、养殖小区应当依法向所在地县级人民政府畜牧兽医行政主管部门备案，取得畜禽养殖代码。畜禽养殖代码由县级人民政府畜牧兽医行政主管部门按照备案顺序统一编号，每个畜禽养殖场、养殖小区只有一个畜禽养殖代码。畜禽养殖代码由6位县级行政区域代码和4位顺序号组成，作为养殖档案编号。饲养种畜应当建立个体养殖档案，注明标识编码、性别、出生日期、父系和母系品种类型、母本的标识编码等信息。种畜调运时应当在个体养殖档案上注明调出和调入地，个体养殖档案应当随同调运。养殖档案和防疫档案保存时间：商品猪、禽为2年，牛为20年，羊为10年，种畜禽长期保存。从事畜禽经营的销售者和购买者应当向所在地县级动物疫病预防控制机构报告更新防疫档案相关内容。销售者或购买者属于养殖场的，应及时在畜禽养殖档案中登记畜禽标识编码及相关信息变化情况。畜禽养殖场养殖档案及种畜个体养殖档案格式由农业部统一制定。

新办法第四章和第五章对信息管理和监督管理作出了规定，要求农业部建立包括国家畜禽标识信息中央数据库在内的国家畜禽标识信息管理系统。省级人民政府畜牧兽医行政主管部门建立本行政区域畜禽标识信息数据库，并成为国家畜禽标识信息中央数据库的子数据库。另外，规定县级以上地方人民政府畜牧兽医行政主管部门所属动物卫生监督机构具体承担本行政区域内畜禽标识的监督管理工作。县级以上人民政府畜牧兽医行政主管部门应当根据畜禽标识、养殖档案等信息对畜禽及畜禽产品实施追溯和处理。国外引进的畜禽在国内发生重大动物疫情，由农业部会同有关部门进行追溯。任何单位和个人不得销售、收购、运输、屠宰应当加施标识而没有标识的畜禽。

2. 有关饲料和饲料添加剂管理的主要规定。

（1）《饲料和饲料添加剂管理条例》。《饲料和饲料添加剂管理条例》于

1999 年公布并实施，2017 年 3 月 1 日修订。该条例分为总则、审定与进口管理、生产，经营管理、罚则和附则共 5 章。该条例所规定的饲料，是指经工业化加工、制作的供动物食用的产品，包括单一饲料、添加剂预混合饲料、浓缩饲料、配合饲料和精料补充料。饲料添加剂，是指在饲料加工、制作、使用过程中添加的少量或者微量物质，包括营养性饲料添加剂和一般饲料添加剂。饲料添加剂的品种目录由国务院农业行政主管部门制定并公布。国务院农业行政主管部门负责全国饲料、饲料添加剂的监督管理工作。县级以上地方人民政府负责饲料、饲料添加剂管理的部门，负责本行政区域内的饲料、饲料添加剂的监督管理工作。

该条例在研制方面的规定主要包括有：国家鼓励研制新饲料、新饲料添加剂。研制新饲料、新饲料添加剂，应当遵循科学、安全、有效、环保的原则，保证新饲料、新饲料添加剂的质量安全。研制的新饲料、新饲料添加剂投入生产前，研制者或者生产企业应当向国务院农业行政主管部门提出审定申请，并提供该新饲料、新饲料添加剂的样品和下列资料：新产品的名称、主要成分和理化性质；新产品的研制方法、生产工艺、质量标准和检测方法；新产品的饲喂效果、残留消解动态和毒理；环境影响报告和污染防治措施。

该条例关于生产企业的设立方面也作出了明确的规定，设立饲料、饲料添加剂生产企业，应当符合饲料工业发展规划和产业政策，并有与生产饲料、饲料添加剂相适应的厂房、设备和仓储设施；有与生产饲料、饲料添加剂相适应的专职技术人员；有必要的产品质量检验机构、人员、设施和质量管理制度；有符合国家规定的安全、卫生要求的生产环境；有符合国家环境保护要求的污染防治措施等。

该条例在经营方面的规定主要有：饲料、饲料添加剂生产企业应当按照国务院农业行政主管部门的规定和有关标准，对采购的饲料原料、单一饲料、饲料添加剂、药物饲料添加剂、添加剂预混合饲料和用于饲料添加剂生产的原料进行查验或者检验。出厂销售的饲料、饲料添加剂应当包装，包装应当符合国家有关安全、卫生的规定。饲料、饲料添加剂的包装上应当附具标签。标签应当以中文或者适用符号标明产品名称、原料组成、产品成分分析保证值、净重或者净含量、贮存条件、使用说明、注意事项、生产日期、保质期、生产企业名称以及地址、许可证明文件编号和产品质量标准等。加入药物饲料添加剂的，还应当标明"加入药物饲料添加剂"字样，并标明其通用名称、含量和休药期。乳和乳制品以外的动物源性饲料，还应当标明"本产品不得饲喂反刍动物"

字样。

此外该条例在动物进口方面规定，向中国出口的饲料、饲料添加剂应当符合中国有关检验检疫的要求，由出入境检验检疫机构依法实施检验检疫，并对其包装和标签进行核查。包装和标签不符合要求的，不得入境。境外企业不得直接在中国销售饲料、饲料添加剂。境外企业在中国销售饲料、饲料添加剂的，应当依法在中国境内设立销售机构或者委托符合条件的中国境内代理机构销售。

（2）《饲料和饲料添加剂生产许可管理办法》。为加强饲料、饲料添加剂生产许可管理，维护饲料、饲料添加剂生产秩序，保障饲料、饲料添加剂质量安全，2012 年农业部根据《饲料和饲料添加剂管理条例》制定并颁布了《饲料和饲料添加剂生产许可管理办法》。

该办法对添加剂预混合饲料作了明确的界定，将其分类为复合预混合饲料、微量元素预混合饲料和维生素预混合饲料。饲料添加剂和添加剂预混合饲料生产许可证由农业部核发。单一饲料、浓缩饲料、配合饲料和精料补充料生产许可证由省级人民政府饲料管理部门核发。

设立饲料、饲料添加剂生产企业，应当符合饲料工业发展规划和产业政策，并具备下列条件：有与生产饲料、饲料添加剂相适应的厂房、设备和仓储设施；有与生产饲料、饲料添加剂相适应的专职技术人员；有必要的产品质量检验机构、人员、设施和质量管理制度；有符合国家规定的安全、卫生要求的生产环境；有符合国家环境保护要求的污染防治措施；农业部制定的饲料、饲料添加剂质量安全管理规范规定的其他条件。

该办法规定了许可证的申请办理程序。申请设立饲料、饲料添加剂生产企业，申请人应当向生产地省级饲料管理部门提出申请，并提交农业部规定的申请材料。申请人凭生产许可证办理工商登记手续。取得饲料添加剂、添加剂预混合饲料生产许可证的企业，应当向省级饲料管理部门申请核发产品批准文号。

该办法对委托生产饲料和饲料添加剂的行为作了规定。生产企业委托其他饲料、饲料添加剂企业生产的，应当具备下列条件，并向各自所在地省级饲料管理部门备案：委托产品在双方生产许可范围内；委托生产饲料添加剂、添加剂预混合饲料的，双方还应当取得委托产品的产品批准文号；签订委托合同，依法明确双方在委托产品生产技术、质量控制等方面的权利和义务。委托方与受托方共同承担饲料和饲料添加剂质量安全的连带法律责任。

生产许可证的有效期为 5 年。生产企业若增加、更换生产线的，增加单一饲料、饲料添加剂产品品种的，生产场所迁址的，或有农业部规定的其他情形的，需要重新申请生产许可证。同时还规定了需办理变更生产许可证手续的情形，以及撤销生产许可证的情形。

该办法对生产许可证的监督管理作了规定。县级以上人民政府饲料管理部门应当加强对饲料、饲料添加剂生产企业的监督检查，依法查处违法行为，并建立饲料、饲料添加剂监督管理档案，记录日常监督检查、违法行为查处等情况。

### 六、中国其他驯养动物保护的法律规定

中国其他驯养动物保护的法律规定包括伴侣动物、工作动物和娱乐动物。

（一）伴侣动物保护的法律规定

伴侣动物又称宠物，是指那些适于家庭饲养，用于丰富人类精神生活，提高人类生活质量的动物。宠物一般被视为家庭成员，所以其福利较其他动物来说要求会更高，也更多地体现人类对其的精神价值取向而非经济价值。我国尚未有对伴侣动物保护的专门立法。

洛克曾经从教育的角度论述，"折磨和杀死野兽会逐渐地使他们（孩子）的思维冷酷无情，甚至接近成年人；并且使动物痛苦和破坏低级生物中取乐也不利于他们变得很有同情心或形成他们性格中的这一部分……在混乱的外部环境中，孩子不应失去人类本性中的仁慈；他们越是仁慈，他们就会被教育得品行越好，他们就会对那些地位较低、占有（财产）很小部分的同胞们越有同情心和仁慈"。[1] 所以，对于伴侣动物的爱护与其他动物显著的区别就在于，其体现出更多的道德因素，且体现的更多的是其对人类精神价值而非单纯意义上的经济价值。禁止虐待伴侣动物，也是国外动物福利立法的重要方面。例如，英国除了在《动物福利法》中规定了人对动物的关照责任，还有专门的《宠物动物法》保护用于销售的家庭宠物的福利，规定宠物店许可制度，宠物店为动物提供的食宿、安全、健康和饮食标准，还有《动物遗弃法》明确规定了遗弃动物属于犯罪行为，《动物寄宿场所法》规定了为家庭宠物提供住宿的商业场所的许可证、住宿、饮食、安全等标准，从而建立了一个较为完备的伴侣动物福利制度。

与此相对的是，我国近年来却频频出现对于虐待伴侣动物的事件，这些事

---

[1] John Locke, *Cruelty is Not Nature*, in Andrew Linzey and Paul Barry Clarke（ed.），Animal Rights: A Historical Anthology, Columbia University Press, 2004, pp. 119–121.

件在社会上引起轩然大波，并引发了民众对此的积极讨论，"为动物立法"这一思想也正是因为这些事件在民众中间慢慢传播开来并得到越来越多人的支持与认可。因此笔者认为，我国的动物福利立法大可以借助民众在这方面的认同，以伴侣动物的福利立法入手普及动物福利概念，最后促成整个动物福利法律体系的建立。但是，在这个问题上还是要充分考虑我国的国情，在提高伴侣动物的福利的同时，切实加强对伴侣动物的管理。

1. 伴侣动物保护法的渊源。在法律层面，1992 年实施的《进出境动植物检疫法》中有涉及伴侣动物进出口检疫的规定；2015 年的《动物防疫法》涉及伴侣动物的防疫问题。

在行政法规和部委规章层面，1994 年实施的《种畜禽管理条例》（已失效）适用于属于种畜禽的伴侣动物；1997 年的《进出境动植物检疫法实施条例》和伴侣动物的进出境有关；2017 年修订的《饲料和饲料添加剂管理条例》与伴侣动物的繁殖饲养有关；2020 年修订的《兽药管理条例》和伴侣动物的免疫和医疗有关。此外，农业部于 1989 年颁布了《兽药药政药检管理办法》（已失效）和《进出口兽药管理办法》（已失效），1996 年实施了《兽用生物制品管理办法》（已失效），2005 年实施了《兽药注册办法》《兽用生物制品注册分类及注册资料要求》及《进口兽药再注册目录》《兽药生产质量管理规范检查验收办法》。这些规章都涉及伴侣动物的相关福利问题。

在地方性法律规范性文件中，较有代表性的规定有：《北京市养犬管理规定》、《深圳经济特区限制养犬规定》（已失效）、《南宁市严格限制养犬规定》（已失效）等。

2. 我国伴侣动物保护法律制度的有关规定。对伴侣动物的法律保护会涉及伴侣动物饲养的资格和条件、伴侣动物的收容和处理、医疗、运输等许多方面的内容。由于面广量大，仅撷取主要的几个方面予以介绍。

（1）有关伴侣动物饲养资格和条件的法律规定。随着我国社会的发展和经济能力的增长，伴侣动物的饲养群体数量呈发展的趋势，对伴侣动物饲养者的资格和条件作出规定，是有益于伴侣动物保护，也有益于提升对生命的关爱和尊重。

我国有关伴侣动物饲养资格和条件的法律规定散见于涉及伴侣动物管理的法律规范中。如《北京市养犬管理规定》第 11 条规定："个人养犬，应当具备下列条件：①有合法身份证明；②有完全民事行为能力；③有固定住所且独户居住；④住所在禁止养犬区域以外。"从上述条文可以看出，法规对养犬人的身

份、民事行为能力、居住状况和居住地等方面均提出了一定的要求。该规定第
12 条规定：“个人在养犬前，应当征得居民委员会、村民委员会的同意。对符合
养犬条件的，居民委员会、村民委员会出具符合养犬条件的证明，并与其签订
养犬义务保证书。”从取得证明之日起的 30 日内，养犬人还须到公安机关办理
登记手续，领取《养犬登记证》。

2000 年颁布的《合肥市限制养犬规定》（已失效）规定的饲养小型观赏犬
的养犬人的条件是：有该市常住户口或暂住户口；具有完全民事行为能力，独
户居住。同时，该规定第 12 条还规定，外来人员若携带小型观赏犬进入该市，
条件是不准携带烈性犬和大型犬，义务是应当携带当地公安部门核发的犬类准
养证或县级以上动物防疫监督机构出具的犬类健康和免疫注射证明；进入该市
暂住的，须按规定到市公安部门办理犬类准养证。

值得一提的是，2003 年，南京市民政部门颁布的《南京市城市居民最低生
活保障工作实施细则》（已失效）的第 11 条把饲养高档宠物的人排除在最低生
活保障金享受者的范围之外。[1] 这条规定显然对高档宠物饲主的经济能力有了
要求。这在世界各国的相关规定中还是很少见的。

2008 年实施的《动物防疫法》第 23 条规定：“患有人畜共患传染病的人员
不得直接从事动物诊疗以及易感染动物的饲养、屠宰、经营、隔离、运输等活
动。”这一规定中隐含着对伴侣动物饲养人条件的要求。

（2）弃养伴侣动物和流浪伴侣动物的保护。这一方面的规定主要集中在地
方性法律规范性文件中。如《北京市养犬管理规定》第 16 条规定：“养犬人因
故确需放弃所饲养犬的，应当将犬送交犬类留检所，并到公安机关办理注销手
续。”但是，具体的“原因”和犬类留检所应如何处理被放弃的犬并未详细规
定，在实践中缺乏可操作性。另外，该规定第 19 条规定，如果被放弃的犬疑似
患有狂犬病，那么，先由动物防疫监督机构进行检疫。《青岛市养犬管理办法》
（已失效）规定：对确认患有狂犬病的犬，动物防疫监督机构应当依法采取扑杀
措施，并进行无害化处理。

由于法律制度的不完善或缺失，饲主弃养伴侣动物，实际上通常是这样两
种情况，一种是赠与他人，另一种是遗弃。如果在没有人愿意接受赠与的情况
下，遗弃往往是主要的放弃方式。政府在遗弃伴侣动物的管理上应当承担应有
的责任，设立收容机构，这样有利于有关部门采取措施积极开展流浪动物的收

---

〔1〕 常纪文：《动物福利法——中国与欧盟之比较》，中国环境科学出版社 2006 年版，第 97 页。

容、防疫、节育等工作，有效地减少流浪动物的数量。收容机构应当为非营利机构，其经费主要通过政府拨款和捐赠等方式获取。收容机构的建立，意味着要消耗大量的人力、物力、财力，但是资源是有限的，如果没有条件也没有可能给予这些可怜的流浪动物更多的生存空间，人道地施与安乐死能有效地减少动物遭受的苦难。一方面政府设立收容机构，另一方面鼓励其他机构和个人建立收容机构对政府设立收容机构进行补充，这也体现对动物保护的公众参与的要求。

当前，在流浪伴侣动物数量较大的城市，均需要颁布有关收容流浪伴侣动物的政策法规。同时还应考虑收容费用的来源以及如何控制流浪伴侣动物的数量等问题。

（3）伴侣动物的活动空间问题。关于我国对伴侣动物的户外活动空间的规定主要集中在地方性立法中。如《深圳市养犬管理条例》规定，禁止在居民住宅区、商业区、工业区内饲养烈性犬，而烈性犬的界定，由畜牧兽医行政管理部门确定。《河北省家犬管理办法》（已失效）规定，"城市（含县城关镇）、郊区、矿区、新兴工业区、游览区、道口和机场周围禁止养犬"。2017 年修订的《西安市限制养犬条例》规定：三环路以内区域及三环路以外的城镇居民居住区、机关、企业事业单位、学校、幼儿园、医院、文物古迹保护区、风景名胜游览区等区域为重点限养区；其他区域为一般限养区。个人申请养犬符合条件的，重点限养区内每户限养 1 只；一般限养区内每户养犬不得超过 2 只。市公安机关是本市限制养犬管理的行政主管部门，负责组织实施该条例。烈性犬、大型犬名录由市农业行政管理部门会同市公安机关确定，并向社会公布。第 28 条规定禁止携带犬只进入下列区域：①机关办公区、医院、学校、幼儿园；②文物保护单位、博物馆、图书馆、体育场馆、文化娱乐场所；③餐饮场所、商场、宾馆；④公共汽车、城市轨道交通、出租车小汽车及候车场所；⑤城市广场、公园、城市主要交通干道、步行街区；⑥其他明示禁止携带犬只进入的区域。以上禁止区域，盲人携带导盲犬和肢体重残人携带助残犬的除外。《北京市养犬管理规定》第 8 条规定："天安门广场以及东、西长安街和其他主要道路禁止遛犬。主要道路名录由市人民政府确定，向社会公布。市人民政府可以在重大节假日或者举办重大活动期间划定范围禁止遛犬。区、县人民政府可以对本行政区域内的特定地区划定范围禁止养犬、禁止遛犬。居民会议、村民会议、业主会议经讨论决定，可以在本居住地区内划定禁止遛犬的区域。"第 17 条规定："养犬人应当遵守下列规定：①不得携犬进入市场、商店、商业街区、饭店、公园、公共绿地、学校、医院、展览馆、影剧院、体育场馆、社区公共健身场所、游乐场、候车室等公共场所；②不得携犬乘坐除小型出租汽车以外的公共交通工具；携犬乘坐小型出租汽车时，应当征得驾驶员同意，并为犬戴嘴套，或者将犬装入犬袋、犬笼，或者怀抱；③携犬乘坐电梯的，应当避开乘坐电梯的高峰时间，并为犬戴嘴套，或者将犬装入犬袋、犬笼；居民委员会、村民委员会、业主委员会可以根据实际情况确定禁止携犬乘坐电梯的具体时间；④携犬出户时，应当对犬束犬链，由成年人牵领，携犬人应当携带养犬登记证，并应当避让老年人、残疾人、孕妇和儿童；⑤对烈性犬、大型犬实行拴养或者圈养，不得出户遛犬；因登记、年检、免疫、诊疗等出户的，应当将犬装入犬笼或者为犬戴嘴套、束犬链……"《青岛市养犬管理办法》（已失效）规定：不得携犬乘坐除客运出租车以外的公共交通工具。狗乘坐客运出租车时，主人或者看管人也要给狗带套，或者装入犬袋、犬笼，或者抱入怀中。乘坐电梯时，也要像乘坐出租汽车那样把狗管好。2011 年实施并于 2016 年修订的《上海市养犬管理条例》规定：养犬人饲养犬只应当遵守有关法律、法规和规章，尊重社会公德，遵守公共秩序，不得干扰他人正常生活，不得破坏环境卫生和公共设施，不得虐待饲养的犬只。第 23 条规定，禁止携带犬只进入办公楼、学校、医院、体育场馆、博物馆、图书馆、文化娱乐场所、候车（机、船）室、餐饮场所、商场、宾馆等场所或者乘坐公共汽车、电车、轨道交通等公共交通工具。前款以外其他场所的管理者可以决定其管理场所是否允许携带犬只进入。禁止犬只进入的，应当设置明显的禁入标识。携带犬只乘坐出租车的，应当征得出租车驾驶员的同意。居民委员会、村民委员会、业主委员会可以根据相关公约或者规约，划定本居住区禁止犬只进入的公共区域。盲人携带导盲犬的，不受本条规定的限制。

可见，我国现有的政策法规，仍是以限制甚至是严格限制伴侣动物的活动空间为原则的。严格管理原则更多地体现为违反规定的否定性后果。如对无证养犬等情况，由公安机关没收犬只，或对养犬单位和个人处以高额罚款，在现实中更多地体现为经常出现的以防疫为名的"打狗"行动。

另外，目前我国关于伴侣动物的管理规范基本上是针对犬类的，适用猫及鸟类等其他伴侣动物的规定还很少。

（4）伴侣动物的监督和管理问题。对于养犬的主要管理机关为公安机关。除了广东省深圳市明确以城市管理局为养犬管理行政主管机关，河南省郑州市以"城市市容环境卫生行政管理部门是本市限制养犬工作的主管部门"，湖南省长沙市规定"市畜牧兽医行政部门是本市犬类动物管理的主管机关"以外，国内其他城市在养犬规定上都明确由公安机关全面负责养犬管理工作，以强制手段负责养犬登记和年检，审批有关犬类的销售、养殖、演艺等活动，处罚违法养犬者、查处无证养犬、违法携犬外出等行为，捕杀流浪犬、无证犬等。参与养犬管理工作的部门还有畜牧兽医、工商行政、卫生防疫、城市管理综合执法或环境卫生等部门及市和区、县、乡镇人民政府、街道办事处。一般规定中都对这些管理部门的职责和权限作了划分，比如畜牧兽医行政部门负责犬类狂犬病的免疫、检疫、疫情监测，审核发放防疫合格证、宠物诊疗业的资格许可等；卫生行政部门负责对人用狂犬病疫苗的供应和防疫、对狂犬病人的诊治及疫情监测工作；工商行政管理部门负责犬类经营活动的监督管理；城市管理部门负责对因养犬对破坏市容环境卫生行为的查处等；基层组织如街道办事处、乡镇人民政府以及居民委员会、村民委员会负责做好协助养犬管理工作，如开展宣传教育、出具有关证明材料等工作。

管理机关主要根据养犬的限制性规定来进行监管，比如养犬的区域限制、数量限制、品种限制和疾病限制以及养犬条件许可、管理收费标准、犬类管理要求等方面。各地的相关规定是有所区别的，但主要区别在于收费标准不同。国内只有吉林省吉林市、新疆维吾尔自治区乌鲁木齐市未明文规定收取养犬登记费用，只要取得犬类免疫证明等证明，便可办理《养犬许可证》和领取准养标志。除成都、苏州、武汉等少数城市办理养犬的登记注册费在 1000 元以下外，其他城市对登记养犬收费均居高不下。如《北京市养犬管理规定》第 13 条规定，重点管理区内每只犬第一年为 1000 元，以后每年度为 500 元。2015 年《辽宁省养犬管理规定》规定养犬人应当按年度交纳养犬管理费。养犬管理费包括狂犬病疫苗及接种费用和相关证件制作等费用。上海市对批准养犬的犬主须每年 1 次办理审、验证手续，并缴纳规定的犬类管理费、保险费和防疫费共计 2000 元。目前，国内养犬收费以广州市、深圳市、汕头市最高，对经批准养犬的个人"应缴纳登记费 10 000 元，满 1 年后对犬只进行年审时应缴纳年审费 6000 元"。

目前，很多地方的严格限制政策没有得到公众的支持，管理效果也差强人意。但近几年来国内一些地方开始陆续对严格养狗的限制规定进行修改，放宽了养狗的限制。比如 2019 年修订通过的《乌鲁木齐市养犬管理条例》将"严格限制养犬"的方针改为了"严格管理、限管结合"。在采取这样的措施以及在取消或者是降低登记注册的费用之后，公众主动为动物办理登记和免疫的人数明显上升，这样的方法不仅提高了有关部门的监管效果，对于保障公众身心健康都是有益的。

（二）工作动物和娱乐动物保护立法

工作动物又称役使动物，是指为人类提供服务的动物，包括警犬、牧犬、耕牛、拉车或驮运物品的马等。娱乐动物主要指为人类表演或者供人观赏的动物，包括动物园内的动物、马戏团动物以及在影视业中使用的动物等。我国在工作动物和娱乐动物的保护上的立法亦属空白。即使在地方的法规上，也很难找见，原则性的规定都寥寥可数，具体的规定就更是凤毛麟角。2008 年的北京残奥会上，人们熟悉了一条名叫 LUCKY 的导盲犬，和其他的导盲犬一样，LUCKY 为眼残人士尽心尽力地提供服务。但是由于北京市的关于的犬类的规定中不允许大型犬进入到公共场所，在 9 月 20 日奥运会结束以后，LUCKY 就只能缩小它的活动范围，甚至只能待在家中。可以看出，不要说给予工作动物以福利，单单是对工作动物的规定都不甚完善。

2006 年 5 月 1 日起实行的《长沙市城市养犬管理规定》（已失效）中，仅仅在第 2 条说明法律的适用范围时规定："在本市城市范围内犬只（军犬、警犬除外）的饲养、经营和管理活动，适用本规定。"说明军犬与警犬属于工作动物而不是伴侣动物。

（三）有关动物屠宰福利的法律规定

1. 我国动物屠宰福利法的渊源。涉及动物屠宰内容的法律主要有：1992 年实施的《进出境动植物检疫法》和 2015 年实施的修订后的《动物防疫法》。行政法规主要有：1997 年实施的《进出境动植物检疫法实施条例》、1998 年实施并于 2016 年修订的《生猪屠宰管理条例》。在部门规章的层次上主要有：2002 年实施的《动物检疫管理办法》，2003 发布实施的《关于加强生猪屠宰管理确保肉品安全的紧急通知》；1998 年实施的《屠宰执法监督检查人员管理办法》和 2008 年实施的《生猪屠宰管理条例实施办法》（已失效），2000 年实施的《屠宰执法监督检查人员统一标志管理办法》。在国家标准方面，有 1990 年的《肉类加工厂卫生规范》，2008 年的《畜类屠宰加工通用技术条件》，2009 年颁布的《生猪屠宰与分割车间设计规范》。2005 年的《毛皮野生动物兽类驯养繁育利用技术暂行规定》，规定了人道屠宰毛皮野生动物的方法和步骤等内容。

地方立法包含动物屠宰福利内容的有：1998 年实施并于 2010 年修订的《四川省生猪屠宰管理办法》，2003 年的《凉山彝族自治州实施〈四川省《中华人民共和国动物防疫法》实施办法〉的补充规定》，2002 年实施的《广东省动物防疫条例》，2011 年修订的《广东省生猪屠宰管理规定》，2011 年实施的《宁夏回族自治区牛羊屠宰管理办法》（已失效），2011 年修订的《湖南省生猪屠宰管理条例》和 2002 年实施的《湖南省实施〈生猪屠宰管理条例〉办法》（已失效），2004 年实施的《云南省动物防疫条例》，2000 年实施的《河南省〈生猪屠宰管理条例〉实施办法》和 2009 年实施并于 2018 年修订的《黑龙江省畜禽屠宰管理办法》（已失效），2017 年修订的《贵州省动物防疫条例》等。

2. 《生猪屠宰管理条例》的主要规定。2016 年修订的《生猪屠宰管理条例》是动物屠宰管理的基本法，但它与其实施办法都是针对"猪"进行规定的。

《生猪屠宰管理条例》规定，国务院畜牧兽医行政主管部门负责全国生猪屠宰的行业管理工作。县级以上地方人民政府畜牧兽医行政主管部门负责本行政区域内生猪屠宰活动的监督管理。

该条例规定了生猪的屠宰的地点，生猪定点屠宰厂（场）的设置规划（以下简称设置规划），由省、自治区、直辖市人民政府畜牧兽医行政主管部门会同环境保护主管部门以及其他有关部门，按照合理布局、适当集中、有利流通、方便群众的原则，结合本地实际情况制订，报本级人民政府批准后实施。生猪定点屠宰厂（场）由设区的市级人民政府根据设置规划，组织畜牧兽医行政主管部门、环境保护主管部门以及其他有关部门，依照该条例规定的条件进行审查，经征求省、自治区、直辖市人民政府畜牧兽医行政主管部门的意见确定，并颁发生猪定点屠宰证书和生猪定点屠宰标志牌。生猪定点屠宰厂（场）应当将生猪定点屠宰标志牌悬挂于厂（场）区的显著位置。

另外，该条例规定了定点屠宰厂（场）应具备以下几个条件：有与屠宰规模相适应、水质符合国家规定标准的水源条件；有符合国家规定要求的待宰间、屠宰间、急宰间以及生猪屠宰设备和运载工具；有依法取得健康证明的屠宰技术人员；有经考核合格的肉品品质检验人员；有符合国家规定要求的检验设备、消毒设施以及符合环境保护要求的污染防治设施；有病害生猪及生猪产品无害化处理设施；依法取得《动物防疫条件合格证》。

生猪定点屠宰厂（场）屠宰的生猪，应当依法经动物卫生监督机构检疫合格，并附有检疫证明。生猪定点屠宰厂（场）屠宰生猪，应当符合国家规定的操作规程和技术要求。生猪定点屠宰厂（场）应当如实记录其屠宰的生猪来源和生猪产品流向。生猪来源和生猪产品流向记录保存期限不得少于 2 年。生猪定点屠宰厂（场）应当建立严格的肉品品质检验管理制度。肉品品质检验应当与生猪屠宰同步进行，并如实记录检验结果。检验结果记录保存期限不得少于 2

年。经肉品品质检验合格的生猪产品，生猪定点屠宰厂（场）应当加盖肉品品质检验合格验讫印章或者附具肉品品质检验合格标志。经肉品品质检验不合格的生猪产品，应当在肉品品质检验人员的监督下，按照国家有关规定处理，并如实记录处理情况；处理情况记录保存期限不得少于 2 年。

对于病猪进行无害化处理，生猪定点屠宰厂（场）的生猪产品未经肉品品质检验或者经肉品品质检验不合格的，不得出厂（场）。生猪定点屠宰厂（场）以及其他任何单位和个人不得对生猪或者生猪产品注水或者注入其他物质。生猪定点屠宰厂（场）不得屠宰注水或者注入其他物质的生猪。另外，该条例对于猪肉或猪肉制品的流通也作了规定。

该条例对于抑制私自屠宰行为，规定了一旦违反该条例规定，未经定点从事生猪屠宰活动的，由畜牧兽医行政主管部门予以取缔，没收生猪、生猪产品、屠宰工具和设备以及违法所得，并处货值金额 3 倍以上 5 倍以下的罚款；货值金额难以确定的，对单位并处 10 万元以上 20 万元以下的罚款，对个人并处 5000 元以上 1 万元以下的罚款；构成犯罪的，依法追究刑事责任。冒用或者使用伪造的生猪定点屠宰证书或者生猪定点屠宰标志牌的，依照前款的规定处罚。生猪定点屠宰厂（场）出借、转让生猪定点屠宰证书或者生猪定点屠宰标志牌的，由设区的市级人民政府取消其生猪定点屠宰厂（场）资格；有违法所得的，由畜牧兽医行政主管部门没收违法所得。

（四）有关动物运输福利的法律规定

1. 我国动物运输福利法的渊源。目前，我国尚无动物运输方面的基本法律规范。涉及动物运输的法律有，1992 年实施并于 2009 年修订的《进出境动植物检疫法》、2015 年实施的修订后的《动物防疫法》和 2018 年修订的《野生动物保护法》。行政法规主要有：1988 年实施并于 2017 年修订的《实验动物管理条例》、1993 年实施并于 2013 年修订的《水生野生动物保护实施条例》、1997 年实施的《进出境动植物检疫法实施条例》、2013 年施行并于 2017 年修订的《国内水路运输管理条例》。部委规章主要有 2010 年实施并于 2019 年修订的《动物检疫管理办法》和 2006 年实施的《畜禽标识和养殖档案管理办法》，都包含有动物运输的内容。另外，在 2002 年实施并于 2019 年修订的《广东省动物防疫条例》、2004 年实施的《云南省动物防疫条例》、2005 年实施并于 2017 年修订的《贵州省动物防疫条例》等地方性法规对此问题有所涉及。

2.《进出境动植物检疫法》的有关规定。1992 年实施并于 2009 年修订的《进出境动植物检疫法》规定的检疫对象有：进出境的动植物、动植物产品和其他检疫物，装在动植物、动植物产品和其他检疫物的装在容器、包装物，以及来自动物疫区的运输工具。该法对监管体制和监管职权作了以下规定：由国务院设立的动植物检疫机关统一管理全国进出境动植物检疫工作；全国进出境动植物检疫工作由国务院农业主管部门主管。口岸动植物检疫机关的主要职责有：登船、登车、登机实施检疫；查阅、复制、摘录与检疫物有关的运行日志、货运单、合同、发票及其他单证；进入有关生产、仓库等场所进行疫情监测、监督管理，发现有禁止进境物的，作退回或者销毁处理。

对进境检疫的规定主要有：需要输入动物的应当在进境时进行检疫。没有检疫或没有经过检疫机关同意的不得通过。输入动植物需隔离检疫的，在口岸动植物检疫机关指定的隔离场所检疫。因口岸条件限制等原因，可以由国家动植物检疫机关决定将动物、植物运往指定地点检疫。货主或者其他代理人在运输和装卸过程中应当采取防疫措施。相关场所应符合动植物检疫和防疫的规定。输入动植物经检疫合格后方可进入，必须在检疫单据上加盖公章，检查不合格的由检疫机关签发《检疫处理通知单》通知货主或代理人，要求其对货物进行相应的处理。

对出境检疫的规定主要包括有：货主或者其代理人在动植物出境前，向口岸动植物检疫机关报检。出境前需经隔离检疫的动物，在口岸动植物检疫机关指定的隔离场所检疫。输出动物，由口岸动植物检疫机关实施检疫，经检疫合格或者经除害处理合格的，准予出境；海关凭口岸动植物检疫机关签发的检疫证书或者在报关单上加盖的印章验放。检疫不合格又无有效方法作除害处理的，不准出境。

该法在动物过境方面也有规定：运输动物经过中国境内的必须经中国国家动植物检疫机关同意，按照规定的路线和口岸过境。过境动物的装载交通工具、容器等必须要符合中国动植物检疫的规定。运输动植物过境时首先应由承运人或押运人向中国国家检疫机关提交检疫证书，进境时报检处境时可不再检疫。经检查合格的予以过境，检查不合格的全体动物不予过境。过境动物的饲料受病虫害污染的，作除害、不准过境或者销毁处理。过境的动物的尸体、排泄物、垫料及其他废弃物，必须按照动物检疫机关的规定处理，不得擅自抛弃。另外，未经动物检疫机关同意动物在过境期间不得随意卸离运输工具。

该法对运输动物的工具也有规定：来自动植物疫区的船舶、飞机、火车抵达口岸时，由口岸动植物检疫机关实施检疫，发现有法律规定的病虫害的，作不准带离运输工具、除害、封存或者销毁处理。不得擅自抛弃进出境运输工具上的泔水、动植物性废弃物等，必须依照动植物检疫机关的规定处理。装载动植物的运输工具也应该符合检疫机关的相关规定。

该法在应急措施方面的规定如下：邮电、运输部门对重大动植物疫情报告和送检材料应当优先传送；国外发生重大动植物疫情并可能传入中国时，国务院应当采取紧急预防措施，必要时可以下令禁止来自动植物疫区的运输工具进境或者封锁有关口岸。

3. 其他法律法规有关动物运输的法律规定。2017 年修订的《实验动物管理条例》规定，实验动物的运输工作应当有专人负责。实验动物的装运工具应当安全、可靠。不得将不同品种、品系或者不同等级的实验动物混合装运。

2018 年实施的全面修订的《野生动物保护法》规定，运输、携带、寄递国家重点保护野生动物及其制品，国务院野生动物保护主管部门制定的人工繁育国家重点保护野生动物名录中的野生动物及其制品出县境的，应当持有或者附有《特许猎捕证》《人工繁育许可证》、专用标识等许可、批准文件的副本，以及检疫证明。县级以上人民政府其他有关部门，应当按照职责分工对野生动物及其制品出售、购买、利用、运输、寄递等活动进行监督检查。

## 第三节　中国香港、台湾地区动物保护立法

### 一、中国香港地区动物保护立法

我国香港地区的动物福利立法起步较早，20 世纪 30 年代，香港就有法律公告禁止残酷虐待动物，并有针对动物和禽鸟的公共卫生规例。随后，又公布动物饲养规例、猫狗条例和野生动物保护条例等。1999 年还颁布了新的防止残酷对待动物的法律公告，增加了修订条款。这些成文法规形成了完整的管理体系。我国香港地区的动物保护立法在东亚地区是相当先进的。1935 年制定的《防止残酷对待动物条例》及《防止残酷对待动物规例》对有关残酷对待动物的罚则、逮捕、检取、进入和搜查的权力，裁判官的命令等作出规定。在上述规例中特别对牲畜牛只的进出口等作出细致的要求。此外，香港 1973 年制定的《公众卫生（动物）（寄养所）规例》及《公众卫生（动物及禽鸟）（展览）规例》中特别规定了基本围封物的标准、署长批给牌照的权力、罪行及罚则。香港作为一个商业经济发达的地区，其先进的动物保护法律体系一方面有利于培养民众的人文精神，另一方面也促进了商业的健康发展，同时也树立了香港良好的国

际形象。

（一）中国香港地区动物福利规定概述

我国香港地区的《防止残酷对待动物条例》中对动物的适用范围包括："任何哺乳动物、雀鸟、爬虫、两栖动物、鱼类或任何其他脊椎动物或无脊椎动物，不论属野生或驯养者。"可见此条例所指称的动物几乎涵盖了所有的动物类别，范围非常广。

《香港防止残酷对待动物条例》规定任何人：

"（a）如残酷地打、踢、恶待、过度策骑、过度驱赶任何动物或残酷地使任何动物负荷过重或残酷地将其折磨、激怒或惊吓，或导致或促致任何动物被如此使用，或身为任何动物的拥有人而准许该动物被如此使用，或因胡乱或不合理地作出或不作出某种作为而导致任何动物受到任何不必要的痛苦；或身为任何动物的拥有人而准许如此导致该动物受到任何不必要的痛苦；或（b）如掌管任何被禁闭或被关禁或正由一处地方运送往另一处地方的动物，但疏于对该动物提供充足的食物和清水；或（c）如输送或运载任何动物，或导致或促致任何动物被输送或运载，或身为任何动物的拥有人而准许该动物被输送或运载，而所采用的方式或盛放动物的位置，或盛载动物的箱、篓或篮的构造或过小体积，令该动物承受不必要的痛楚或痛苦；或（d）如将任何动物装上船只或铁路货卡，或将任何动物自船只或铁路货卡卸在另一船只或铁路货卡、码头、岸或月台，而所采用的方式或使用的器具令该动物承受不必要或原可避免的痛苦；或（e）如导致、促致或协助进行动物打或动物挑惹，或经营、使用、管理、作出作为以管理或协助管理任何处所或地方作为或部分作为动物打或动物挑惹用途，或准许任何处所或地方被如此经营、管理或使用，或因任何人获准进入该等处所或地方而接受金钱或导致或促致任何人因此而接受金钱；或（f）如在任何动物因疾病、衰弱、受伤、疼痛或其他原因而不适宜被使用于某种工作或劳动时，仍将其如此使用，或导致或促致其被如此使用，或身为其拥有人而准许其被如此使用；或（g）将任何动物带进香港或驱赶、运载、运送或移走，或据有或畜养任何动物，或明知而容受任何动物在其控制下或在其处所内被据有或被畜养，而所采用的方式可能导致该动物受到不必要或原可避免的痛苦。一经循简易程序定罪，可处罚款港币5000元及监禁6个月。"

《防止残酷对待动物规例》还规定：除猪箩以外的任何篮、篓及笼，其大小须足以容许其内的每头动物朝各个方向自由活动；鸟笼须装有可滑动或可移走的底盘，而底盘的构造须足以防止任何一个笼内雀鸟的粪便掉落在另一个笼内的雀鸟上；鸟笼内栖枝的布置，须使较高栖枝上的雀鸟的粪便不致掉落在较低栖枝上的雀鸟上，而每个笼内的栖枝，须足够使该笼内所有雀鸟均可觅得栖歇位置；所有被关禁的动物均须获提供足够遮盖，以免受日晒或雨淋；载有动物的篮、箩及笼须保持清洁并有适当通风；所有禁闭动物的处所，均须保持清洁并有适当照明、通风、排水及良好维修；所有动物均须经常获供应充足的洁净清水；所有残废或染病的动物均须独立禁闭；任何运载或畜养任何动物的篮、箩或笼，其构造须足以防止任何该等动物受伤。

（二）香港地区动物运输福利内容

香港地区的《防止残酷对待动物条例》[1] 规定：如掌管任何被禁闭或被关禁或正由一处地方运送往另一处地方的动物，但疏于对该动物提供充足的食物和清水；如输送或运载任何动物，或导致或促致任何动物被输送或运载，或身为任何动物的拥有人而准许该动物被输送或运载，而所采用的方式或盛放动物的位置，或盛载动物的箱、箩或篮的构造或过小体积，令该动物承受不必要的痛楚或痛苦；如将任何动物装上船只或铁路货卡，或将任何动物自船只或铁路货卡卸在另一船只或铁路货卡、码头、岸或月台，而所采用的方式或使用的器具令该动物承受不必要或原可避免的痛苦；如导致、促致或协助进行动物打或动物挑衅，或经营、使用、管理、作出作为以管理或协助管理任何处所或地方作为或部分作为动物打或动物挑衅用途，或准许任何处所或地方被如此经营、管理或使用，或因任何人获准进入该等处所或地方而接受金钱或导致或促致任何人因此而接受金钱；如在任何动物因疾病、衰弱、受伤、疼痛或其他原因而不适宜被使用于某种工作或劳动时，仍将其如此使用，或导致或促致其被如此使用，或身为其拥有人而准许其被如此使用；将任何动物带进香港或驱赶、运载、运送或移走，或据有或畜养任何动物，或明知而容受任何动物在其控制下或在其处所内被据有或被畜养，而所采用的方式可能导致该动物受到不必要或原可避免的痛苦等，这些行为都是被禁止的。

我国香港地区另一部比较重要的动物保护法律规范是《防止残酷对待动物规例》[2]。它对动物保护作了一般性的规定。除猪箩以外的任何篮、箩及笼，其大小须足以容许其内的每头动物朝各个方向自由活动；鸟笼须装有可滑动或

---

[1]　莽萍、徐雪莉编：《为动物立法：东亚动物福利法律汇编》，中国政法大学出版社 2005 年版，第 45 页。

[2]　段小兵：《防止虐待动物立法研究》，人民出版社 2014 年版，第 266~271 页。

可移走的底盘，而底盘的构造须足以防止任何一个笼内雀鸟的粪便掉落在另一个笼内的雀鸟上；鸟笼内栖枝的布置，须使较高栖枝上的雀鸟的粪便不致掉落在较低栖枝上的雀鸟上，而每个笼内的栖枝，须足够使该笼内所有雀鸟均可觅得栖歇位置。所有被关禁的动物均须获提供足够遮盖，以免受日晒或雨淋。载有动物的篮、篓及笼须保持清洁并有适当通风。所有禁闭动物的处所，均须保持清洁并有适当照明、通风、排水及良好维修。所有动物均须经常获供应充足的洁净清水。所有残废或染病的动物均须独立禁闭。任何运载或畜养任何动物的篮、篓或笼，其构造须足以防止任何该等动物受伤等。

对禽畜、牛只等的进口和出口的主要规定有：每艘离开香港任何港口并运载 10 头以上牛只出口的船只，其船长、船东或代理人须为该船只所运载的所有牛只，提供足供预定航程之用的合适食物和清水，并且在航程平均为期不足 3 天的情况下，另须为每头牛只提供 1 天的额外配给量；或在航程平均为期超逾 3 天的情况下，另须为每头牛只提供 2 天的额外配给量。他亦须安排令该船只所运载的所有牛只，由上船直至最后离船的期间内，每 24 小时获提供分量充足的食物和水，并须携同高级兽医官认为照管船上牛只所需数目的人，而如此携同的人在航程中不得被遣派担任其他职责。船只上所运载的牛只，不得藉栓鼻方式系缚，但所有该等牛只，均须以绳束缚，绳的长度须足以让牛只躺下，而其强度则须足以承受牛只的重量。每艘运载 10 头以上牛只的船只，均须设有稳固的脚踏，以供船上牛只之用，并须装上挡风板或其他为该等牛只而设可抵御日晒雨淋及海浪的保护物，亦须装上数目足够的围栏。围栏不得以竹建造，且不得容纳牛只超逾 4 头（不足 6 个月大的小牛 2 头作 1 头计算）。围栏须作布置，使牛只可横向而立，并须建筑坚固以及稳固地栓系，以抵受恶劣天气。围栏须每天最少洁净一次。任何船只不得获准在同一时间运载 200 头以上牛只出口。任何船只所输送的每头动物，均须获分配不少于 3 平方米的甲板空间。同时须有脚踏提供以防滑倒，且该等动物须横向而立，并须以绳系缚而非藉栓鼻方式束缚。但就 2 岁以下的牛只而言，每 2 头该等牛只所获分配的甲板空间须为 3 平方米。在任何船只上运载的绵羊及山羊，均须置放于建造坚固的围栏内，每个围栏不得容纳羊只超逾 40 头，而每头羊只需获给予空间 0.7 平方米。在任何船只上的每个围栏内不得置放猪只超逾 40 头。每头猪只需获给予空间 0.7 平方米，而每头活重在 40 公斤以下的猪只 2 头作 1 头计算，至于每头活重在 20 公斤以下的猪只则 3 头作 1 头计算。当以篓子运载时，每头猪只需获编配一个独立篓子。每个该等篓子，体积须足够宽大，以使猪只得以舒适地装载其内，而所设篓孔须足够细小，以防猪只受伤。篓子须分行排列，如叠放时，只可有 2 层或 2 排。篓子如非单行排列，则只可排成 2 行。排列篓子，须使所有单行猪只的头均朝同一方向，而所有双行猪只的头均朝外。在每一行猪只的头所朝方向的旁边或两旁，须留有阔 450 毫米的通道，以容许喂饲食物和水。在篓子不作叠放的一行，该行的所有篓子须稳固地栓系在一起。在篓子作叠放的一行，该行须设有坚固的只柱式直立柱杆，该等柱杆可属可拆除式，但高度不得低于上层或上排的顶部，并须稳固地拴系于甲板上，且支承该行或该叠篓子。上述的双柱式柱杆，须固定设于该叠篓子的首尾两端，以及该等篓子首尾两端之间距离不超过 5 个篓子的位置。每双支承一叠篓子的柱杆，均须稳固地拴系在一起。如将猪只输送渡过海港，则须采用大型平底船。任何人违反上述规定，可处罚款港币 2000 元。而就持续的罪行而言，则可就罪行持续期间的每一天，另处罚款港币 200 元。

（三）香港地区动物免疫与防疫管理规定

香港地区的《防止残酷对待动物规例》第 I 部的一般规定中规定所有残废或染病的动物均须独立禁闭。

### 二、中国台湾地区动物保护立法

（一）中国台湾地区野生动物保护法律规定

我国台湾地区野生动物种类繁多，已经记录的包括哺乳类约 60 种、两栖类约 30 种、爬行类约 90 种、鸟类约 450 种、淡水鱼类约 150 种、昆虫类约 17 600 种。野生动物保护已经受到重视，目前，台湾地区有关野生动物保护的法律主要有：

1989 年制定的"野生动物保育法"，该法经多次修订，现行法于 2013 年实施。该法的目的是"为保育野生动物，维护物种多样性，与自然生态之平衡"。具体规定了野生动物分类、野生动物之保育、野生动物之输出入、野生动物之管理以及罚则。

2016 年修订的"渔业法"，该法的目的是"为保育、合理利用水产资源，提高渔业生产力，促进渔业健全发展，辅导娱乐渔业，维持渔业秩序，改进渔民生活"，通过许可、禁渔区、禁止捕鱼的方式以及设立繁殖保育区等措施保护水产资源。

（二）中国台湾地区动物保护综合法"动物保护法"

我国台湾地区为尊重动物生命及保护动物，于 1999 年 11 月 4 日制定了"动物保护法",并于2008年进行了修改。其包括了动物的一般保护、动物的科学应用、宠物的管理等方面。这是部综合性动物保护法律,具有全新的视野和明晰完善的规定。

1. 台湾地区"动物保护法"关于动物保护监管体制的规定。台湾地区的动物保护业务在行政监督方面由"农委会"畜牧处负责动物保护业务。"农委会"依据"动物保护法",陆续发布了八项法规:"动物保护法"实施细则、"行政院农业委员会动物保护委员会设置办法""行政院农业委员会实验动物伦理委员会设置办法""宠物登记管理及营利性宠物繁殖买卖或寄养业管理收费标准""特定宠物业管理办法""动物实验管理小组设置办法"等。先后公布了六项行政规定:"指定犬应登记""指定禁止饲养、输入、输出之动物""修正具攻击性宠物及其出入公共场所该采取之防护措施""修正都是土地变更作项目辅导畜牧事业设施计划审查作业要点""动物科学应用机构查核辅导要点"及"人道作业捕犬规范"[1] 等。

2. 台湾地区"动物保护法"适用范围。我国台湾地区2008年修改后的"动物保护法",内容更加的完善和具体。并且从实用的角度看,台湾地区"动物保护法"中的"动物"概念更易实行。其"动物"是指"犬、猫及其他人为饲养或管领之脊椎动物,包括经济动物、实验动物、宠物及其他动物",并分别具体规定了各类动物的定义。而非脊椎动物则不在规范之列。在我们看来,这或许更适合作为法律规定保护的动物对象。这也是它值得借鉴的地方之一,因为它与中国大陆的整体状况和认知水平较相适应。

3. 台湾地区"动物保护法"之配套规范。我国台湾地区的"动物保护法"分为总则、动物的一般保护、动物科学之应用、动物的管理、宠物繁殖买卖寄养业者管理、行政监督、罚则和附则共7章。其立法目的是尊重动物生命及保护动物。该法规定的动物主管机关为"行政院农业委员会"、直辖市政府和县(市)政府。

另外,在我国台湾地区,1997年9月4日台北市政府出台了"台北市畜犬管理办法",规定了畜犬管理的权责,较为具体。主要有:①畜犬登记、身体检查、狂犬病预防注射等事项,由台北市家畜卫生检验所办理;②弃犬处理由检验所办理或由市政府建设局委托依法登记之民间团体办理;③畜犬污染的取缔、

---

[1] 莽萍、徐雪莉编:《为动物立法:东亚动物福利法律汇编》,中国政法大学出版社2005年版,第86页。

清理事项，由市政府环境保护局办理；④弃犬捕捉由环保局办理或由环保局委托依法登记之民间团体办理；⑤畜犬伤人或妨害安宁、安全、被虐待、宰杀、贩卖屠体之取缔事项，由市政府警察局办理；⑥畜犬发生狂犬病时，由检验所知会市政府卫生局办理[1]。这些法律规定对我国大陆的伴侣动物之立法也有相当的借鉴意义。

4. 台湾地区"动物保护法"禁止虐待动物规定。该法第 6 条规定任何人不得骚扰、虐待或伤害动物。

5. 台湾地区"动物保护法"动物运输福利内容。我国台湾地区的"动物保护法"规定不得于运输、拍卖、系留等过程中，使用暴力、不当电击等方式驱赶动物，或以刀具等具伤害性方式标记。

6. 台湾地区"动物保护法"实验动物福利内容。对实验动物的保护主要规定了：使用动物进行科学应用，应尽量避免使用活体动物，有使用之必要时，应以最少数目为之，并以使动物产生最少痛苦及伤害之方式为之。进行动物科学应用之机构，应设置实验动物照护及使用委员会或小组，以督导该机构进行实验动物之科学应用。科学应用后，应立即检视实验动物之状况，如其已失去部分肢体器官或仍持续承受痛苦，而足以影响其生存品质者，应立即以产生最少痛苦之方式宰杀之。实验动物经科学应用后，除有科学应用上之需要，应待其完全恢复生理功能后，始得再进行科学应用。高级中等以下学校不得进行主管教育行政机关所定课程纲要

7. 台湾地区"动物保护法"动物屠宰福利内容。"动物保护法"第 13 条规定：宰杀动物时，应以使动物产生最少痛苦之人道方式为之。且除主管机关公告之情况外，不得于公共场所或公众得出入之场所宰杀动物。第 30 条规定：违反第 13 条第 1 项第 1 款规定，于公共场所或公众得出入之场所宰杀动物者。及违反第 13 条第 2 项，未依主管机关所定宰杀动物相关准则宰杀动物者。处新台币 1 万元以上 5 万元以下罚款。

8. 台湾地区"动物保护法"动物手术福利内容。第 11 条规定，饲主对于受伤或罹病之动物，应给与必要之医疗；动物之医疗及手术，应基于动物健康或管理上需要，由兽医师施行；但因紧急状况或基于科学应用之目的或其他经主管机关公告之情形者，不在此限。

---

[1] 养犬法规："台北市畜犬管理办法"，载宠物移民中心网站，http://www.pettmmigrant.com/News/info_view_466.html，最后访问时间：2020 年 7 月 20 日。

9. 台湾地区"动物保护法"动物收容。第 14 条规定"直辖市、县（市）主管机关应依据直辖市、县（市）之人口、游荡犬猫数量，于各该直辖市、县（市）规划设置动物收容处所，或委托民间机构、团体设置动物收容处所或指定场所，收容及处理下列动物：①由直辖市或县（市）政府、其他机构及民众捕捉之游荡动物。②饲主不拟继续饲养之动物。③主管机关依本法留置或没入之动物。④危难中动物。主管机关应编列经费补助直辖市、县（市）主管机关设置动物收容处所。其设置组织准则，由主管机关定之。直辖市、县（市）主管机关得订定奖励办法，辅导并协助民间机构、团体设置动物收容处所。动物收容处所或直辖市、县（市）主管机关指定之场所提供服务时，得收取费用；其收费标准，由直辖市、县（市）主管机关定之"。

10. 台湾地区"动物保护法"训练竞技展览和表演。第 10 条规定对动物不得有下列之行为：①以直接、间接赌博、娱乐、营业、宣传或其他不当目的，进行动物之间或人与动物间之搏斗。②以直接、间接赌博为目的，利用动物进行竞技行为……⑥其他有害社会善良风俗之行为。第 23 条规定直辖市、县（市）主管机关应置专任动物保护检查员，并得甄选义务动物保护员，协助动物保护检查工作；动物保护检查员得出入动物比赛、宰杀、繁殖、买卖、寄养、展示及其他营业场所、训练、动物科学应用场所，稽查、取缔违反该法规定之有关事项；对于前项稽查、取缔不得规避、妨碍或拒绝；动物保护检查员于执行职务时，应出示身份证明文件。必要时，得请警察人员协助。

（三）中国台湾地区有关动物屠宰的专门规定

台湾地区有关动物屠宰的法律依据除了"动物保护法"之外，还有台湾地区"畜牧法"。"畜牧法"第 30 条规定：屠宰场屠宰家畜、家禽时，应符合屠宰作业准则；其作业准则，由主管机关定之。第 34 条规定：屠宰场经检查违反依第 30 条第 3 项所定屠宰作业准则之规定者。处新台币 3 万元以上 15 万元以下罚款。

根据该法第 30 条第 2 款制定的"屠宰场设置标准"第 7 条规定：屠宰场应有使家畜、家禽于放血作业前，可快速失去知觉之电击器、撞击器或二氧化碳昏厥设备，或其他合乎人道屠宰之昏厥设备[1]。

---

[1] "屠宰场设计标准"，载法邦网，http://code.fabao365.com/law_55379_1.html，最后访问时间：2020 年 7 月 20 日。

（四）中国台湾地区动物免疫与防疫管理专门规定

"台北市畜犬管理办法"规定畜犬所有人或管理人应依本法规定，携带畜犬至检验所或其指定处所办理畜犬登记或狂犬病预防注射，并由市政府核发登记证明书或识别牌；畜犬之狂犬病预防注射，得配合畜犬登记一并办理之，必要时，得洽请市政府立案之开业家畜医院或兽医教学医院协办；畜犬所有人或管理人，应于登记证明书所载狂犬病预防注射有效期满前10日内，携带畜犬再接受预防注射。

"畜牧法"第9条规定畜牧场应置兽医师或有特约兽医师，负责畜牧场之畜禽卫生管理，遇有家畜、家禽发病率达10%以上时，兽医师应于24小时内报告当地主管机关；第10条规定主管机关得会同有关机关检查畜牧场或饲养户之规模、畜牧设施、疾病防疫措施及有关纪录。畜牧场或饲养户无正当理由不得规避、妨害或拒绝。检查人员执行任务时，应出示身份证明文件；第17条第2款规定种畜禽及种源经前项检查或检验，发现有法定传染病或遗传性疾病者，不得供繁殖用。第18条规定种畜禽、种源有遗传性疾病经主管机关认定有害人体健康之虞者，应由主管机关指定单位执行扑杀销毁，并酌予所有人补偿；其补偿金额由主管机关邀集有关机关、畜牧团体代表、专家及学者评定之。

"传染病防治法（2002年修订）"第21条规定对于各种媒介传染病之饮食物品、动物或病死动物尸体，应切实禁止贩卖、赠与、弃置，并予以扑杀、焚毁、掩埋或参考世界卫生组织之处理原则而为其他必要之处置[1]。

"动物传染病防治条例"规定了兽医师或兽医佐于执行业务时，发现动物罹患、疑患或可能感染甲类传染病时，应于24小时内向当地动物防疫机关报告。动物防疫机关接到报告时，应立即为必要之处置，并层报主管机关。[2]

---

〔1〕 "传染病防治法"，载法律教育网，http://chinalawedu.com/falvfagui/fg23155/175437.shtml，最后访问时间：2020年7月21日。

〔2〕 "动物传染病防治条例"，载法宝邦网，http://code.fabao365.com/law_31055_2.html，最后访问时间：2020年7月21日。

## 第四节 中国动物保护组织

### 一、动物保护运动及保护组织综述

中国野生动物保护协会（China Wildlife Conservation Association，缩写 CW-CA）于 1983 年 12 月在北京成立，其宗旨是推动中国野生动物保护事业与社会经济的可持续发展，促进人与自然的和谐。主要任务是组织动员社会力量，参与支持野生动物保护工作；广泛开展科普宣传教育，提高全社会的生态保护意识；开展国内外科技交流与合作，促进野生动物保护科学技术的发展；接收野生动物保护捐赠资金和组织实施保护项目，拯救珍稀濒危物种，保护生物多样性。

中国野生动物保护协会是一个具有广泛代表性的、国内最大的生态保护组织，拥有会员四十一万多人。1984 年，加入世界自然保护联盟（IUCN）。协会自成立以来，通过"世界野生动植物日""爱鸟周""保护野生动物宣传月"和举办展览、论坛等多种形式的宣传教育、科技交流活动，向全社会普及科学知识，宣传法制观念，推动科技、文化交流，为提高全民自然保护意识发挥了积极作用。通过与一些国家的野生动物保护机构开展大熊猫等珍稀野生动物国际合作交流活动，推动了我国野生动物保护事业的发展，增强了世界对中国的了解，促进了我国与各国人民的友谊。

为表彰中国野生动物保护协会在保护野生动物方面所做出的成绩，2000 年，国家林业局授予协会"梁希宣传组织奖"；2002 年，科技部、中宣部和中国科协联合授予协会"全国科普工作先进集体"荣誉称号；2003 年，协会还被中国科协评为"全国防治非典型肺炎先进学会"，被民政部评为"抗击非典先进全国性社会团体"；2005 年，协会被中国科协评为"全国科普日先进单位"；2007年，协会获得中国科协颁发的"科学技术普及先进奖"等。[1]

中国野生动物保护协会设有科技、宣传和基金管理委员会，以加强和协调野生动物宣传、科技工作和资金的使用管理，此外，为了推动野生动物养殖和濒危物种——鹤类的保护工作，还先后成立了中国野生动物保护协会野生动物

---

[1] "中国野生动物保护协会简介"，载中国野生动物保护协会网站，http://www.cwca.org.cn/aboutus/introduction/，最后访问时间：2019 年 10 月 5 日。

养殖委员会、鹤类保护专业委员会、保护繁育与利用委员会。

中国野生动物保护协会在致力于推动中国野生动物保护事业发展的同时，将进一步寻求同各国和国际野生动物保护组织的友好往来及技术交流。

**二、中国动物保护运动的兴起及发展**

中国的驯养动物保护组织与国外民间动物保护组织在体例上相仿，同样是自负收支，但在就其运作与管理来说远没有国外的先进，主要活动也就是以私人出资（数目一般较小）的形式对流浪动物进行收留或者在力所能及的范围内对动物进行有限的救助，而不是以基金会的形式经营运作，从而大大限制了其在动物福利事业上的作用。

表 7-1　中国民间主要动物保护组织区域分布

| 北京市 | 伴侣动物保护网络 | 中国反虐杀联盟 | 中国小动物保护协会 |
|---|---|---|---|
| | 中国犬与社会公益组织 | 伴侣动物研究中心 | 人与动物环保科普中心 |
| | 北京市保护小动物协会 | 北京小动物救助委员会 | 海淀林业动物救助分会 |
| | 北京幸运土猫 | 北京猫咪有约 | 北京流浪的天使 |
| | 主题猫 | 流浪动物网上的家 | 北京精灵之家 |
| | 环球宠物 | 动物权利在中国 | |
| 上海市 | 上海市小动物保护协会 | 上海阳光小动物 | 上海快乐猫咪 |
| | 上海市闵行区宠物协会 | 上海救救猫狗论坛 | |
| 重庆市 | 重庆市小动物保护协会 | 重庆流浪小动物爱心网 | |
| 河北省 | 承德市小动物保护协会 | | |
| 黑龙江省 | 哈尔滨小动物保护协会 | | |
| 山东省 | 济南猫窝 | 山东泰山小动物保护协会 | |
| 浙江省 | 杭州流浪狗 | 杭州爱猫地带 | 我要猫猫 |
| 江苏省 | 南京流浪动物救助 | 南京猫友俱乐部 | |
| 广东省 | 广州善慈爱护小动物中心 | 私宠之家 | 广州猫 |
| | 深圳狗 | 深圳猫 | 汕头猫 |

| 福建省 | 福州宠物网 | 厦门宠物网 | 厦门猫 |
|---|---|---|---|
| | 漳州小动物保护协会 | | 福州猫 |
| 海南省 | 海南省小动物保护协会 | | |
| 河南省 | 河南小动物救助同盟 | | |
| 湖南省 | 长沙市小动物保护协会 | | |
| 湖北省 | 武汉流浪宠物救助中心 | | |
| 四川省 | 四川启明小动物保护中心 | 蓉城猫友会 | |
| 贵州省 | 贵阳市宠缘动物救助站 | | |
| 陕西省 | 西安小动物救助同盟 | 陕西省小动物救助委员会 | |
| 安徽省 | 环境与动物保护教育组 | | |
| 香港地区 | 香港动物守护神 | 香港爱护动物协会 | 亚洲动物基金会 |
| | 亚洲动物保护网 | | |
| 澳门地区 | 澳门保护遗弃动物协会 | | |
| 台湾地区 | 台湾动物社会研究会 | 关怀生命协会 | 台中世界联合保护动物协会 |
| | 台湾花莲县动物权益促进会 | 台湾新竹市红项圈流浪动物协会 | |

### 三、中国的动物保护组织介绍

（一）中国小动物保护协会

中国小动物保护协会[1]（China Small Animal Protection Association）是国家一级专业性社会团体，可在全国和境外吸收会员、建立地方性组织和开展国际文化交流活动。

协会自 1988 年 11 月开始筹备，1992 年 9 月，经农业部批准正式成立，同

---

[1] 中国小动物保护协会简介，载中国小动物保护协会官方网站，http://www.csapa.org/about.htm，最后访问时间：2019 年 10 月 5 日。

年 12 月，经民政部注册登记（社证字第 3685 号），具独立法人资格。2000 年 1 月，通过清理整顿，再次注册登记。中国小动物保护协会以"珍爱生命、倡导精神文明和发扬人道主义精神"为思想基础，以保护动物、维护动物的生存权利和不受虐待的权利，以及改善和提高小动物的生活条件、饲养水平为宗旨，坚决反对任何虐待、残害动物的行为和思想。协会的这个宗旨，得到了文化界老前辈的支持。协会总部在北京，设有组织、宣传、研究、联络、开发、救护收容、医疗保健等部和办公室。

三十多年来，协会在组织、宣传和救护动物等方面做了大量的工作。在国际动物组织的帮助下，建立了救护收容小动物的基地——爱心教育基地，结束了多年来带着动物东奔西窜的艰难生活，使备受虐待摧残、被抛弃追杀的小动物们有了一座避难所。1998 年，协会还历尽艰辛，建立了小动物防疫、保健、治疗中心。解决了动物的保健、医疗问题。这两个实体，为协会的进一步发展创造了良好的条件。1999 年，其又在南京的佛门弟子的帮助下，在风物秀美的北京西山附近，购得占地 17 亩之广的庭院，改善了动物的生活条件。

现在除北京市外，上海、天津、哈尔滨等大城市和江浙、广东、广西、四川、安徽等省都有不少热爱生活、关注小动物命运的仁人善士加入会员的行列，现协会已拥有会员二千多人。

1993 年，协会成立不久，工作人员便到北京市政府，向当时负责"禁犬"的单位和领导，反复陈说"禁犬"政策违反科学、文明的野蛮性和残暴性，反映珍爱生命、提倡精神文明建设的人们对灭犬行为的反感。1995 年，在北京市限养法规草案讨论期间，协会曾召开各种类型座谈会达 7 次之多。在给市政府的意见书上，二千多人签了名。大家在拥护养犬管理原则的同时，就征收奇高的养犬费用和禁养品种以及遛犬时间规定、没收无证犬等一系列问题，都提出意见和多方面的建议。1996 年 10 月 4 日，中国小动物保护协会在中国农业大学成功地举办了首届世界动物日纪念周，将每年的 10 月 4 日为国际所公认的"世界动物日"引进了中国人的社会生活。

（二）北京市保护小动物协会

北京市保护小动物协会成立于 1999 年，是经民政局批准成立的一家专门从事宠物行业推广和小动物保护的公益性民间组织。协会充分发挥其专业优势和社会影响，积极开展健康有益，集专业化、职业化及趣味性于一体的服务和活动，致力于使北京市保护小动物协会真正成为关爱动物的新家园，为小动物们营造一个更加美好的生活空间。2000 年 1 月 10 日、11 日，协会在北京音乐厅举办了"关心自然、保护动物新年音乐会"。这是国内首次以保护动物为主题的音乐会，受到社会各界的广泛关注。

在城市小动物科学饲养和管理方面，协会从 1999 年 8 月开始，每月举办宠物科学饲养讲座，并开通了免费咨询热线，为宠物主人提供了全面周到的服务。为解决城市中虐待、遗弃小动物的现象，协会还专门开通了小动物救助热线，并在昌平建立了小动物收养基地，收留和照顾城市流浪动物，受到社会的广泛好评。北京市保护小动物协会还是一如既往地保护、收留流浪动物。经过工作人员和广大动物爱好者们的不懈努力，现已救助了三千多只无家可归和被人遗弃的猫。协会连同北京五十多家宠物医院为五千多只流浪猫做了绝育手术。作为国内宠物界的领先专业团体，协会下设爱猫分会（CAA）、有证犬分会（BKC）、美容师分会（CPGA）、训练师分会，救助部。

2010 年 9 月歌手李荣浩为了给保护动物组织最直接的帮助，为饱受伤害的小动物提供基本的温饱和医疗，为流浪狗特别创作了歌曲《小黄》，携手北京市保护小动物协会将这首歌作为保护流浪小动物的指定公益宣传歌曲，力图呼吁和提倡所有有能力的人对这些小动物给以绵薄之力，为流浪小动物募集善款用以支持它们最基本的温饱和绝育手术费用。

（三）广州善慈爱护动物中心

善慈爱护动物中心（Home for Stray Animals）是在 2005 年中由善慈居士独自发起捐助而成立的一个民间私人的非营利机构。善慈爱护动物中心以"珍爱生命、关爱生命、倡导精神文明和发扬人道主义精神"为思想基础，以保护动物、维护动物的生存权利和不受虐待的权利，以及改善和提高小动物的生命条件为宗旨，坚决反对任何虐待、残害动物的行为和思想，并身体力行，从事小动物救护工作。

目前，善慈爱护动物中心全体工作人员及义工都以"街上不再有流浪的小动物"为共同的奋斗目标努力。以后将朝着"改变人们对任意食用小动物的观念""对小动物的生存价值观及将部分小动物培养为动物治疗"为目标而坚持不断地努力。

善慈爱护动物中心目前的工作范围：定期更换中心网站上所有栏目内容供义工、会员交流心得，进行讨论；建立宠物救助基地，收容、救护被虐待、残害、遗弃或走失流浪的宠物；开展领养流浪宠物工作，使得每只小动物都有所居；管理好善慈爱护动物中心基地日常工作，指导、安排义工进行义务活动；通过媒体，参观救护中心基地，开展动物保护宣传，培养青少年善良的心性、优美的情趣和热爱动物与自然的精神；使得他们从小就对小动物充满爱心；举办参与各种爱宠活动，提高养宠者素质，宣传科学的养宠知识；向有关的政府领导部门呈送材料，提出意见及建议。

（四）海南省小动物保护协会

海南省小动物保护协会（HaiNan Small Animal Protect Association）以"珍爱生命、倡导精神文明和发扬人道主义精神"为思想基础，以保护动物、维护动物的生存权利和不受虐待的权利，以及改善和提高小动物的生命条件、饲养水平为宗旨，坚决反对任何虐待、残害动物的行为和思想。

协会成立以来，针对海南省的情况，借鉴国内外先进的协会工作模式与成功经验，多次举行了公益活动，在提升人们关爱生命，普及有关科学知识等方面进行了公众教育。在 2003 年非典时期协会动用了大量的人力、物力救助 200 多只被丢弃、致伤、致残的狗和猫。迄今为止，协会共收留了 3000 多只流浪狗，1000 多只流浪猫，而目前在养流浪狗 700 余只，流浪猫 300 余只。协会还创建了宠物收养所 1 家、协会基地及协会医疗救助中心 2 处。目前在职医护人员 50 多名，义工 400 多名，会员 1000 多名。

协会针对海南省的情况，借鉴国内外先进的协会工作模式与成功经验，多次举办爱心领养活动，在提升人们关爱生命，普及有关科学知识等方面进行了公众教育。同时，与国际、国内的一些动物保护组织建立了良好的关系，进行广泛深入的交流，并多次派人参加伴侣动物研讨会，在动物保护领域所做的工作保持在全国的前列。近两年来，协会加入海南省"狂犬病"防治工作行列，积极配合海南省农业厅安排的各项犬只免疫工作，免费对省内犬只注射狂犬疫苗达四千多支，并获得海南省农业厅指定狂犬防疫点资格。在 2008 年 9 月的《海口市养犬管理条例》实施后，协会作为海口市公安局指定的合作单位，提供专业人员及设施，推广海口市犬证的办理工作，并协同相关媒体及政府部门宣传、推广《海口市养犬管理条例》。

协会积极倡导推进全社会科学规范的养育小动物行为，树立海南健康岛形象。

（五）上海小动物保护协会

上海小动物保护协会（Shanghai Small Animal Protection Association）是在上海市畜牧兽医学会的直接领导下，由上海市民政局和上海市科学技术协会批准成立的本市唯一一家以科研学术为主的合法的保护小动物组织。其资金来源有三个渠道：会长个人出资；会员费收入；志愿者捐款和定向资助。目前，后两项经费来源所占比重微乎其微。协会的目标是提倡动物福利。了解动物、善待动物、尊重动物，让它们和人类幸福共处是协会的最终目标。协会目前的日常工作主要包括：救助和收养流浪小动物；宣传有关平等对待小动物的正确理念；提高伴侣动物主人的综合素质；为宠物与宠物主人提供尽量完善及全面的服务，传达先进的宠物文化，与国际科学的宠物理念接轨。

（六）湖南小动物保护协会

湖南省野生动物保护协会小动物保护分会成立于 2002 年 9 月 8 日，并于 2004 年 4 月成功申请批准，发起人为 61 岁退休老师许玲。协会的宗旨是救助收养流浪宠物，宣传有关宠物的各种知识，提高宠物主人的素质。由于救助收养流浪宠物需要资金，所以会员自愿一年一次缴纳一定金额的会费给协会，由协会筹备组支配用于救助流浪宠物，会员可根据自己的实际情况决定缴纳会费的多少。

（七）哈尔滨小动物保护协会

哈尔滨市小动物保护协会成立于 2003 年，是由一些关心环境、关爱动物的年轻人自发组建的，会员平均年龄只有 25 岁；它是经哈尔滨市民政局批准成立的本市唯一一家专门从事小动物保护的公益性民间组织。协会是以爱护动物、积极支持动物保护和公益事业的人士为主自愿组成的公益性、学术性、非营利性的专业性团体。哈尔滨市小动物保护协会成立至今已救助近千只流浪动物。该协会以倡导讲道德、讲科学、讲文明、积德行善、珍爱生命的社会风尚为宗旨；以发扬中华民族崇尚自然、宽仁爱物的传统美德、维护文明古国的声誉并发扬光大，从而让哈尔滨市在保护动物、优美环境的领域能列身于全国文明、进步之行列为目的；保护小动物，反对一切虐待、残害动物的行为和思想，并身体力行，从事保护动物的实践。

协会目前的日常工作主要包括：收容、救护被虐待、残害或抛弃的小动物；积极开展"领养"或"认养"小动物工作；宣传有关平等对待小动物的正确理念；提高伴侣动物主人的综合素质。协会的资金来源于会员的会费及社会捐款，及在核准的业务范围内开展活动或服务的收入。协会会员主要是以爱护动物、积极支持动物保护和公益事业的人士为主自愿组成，实行自我教育、自我管理。市畜牧局作为协会行业主管部门，受其具体的业务领导和管理，协会在业务部门的领导下开展协会工作。

（八）北京人与动物环保科普中心

北京人与动物环保科普中心（Beijing Human and Animals Environmental Education Center，简称 BHAEEC）是由张吕萍女士创建、北京市民政局批准成立的公益性民营非企业单位，是一座集动保宣传教育、动物救助治疗为一体的综合性科普实体，也是国内唯一一家由政府批准的非营利性民间动物收容及保护机构。该中心的宗旨是：通过保护救助小动物和宣传教育活动，提高人们的动物保护意识，达到人与动物的和谐共处。

该中心的基本职能有：小动物救助、治疗和看护；宣传教育和培训；为动物保护事业募集基金。

（九）香港爱护动物协会

香港爱护动物协会（SPCA）最初是由一些志愿人士在 1903 年组成的，但直到 1921 年才在社会上活跃起来。其得到的政府资助非常少。内设东南亚第一间小型动物医院、诊所、行政办公室、寄养笼舍等设施。香港爱护动物协会的宗旨是尽力以不同的服务，达至爱护动物和防止动物受虐待的目的。主要的工作有：收集及拯救被遗弃的受伤动物、调查虐待动物的报告、接收市民弃养的动物，以解动物流离之困，亦有助舒缓动物流浪街头的问题；为猫狗提供廉价的绝育手术服务，以避免动物被繁殖后无人愿意养育的情况；为无家可归的动物寻觅新主人；尽可能为一些无家可归的动物提供住院的服务，包括基本的兽疾护理、治疗、甚至大型手术；向公众传扬"宠物主人应有的责任与动物福利"的讯息。

（十）动物守护神

动物守护神是一家致力于防止虐待动物的公益机构。其在中国曾参与多个项目以推动防止虐待动物的立法及动物保护的立法活动，唤醒公众、企业及政府机构对动物保护的意识，推广动物福利概念及原则的普及。其参与的公益活动包括资助四川地震灾区的动物抢救工作，资助中国的动物保护人士、团队、协会的代表参加亚洲动物大会探讨动物保护事业的发展，与中国政府部门探讨将防止虐待与动物保护理念渗透到企业社会责任标准之中，资助《让法律温暖动物》《动物保护法概论》及《动物保护法学》书籍的出版，与西北政法大学动物保护法研究中心进行此领域的课题研究项目合作等。

当前，我国动物保护组织的规模和力量都较有限，尚处于起步阶段，在其开展活动的过程中还有非常多的问题需要解决。例如，有些动物保护组织迟迟不能取得"合法"地位，其中一个很主要的原因是在现在的体制下他们很难找到愿意为他们的行为负责的"业务主管单位"。而这种缺乏法律保护的情况对其将来的发展很不利，不具备合法身份也使得他们在筹资、争取合作伙伴等问题上遇到了很多困难。特别是近两年国家强化社团管理的措施对所有社团都提出了充分的合法性要求。另外，经费不足也成为制约动物保护组织发展和开展相关活动的重要因素。从上述介绍，我们可以看到这类组织的经费来源基本上都是自筹或社会捐款，这就会产生经费不稳定和持续性难以保证的问题。同时，国外动物保护组织发展的过程中，还出现了对国家动物保护政策持矛盾态度的问题。1860 年，英国的 RSPCA 遇到了前所未有的困难。问题在于一个引起广泛争议的话题：动物实验。对此，英国的动物保护界分成了两派意见。一派认为动物实验是有必要的，但应该接受一定的监督以保障动物的福利；另一派则彻底反对动物实验。最后，RSPCA 的领导人采取了较温和的态度。在 1876 年，RSPCA 成功地说服英国议会通过了《残酷对待动物法》。这个法律并没有禁止动物实验，但试图对它进行监督和管制。然而，医学界不久即成功地将这项法律弱化到几乎等于 0。连 RSPCA 都对最终的结果深表失望。这个法律的通过再次提供了一个保护动物法律的先例，但也预示了反对动物保护者的强大能量以及动物保护运动内部不断出现的激进派与保守派的争论。美国的 ASPCA 内部也有激进派和保守派的分歧。由于根深蒂固的利益以及人们传统思维的反对，改良性质的动物保护立法往往不得不向对手做出很大的让步。这些法律虽然有着极重要的教育意义，但其所能达成的实际效果常常不如人意。采取温和的改良，还是激进地"革命"？这是每一个动物保护运动都会面临的难题。直到今天，这仍然是动物保护组织内部争论不休的话题。我国的动物保护组织的活动虽还未能够如此深刻地影响政府决策，但其他国家的前车之鉴和解决此类矛盾的经验教训都是值得我们思考的。

虽然我国动物保护组织的发展还不够快，影响还不够大，但是随着我国法治化道路的加快，在以"科学、文明、民主、自由"为主旋律的社会生活中，保护环境、人与自然、人与动物应和谐相处的思想，尊重生命、珍惜生命的思想，必将成为人们的共识，动物保护组织也将会因其对动物保护的贡献和符合世界多元社会结构的发展趋势，而得到迅猛的发展，成为推动中国的动物保护事业发展壮大的巨大力量。

## 第五节　中国动物保护法研究和教学

每个人都有对生命现象的认识过程。经历不同，对生命现象的理解和认识也将大相径庭——有漠视、有关注、有残害、有关爱、有遗弃、有收留、有消费、有杀戮……也许我们每个人都经历过对动物生命的漠视，甚至对生命有意亦或不经意的伤害，总会有事件或经历，使人开始对动物生命观开始发生改变。事件和经历的不同，生命观也将大大不同。

近些年来，屡屡爆出的动物虐待事件在社会上引起轩然大波，公众的注意力因为这些事件而投向了动物，对于动物虐待事件的思考也渐渐地从道德的高度上升到法律的高度，这些残酷的事件在挑战国民善良的底线，人们开始呼吁通过立法来制止这样的悲剧再次发生，同时也出现了疑惑的声音，即我们对于动物的更高层次的保护甚至福利的考虑是否必要？人与动物之间的关系到底应该怎样，动物保护，就其根本，到底是为了什么？正是在这样的社会背景之下，动物保护法学这样一门新兴的边缘学科开始得到大家的关注。但它对于中国来说毕竟是一个新生事物，对于动物保护问题，我们首先需要做的是使民众对它有一个系统的了解。动物保护乃至动物福利不仅仅是动物是否受虐待这样一个问题，相反，它的内涵远比这样一个层面丰富得多，也深刻得多。我们在中国倡导为动物福利立法，因素是多方面的，无论是为了应对动物福利贸易壁垒，优化畜牧业的发展，还是为了本国人民的身心健康，人与自然的和谐共处，弘扬民族伦理精神等都是至关重要的。

### 一、中国动物保护法研究和教学概况

自 1988 年《野生动物保护法》颁布以来，我国在公开期刊上发表篇名显示"野生动物保护法"的学术论文有 147 篇。《野生动物保护法》2016 年修改前后，相关学术论文出现次数明显增加。涉及野生动物资源生态补偿机制、历史上野生动物保护制度、野生动物合理利用制度、立法评述、比较研究、野生动物致害的立法完善、有关野生动物的刑法完善、野生动物侵权、作为物权客体的属性、刑法保护、驯养利用、管理制度、狩猎权、所有权、中外比较、立法价值以及执法研究。[1] 同期，我国在公开期刊上发表篇名显示"动物福利法"的学术论文 77 篇，主要内容涉及动物福利立法的必要性、可行性、价值定位、理论基础、历史比较、中外比较以及借鉴等方面研究。[2]

---

〔1〕　数据出自中国知网，篇名关键词"动物保护法"，载 https：//kns.cnki.net/kns/brief/default_result.aspx，最后访问时间：2019 年 10 月 5 日。

〔2〕　数据出自中国国知网，篇名关键词"动物福利法"，载 https：//kns.cnki.net/kns/brief/default_result.aspx，最后访问时间：2019 年 10 月 5 日。

在我国，动物保护学也已经从动物行为学或畜牧兽医学中分离出来，成为独立的学科。评价动物福利的方法已不是只凭感觉或直觉，而是建立在科学方法的基础上。我国开展这方面的工作较晚，但近年来对动物福利、动物保护及其法律制度的研究和教学都已经有了进步。北京实验动物学会于 1997 年成立了实验动物替代法研究会，组织学术讲座，介绍国外动物实验替代方法的概念、研究内容、验证体系、研究机构、研究成果和应用以及对生命科学研究的意义。在《实验动物科学与管理》杂志上设立了 3R 专栏，介绍国外 3R 研究及在各学科中的应用和我国学者所开展的相关工作。

在国家科技部于 1997 年发布的《关于"九五"期间实验动物发展的若干意见》中，已把对 3R 的研究列为资助的重点。在 2000 年的科研立项中，资助了"实验动物替代物——肿瘤耐药基因芯片的研究""外贸中壁垒性技术——动物实验替代方法的研究"和"剑尾鱼水生实验动物化研究"三个项目的研究。2010 年发展规划也把替代研究列为北京地区实验动物发展的重点任务和关键技术。

在动物替代技术研究和方法推行方面，国家质检总局、疾控机构和行业主管机构起草和发布了一些检测标准，开展一系列跟踪研究，使得部分官方检测机构和第三方机构具备了提供技术服务的能力。2007 年替代方法研究评价中心（CCARE）建立了中国首个网络数据共享平台。2013 年首个按照国际标准执行的替代方法验证研究也顺利完成。[1] 2013 年以来，中国实验动物学会成立了实验动物福利伦理专业委员会，在推动中国实验动物福利伦理国际科技交流、全国范围的人员培训和制定国家实验动物福利伦理技术标准等各方面取得了新的进展，这些成绩曾引起国内、国际上的广泛赞誉。[2] 中国正在逐步缩小与发达国家的差距。

此领域比较著名的研究专著有安徽医科大学的祖述宪教授翻译的《动物解放》、中国社会主义学院莽萍教授主编的《护生文丛》、中国社会科学院常纪文教授的《中国与欧盟动物福利法比较分析》以及澳大利亚格里菲斯大学曹菡艾教授的《动物非物——动物法在西方》以及中国科学技术大学的宋伟教授的《善待生灵——英国动物福利法律制度概要》，比较系统地介绍了外国动物权利与动物福利的思想内容。此外还有蔡守秋教授、杨通进教授、刘福森教授、韩

〔1〕 程树军："动物实验替代技术研究进展"，载《科技导报》2017 年第 24 期。
〔2〕 庞万勇："实验动物管理和使用委员会的沿革与现状"，载《科技导报》2017 年第 24 期。

立新教授等专家学者也从不同的角度论述了动物福利及其立法的相关问题，但总体而言，中国动物福利法的科研活动在目前来说，尚且还是处于一个起步阶段。至于国家和省部级关于此领域方面研究课题，就更鲜为人知了。如果有的话也是有关野生动物保护法领域的研究。据了解，中国社会科学院的常纪文教授和莽萍教授等人曾参与或主持过国外动物保护组织关于此领域的相关课题。可喜的是：2008 年度司法部国家法治与法学理论研究项目课题指南目录中将"动物福利立法研究"列为一般课题。这也是我国首次将动物福利立法研究列入部级课题。对于动物福利法领域的研究无疑具有划时代的意义。[1]

2008 年 12 月，由中国社会科学院法学研究所常纪文教授主持，国际爱护动物基金会和英国防止虐待动物协会共同资助，由武汉大学、中国政法大学、中南财经政法大学、山东大学、西北政法大学和澳大利亚格里菲斯大学等多所中外大学学者参与的中国《动物保护法（建议稿）》研究项目在西安正式启动，中国首个"动物保护法研究中心"——西北政法大学动物保护法研究中心也正式挂牌。这些都将对动物保护法研究工作的发展起到非常重要的、积极的推动作用。

近几年，我国理论界和实践层面对动物保护和动物福利问题的关注度一直在增强，这一现象从下面的"动物福利的学术关注度"[2] 统计表中可以看出。自 1997 年至今，对动物福利问题的学术关注度在逐渐攀升，且增幅很大。自 1997 年到 2019 年发表了有关动物福利和动物保护法文章的国内主要期刊有：《环球法律评论》《当代法学》《时代法学》《新远见》《肉品卫生》《中国禽业导刊》《中国家禽》《中国检验检疫》《生态经济》《中国动物保健》和《中国牧业通讯》。而从文章所涉及的内容来看，大多数是从动物福利与食品安全和农产品贸易的关系的视角所做的实证分析，基本法律理论层面的关注较少。可见，我国动物保护法的理论研究还非常薄弱。

〔1〕　孙江：《动物福利立法研究》，法律出版社 2008 年版，第 167～168 页。
〔2〕　"动物福利"的学术关注度，载 CNKI 学术趋势功能网页，http：//trend. cnki. net/TrendSearch/ trendshow. htm？searchword＝%u52A8%u7269%u798F%u5229，最后访问时间：2020 年 7 月 20 日。

学术关注度　动物福利

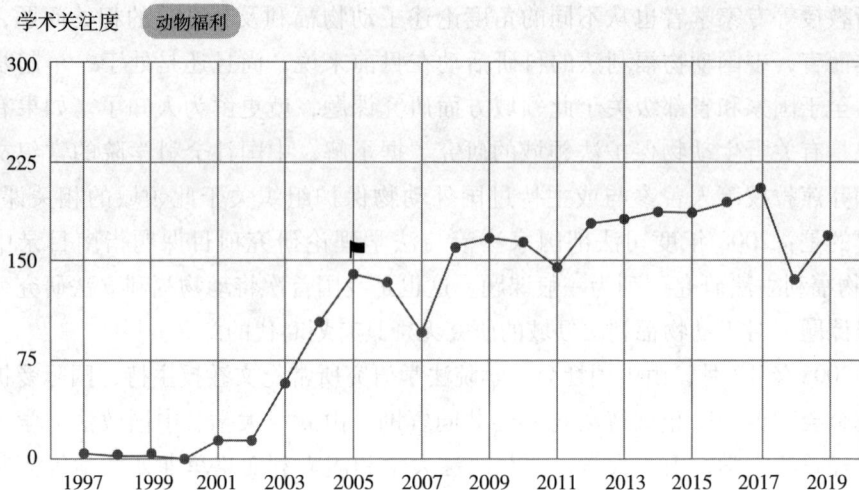

图 7-1　对动物福利的学术关注度

的确，在我国，相对于其他学科来说，有关动物保护的理论，尤其是动物保护法的研究历史非常短，对相当一部分中国公民来说，这都是一个完全陌生的领域。同时，即便是已经开始关注和研究动物保护问题的学术界，也存在着因怀疑理论的重要性使得一些研究者用经验研究模型来代替理论，甚至少数人完全放弃理论研究的现象。因而，我们得出了许多描述动物保护现象的经验结论。结果是积累了一定的现实资料成果，而理论发展却滞后。而出现这一现象的主要原因：一是对动物保护及其法律制度研究的不耐烦。动物保护法的理论研究需要大量长期艰苦的积累，而且成效不显著。而动物保护的应用研究相对见效快。尤其是干预研究，容易受到政府的重视；二是中国从事动物保护法研究的学者本身数量就有限；三是动物保护法的研究往往需要的学科跨度比较大，这就客观上增加了探索难度。但是，如果我们仅仅满足于对动物保护现象做统计性描述，或在某个单一学科范畴内研究动物保护问题，而不注意考虑动物保护与社会结构、经济结构和政治结构的因果联系，割断动物保护及其法制研究与主流社会科学如社会学、经济学的联系，那就会出现研究偏僻和缺陷的问题。

目前看来，无论是全球动物福利和动物保护法制发展的需要，还是我们本国内部社会、经济发展的诉求，都要求我们的研究者们必须有强烈的紧迫感和使命感，建立更良好的职业道德，改善现有的机构，进一步衡量和调整研究的价值及方法以解决目前种种关于动物保护的争论，为中国的动物保护事业的发展提供强有力的理论支撑和相对完善的制度路径设计。

## 二、中国动物保护法研究和教学设计

在我国进行动物保护法的教学尚属新鲜事物，特别是动物福利法的教学为数少之又少。据了解南京农业大学等高校的兽医专业已经开设了关于动物福利的课程。2000年1月下旬，中国科技大学和英国皇家反虐待动物协会共同开设了"环境与动物福利法"课程。2008年上半年，西北政法大学在环境法专业研究生中开设了动物保护法课程，这是中国首次在研究生教育中进行的有关动物福利及其法律制度建设的教学活动，之后又在本科生中开设了《动物保护法》课程，受到学生的广泛欢迎，为学生们普及了大量的动物保护的知识，从各个学科角度让学生立体地了解和掌握了动物保护的重要意义以及保护的法律措施。

在强调依法治国，大力推进生态文明建设的当代中国，作为法学专业，特别是环境法专业的学生了解和研究人与自然、人与动物之间的和谐状态调整的法律支撑，是非常必要的。而在一系列与此相关的法律规范中，动物保护法在调整人与动物的关系、改善动物的生存环境以及规范动物管理等方面起着非常重要的作用。但是这一已被西方国家关注并运行了二百多年的法律制度，在我国，无论是理论探讨亦或立法实践，均处于探索和启蒙阶段。甚至于"动物福利法"这一概念对许多有着相当法律专业背景的研究生来说，都是非常新鲜和陌生的。因此，西北政法大学开设《动物保护法》这门课。尝试着突破传统的讲授式教学，引入现代教学方法，以期增强授课和学习效果。

（一）增强动物福利意识，掌握法学原理，为进一步深入研究打好基础

开设《动物保护法》这门课，旨在使学生能够由表及里地了解和掌握动物福利法的基本理论和法律实践，从理性、社会和法治的层面看待动物福利的立法问题，从而真正具有动物福利的观念和意识，明确为动物福利立法是人类同情心的延伸，是人性的拓展，今天立法保护动物福利，正是关怀明天人类自身的需要。

1. 开设《动物保护法》课程的必要性。在政法院校开设《动物保护法》这门课是非常必要。首先，这是青年学生伦理道德教育的需要。刘海洋泼熊事件、复旦研究生虐猫事件以及北大学子摔猫事件，这些发生在大学校园里的残酷，是学业优异的佼佼者的行为举止背后隐藏着的肮脏的道德操守和社会责任感，令人触目惊心。所以大学生伦理道德教育亟待加强，《动物保护法》有利于学生从法律、伦理道德的角度认识人类应该善待动物的意义。其次，通过动物福利

法的教学，希望学生接受动物保护和动物福利的理念，因为他们是国家法治建设未来的立法者、执法者甚至是决策者，他们的动物保护理念可以影响他们的立法思想，进而推进中国动物保护法和福利立法的进程。再次，大学里的动物保护法教学也是推动整个社会动物保护理念进步的重要力量，动物保护和动物福利的理念如果深植到这些来自不同社会、阶层、家庭和不同地域的学生心目里，他们会进而影响更多的人，就如"星星之火"，一定可以呈现"燎原之势"，进而形成中国动物福利立法的社会民众力量。最后，通过动物福利法教学为动物福利法的法学教育和法律实践做好人才储备工作。比如：上过《动物保护法》这门课的西北政法大学环境法专业研究生中，就已经有同学将动物福利立法研究作为自己毕业论文的研究方向。我们相信用不了几年关注动物福利立法研究和实践的人会越来越多，会像其他专业方向一样形成具有规模的动物福利法学术团队。

2. 设计《动物保护法》的教学内容。在具体的课程设计上，我们充分考虑到《动物保护法》现在不为大众所熟悉的特殊性。因此，不宜陡然进入非常深入的理论研究层面，而是需要一定的基础知识、现实态势以及法律规范的铺垫。首先，从感性认知入手，引起学生对动物福利的关注。课程初期播放教学影片用详实的数据和大量的音像素材，介绍了从古到今人和动物相依相存的关系，科学地阐述了人和动物相处的误区，许多在我们看来习以为常的入药或者烹饪方式却是建立在野蛮对待动物基础上的。例如，活熊取胆、活吃猴脑、生抠鹅肠等。有些入药方式特别残忍，不仅要活的，还要用种种方式折磨动物才能体现出药用价值。片中有些镜头触目惊心。其次，以讲授动物福利、动物权利、动物福利法的法理内涵、动物法考源以及西方国家动物福利立法及实践为基础，进而引出在我国进行动物福利立法的必要性、立法实践进程中的障碍和具体法律制度构建的思考和研究。其中主要涉及的内容有：

（1）动物法律地位的界定。在我国动物福利立法最先应该解决的问题，是动物的法律地位。以法律条文的形式规定了动物的法律地位，对于虐待动物的行为才能有法可依，在执行的过程中才能强劲有力地打击各类违法行为，从而有效地遏制这一现象的蔓延。当前有"主体说""客体说""特殊客体说"等。重点介绍从"人本主义"的逻辑起点出发，采用"特殊客体说"的原因。

（2）"动物福利"与"动物权利"的关系，这一问题是目前争议较大也是非常容易混淆的两个概念，理顺二者的渐进关联关系方能为动物保护法的发展指明方向。

（3）我国动物福利立法的理性思考，即在我国进行动物福利立法的必要性和可行性。就必要性来说，一是人的生存权、健康权以及公共伦理道德的建设需要人类善待动物；二是给动物提供康乐的条件，实现这一领域的公共卫生保护、环境保护，从而最终实现人与动物的和谐相处；三是国际贸易呼唤中国需要有一系列的动物福利保护标准。就可行性而言，我国传统的儒释道文化中就有丰富的"动物保护"的思想，实践中亦有动物保护的律令规范。现实状况是，随着社会的文明进步，民众的动物保护意识逐渐加强，"动物福利"已在一些法律草案和法规中提及，并有建议将动物福利立法纳入国家立法规划，且国外有大量可借鉴的立法经验。从推动动物福利立法的力量方面考量，自上而下，有领导层面的关注，自下而上有民众的期望，同时学者亦已开始从理论和实践层面进行相应的探索和研究。由此可见，在我国开始启动动物福利法的制定已有了一定的基础和条件。

（4）我国动物福利法的立法构想。因动物福利立法在我国尚属新生事物，因此，对这一制度构建的立法建议不仅要起到拾遗补阙的作用，还必须具有前瞻性。这就需要针对当前我国动物保护法律制度中存在的问题，立足我国实际，借鉴西方国家较为成熟的动物福利法理论和实践，提出我国动物福利立法的宏观构想和具体法律框架。首先是对立法模式和立法层级的宏观层面确定，在此基础上具体设计我国动物福利法的宗旨、适用范围、原则、动物福利标准、具体制度和法律责任，并最终对此法律制定和运行前景，以及可能遇到的困难和突破路径予以展望和分析。

（5）启动和推进动物福利法律制度创制和实施的路径探析。在我国的确存在着一些人对改善动物福利及进行动物福利立法不理解、不支持甚至冷嘲热讽的现象，如何克服这些障碍，让动物福利的观念深入人心，不仅是理论研究亦是现实层面亟待解决的问题。这就需要从宣传教育、立法、司法、执法的效力、配套措施等多维度进行考虑，进一步的研究和探讨。

透过以上的教学内容，会让学生们对动物福利法的概况有较为详细的了解，完善其知识结构，浸入动物福利的意识和观念，并在一定程度上激发他们对中国进行动物福利立法的思考和研究的兴趣。

（二）创新教学方法，讲究教育实效

众所周知，人的行为后果影响着后继的行为。《动物保护法》必须真正实现教学目的，达到预期的效果，才能为今后进一步拓宽教学范围，深入教学内容打好基础。为此，选择适当的教学方法就是关键。

传统教学主要以单向训导的教学模式为主，它虽然能够较好地提供完整的知识体系和脉络，但在很大程度上忽略了知识的发展性，即知识并不是对现实世界的绝对正确的表征，不是放之各种情境皆准的教条，它们处在不断的发展之中，而且在不同情境中，它们需要被重新建构；学生亦不是空着脑袋走进教室的，在以往的生活、学习和交往活动中，他们逐步形成了自己对各种现象的理解和看法，而且，他们具有利用现有知识经验进行推论的智力潜能；相应地，学习不单单是知识由外到内的转移和传递，而是学习者主动地建构自己的知识经验的过程。我们会发现，在传统的教学模式下，学生在学习中只是被动地接受现成的结论，而缺乏对问题的分析，缺乏自己的见解，在这种教学中，学习者的思维能力得不到很好的发展，批判性和独立性受到压制，而求知欲也被消磨在机械、枯燥的学习活动中。同时，此模式也掩盖了这样一个基本的事实，那就是研究生教育的主要目的是个人能力、行为以及思维模式的改变。改变的承担者只能是行为主体本身。因而，要激发学生对这门学科的好奇心、主动性和创造性，通过自身体验和经历，通过深刻的学习，在认知、技能或情感上有所改变。为此，《动物保护法》教学并未单纯沿袭传统的讲授式教学的方法，而是以发现式讲授为主，在此基础上适时的引入了体验式、研讨式、案例式等新的教学方法。

1. 体验式教学——激发学习热情，变被动为主动。记住一些条文或原理而不能理解其中的道理，或者理解了道理而不能付诸行动，结果只能是一种表浅的学习。教学首先是发挥学生在教学中的积极性，让学生具有对动物福利法的好奇，想知道"事情为什么会是这样的"，然后再去探索，去寻找答案，解除自己认知上的冲突，通过这种活动来使学生建构起对知识的理解。于是，最初的课程设计是通过观看资料片，深入农村、养殖户、走访宠物的饲养者、对民众进行相关问题的调查，引导学生走入动物福利的世界，让他们对这一问题由被动了解逐渐的转向主动探寻。

2. 研讨式教学——锻炼思辨能力，培养科学精神。在对我国动物保护立法的意义、模式等具体问题的教学上，主要运用了研讨式的方法。即在教师的指导下，学生自己开展研究性的学习活动，采取小组讨论、全班讨论、攻关式讨论、辩论会等手段，进一步发现问题，分享解决问题的思路。研讨式教学有一个非常大的优势——给"分享"留出应有的空间和时间。大学教育最重要的功能之一就是改变看问题的视角。但在传统的讲授中，虽然许多人同坐在一个教室中，但他们的头脑是分立的，他们的思想很少交流，他们的情感很少碰撞，他们心灵的火花很少聚变出熊熊燃烧的智慧之火。学习只有建立在整体互动或分享的基础上，才能产生聚合之力。没有分享，也就没有充分的学习。研讨式学习恰恰解决了这一问题。学生积极参与不同形式的讨论，通过相互影响、相互启发，丰富了感性认识，验证、扩张和深化了理性认识，最终达到了提高各自思辨能力的目的。同时，也学会了倾听别人的意见，吸取他人的长处，正确地领会他人对自己行为的反应以及如何更好地提高自己，形成一种正确对待知识和问题的科学精神。在这一教学实践中，学生们一定程度上对动物福利法的知识结构形成了较为深刻的理解，培养起了具有广泛迁移价值的问题解决策略，并形成了对这一学科的积极态度。这些对动物福利法的学习和研究，也是极为重要的。

3. 案例式教学——积聚众人智慧，探寻解决路径。案例式教学是在模拟的情景中，通过对教学案例的阅读、研讨、分析，达到教学设计目的的一种教学方法。它强调以案论理和创造性思维，强调全员参与和答案的多元化和最佳化。在我国还没有出台一部真正意义的动物福利法，在这一领域有着诸多需要研究和解决的问题，运用案例式教学学习和探讨"我国动物保护立法的障碍及突破""启动和推进动物保护法创制和实施的路径"等问题，具有很强的针对性和更广范围的思路捕捉。

但是，通过对西北政法大学《动物保护法》教学实践的观察，我们也深刻地体会到，在中国进行动物保护法教学尚有诸多困难，主要是：①师资力量薄弱。②国外先进立法和实践的一手资料缺少，这方面国内外的研究著述较少，而且很多书因为印量少，资料搜集也比较困难。③有关这方面的研讨会和培训更是少之又少。④缺少教材和教辅书。⑤与国外就此领域的学术和实践领域的交流较少。这些问题尚需所有关注动物福利的组织、机构、学者和民众，逐步地予以解决和完善。

此外，与发达国家动物保护法的研究和教学相比较，我国在此领域还面临着一些挑战：一是随着人类的一些利益与动物福利之间矛盾的出现，要求研究者给决策者和民众提供详细的可靠资料使双方理性的对待这一矛盾。并培养受到良好训练的年轻一代来解决实际问题，学者们承担了社会学家和教育家的责任。二是随着中国的开放，国际合作的机会不断增加，如何平等合作也是非常重要的问题，如何在国内有效地开展联合，保证属于自己的知识产权。这不仅是学者的素养，更是民族发展的要求。

作为一项公益事业，动物保护法的教学与科研需要长期的投资，既包括献身于此事业的学者能够长期坚持吃苦耐劳，也要求有稳定的资金来源。同时，由于动物保护法研究的社会公益属性以及不能直接创造生产价值，也由于国内少有机构或个人设立基金资助这方面的科研，因而经费获得渠道狭窄，主要由国家科研基金提供支持，其力度和广度无法满足解决日益突出的动物保护和动物福利问题的需要。只有相应的科研才能为复杂的动物保护问题提供有效的解决方案，因此我国目前要加大对动物保护法研究和教学的投入力度，只要我们付出长期艰苦的努力，借鉴他人的经验探索具有自我特色的途径，彼此协作、互相支持，一定会使我国在相关领域的教学研究达到世界水平。

➲ **思考题**

1. 列举中国儒家文化中动物保护的思想。
2. 中国传统道德文化思想对动物保护立法的影响。
3. 《野生动物保护法》的主要法律制度和重要意义。
4. 列举中国大陆农场动物保护的法律规定。
5. 列举中国大陆动物保护组织及其宗旨。

# 第八章

# 中国动物保护立法与生态文明建设

　　生命是宇宙的一个基本事实，宇宙间的生命更替不断、绵延不绝。在漫长的历史进程中，地球上形形色色的物种相继出现，人类作为一种高级的生命体从自然界中诞生。物种的生命和人的生命共同构成地球的生命链，为这个美丽的星球演奏着最动听的乐章，谱写着最绝妙的诗篇，这其中自然也有动物的存在。

　　我们已经深切地体会到，善待动物绝不是人类对动物的施舍，从生态学和经济学的长远角度看，这无疑可以使人类本身生活得更好。由此人类为了关怀其他人的生命和其他形式的生命，就要采取新的生活方式和生产方式，在符合科学规律和经济发展条件的前提下，将动物的保护和利用纳入良性发展的法制轨道，这无疑是实现人与自然和谐相处的必要前提。因此，如果换一个角度看，保护动物的立法的受益者主要的并不只是动物，而是人类自身。同时，这种立法实质上又是对于人类精神的深切关怀，是一种对于人文精神回归的呼唤，发展本身并不是一切，也不是终极的目标，社会的和谐以及人与环境的和谐才是人类追求的目标。诺贝尔奖获得者薛定谔（Envin Schrodinger）怀疑科学和技术的突飞猛进能否增加人类的幸福，的确，在科技和经济飞速发展的今天，人类要追求真实的、长久的幸福生活，对于自然深沉的爱是不可或缺的，即便在中国这样一个不发达的发展中国家，还有众多的贫困人口，普通国民的福利还远非完善的情况下，动物福利立法也并不只是一种姿态和奢谈，而是国家和社会精神文明进步以及生态文明建设的必然要求。

## 第一节　生态文明建设关于动物保护的内容

　　生态文明建设是中国共产党着眼于全面建成小康社会、实现社会主义现代化和中华民族伟大复兴，对推进中国特色社会主义事业作出"五位一体"——
经济建设、政治建设、文化建设、社会建设、生态文明建设的总体布局中的其
中之一。生态文明建设是对科学发展观、构建和谐社会的继承和发展，强调人
与自然是生命共同体，人类必须尊重自然、顺应自然、保护自然。动物作为自
然界生态环境资源的重要构成要素，理应受到人类的保护与尊重。

## 一、生态文明建设的主要目标

2012 年 11 月，党的十八大报告在新的历史起点，对"生态文明建设"作出
了战略决策，绘出了"生态文明建设"的宏伟蓝图。2015 年 5 月 5 日《中共中
央国务院关于加快推进生态文明建设的意见》发布，全面详尽地对生态文明建
设的定位、目标、措施、制度体系、实施体制等作出了安排。

《中共中央国务院关于加快推进生态文明建设的意见》明确指出：到 2020
年，资源节约型和环境友好型社会建设取得重大进展，主体功能区布局基本形
成，经济发展质量和效益显著提高，生态文明主流价值观在全社会得到推行，
生态文明建设水平与全面建成小康社会目标相适应。[1] 这个主要目标分解成四
个具体目标：①国土空间开发格局进一步优化。经济、人口布局向均衡方向发
展，陆海空间开发强度、城市空间规模得到有效控制，城乡结构和空间布局明
显优化。②资源利用更加高效。在构建资源节约型社会的要求下，能源消耗强
度持续下降，用水总量得到有效控制，非化石能源占一次能源消费比重达到
15%左右。③生态环境质量总体改善。包括各类污染得到有效控制和改善，如大
气环境质量、重点流域江河湖泊水功能区水质量、土壤环境质量等；森林、草
原覆盖率持续提升，湿地面积不低于八亿亩，沙化土地得到有效治理，生物多
样性丧失速度得到基本控制，全国生态系统稳定性明显增强。④生态文明重大
制度基本确立。基本形成源头预防、过程控制、损害赔偿、责任追究的生态文
明制度体系，自然资源资产产权和用途管制、生态保护红线、生态保护补偿、
生态环境保护管理体制等关键制度建设取得决定性成果。这是对应前三个具体
目标制定的建立与生态文明相关的重要制度，包括经济制度、法律制度等，以
此作为强制性保障，开创社会主义生态文明新时代。

---

[1] "中共中央国务院关于加快推进生态文明建设的意见"，载人民网，http：//politics. people. com. cn/
n/2015/0506/c1001-26953754. html，最后访问时间：2019 年 10 月 20 日。

### 二、生态文明建设中有关动物保护的内容

在生态文明建设的主要目标的指引下，《中共中央国务院关于加快推进生态文明建设的意见》（以下简称《生态意见》）就如何进行生态文明建设作了详尽的安排，包括优化国土空间开发格局，推动技术创新和结构调整，全面促进资源节约循环高效使用，加大自然生态系统和环境保护力度，健全生态文明制度体系，加强生态文明建设统计监测和执法监督，加快形成推进生态文明建设的良好社会风尚等。2015 年 10 月，在党的十八届五中全会上，增强生态文明建设首度被写入国家五年规划。2017 年 10 月，中国共产党第十九次全国代表大会上习近平总书记代表十八届中央委员会向大会作报告。在报告第九部分"加快生态文明体制改革，建设美丽中国"中指出，人与自然是生命共同体，人类必须尊重自然、顺应自然、保护自然。人类只有遵循自然规律才能有效防止在开发利用自然上走弯路，人类对大自然的伤害最终会伤及人类自身，这是无法抗拒的规律。以上政策于有关生态文明建设的政府规范性文件中多次出现有关的表述，主要涉及以下几方面：

1. 维护生物多样性。《生态意见》第 14 项要求：实施生物多样性保护重大工程，建立监测评估与预警体系，健全国门生物安全查验机制，有效防范物种资源丧失和外来物种入侵，积极参加生物多样性国际公约谈判和履约工作。加强自然保护区建设与管理，对重要生态系统和物种资源实施强制性保护，切实保护珍稀濒危野生动植物、古树名木及自然生境。《十三五规划》第五部分第 2 项要求：维护生物多样性，实施濒危野生动植物抢救性保护工程，建设救护繁育中心和基因库。强化野生动植物进出口管理，严防外来有害物种入侵。严厉打击象牙等野生动植物制品非法交易。

2. 动物栖息地保护，即森林、草原、湖泊、湿地和海洋等动物生存栖息地的保护。《生态意见》第 14 项要求：实施重大生态修复工程，扩大森林、湖泊、湿地面积，提高沙区、草原植被覆盖率，有序实现休养生息。《生态意见》第 21 项要求"严守资源环境生态红线"：在重点生态功能区、生态环境敏感区和脆弱区等区域划定生态红线，确保生态功能不降低、面积不减少、性质不改变；科学划定森林、草原、湿地、海洋等领域生态红线，严格自然生态空间征（占）用管理，有效遏制生态系统退化的趋势。

3. 生态补偿机制的完善。野生动物生存栖息地的生态补偿是我国生态补偿机制中的重要组成部分，《生态意见》第 24 项"健全生态保护补偿机制"要求：

科学界定生态保护者与受益者权利义务，加快形成生态损害者赔偿、受益者付费、保护者得到合理补偿的运行机制……建立地区间横向生态保护补偿机制，引导生态受益地区与保护地区之间……通过资金补助、产业转移……等方式实施补偿。《决胜全面建成小康社会 夺取新时代中国特色社会主义伟大胜利——在中国共产党第十九次全国代表大会上的报告》第九部分第 3 项要求：实施重要生态系统保护和修复重大工程，优化生态安全屏障体系，构建生态廊道和生物多样性保护网络，提升生态系统质量和稳定性……建立市场化、多元化生态补偿机制。

4. 健全生态文明的法律法规。《中共中央国务院关于加快推进生态文明建设的意见》第 17 项要求：全面清理现行法律法规中与加快推进生态文明建设不相适应的内容，加强法律法规间的衔接。研究制定节能评估审查、节水、应对气候变化、生态补偿、湿地保护、生物多样性保护、土壤环境保护等方面的法律法规，修订《土地管理法》《大气污染防治法》《水污染防治法》《节约能源法》《循环经济促进法》《矿产资源法》《森林法》《草原法》《野生动物保护法》等。第 25 项要求完善生态破坏责任追究制度，对破坏生态的责任主体严格责任追究，同时还要对履职不力、监管不严、失职渎职的有关人员依法追究监管责任。

5. 加强公众参与，推进形成动物保护的良好社会风尚。《坚定不移沿着中国特色社会主义道理前进，为全面建成小康社会而奋斗》要求加强生态文明宣传教育，增强全民生态意识。《中共中央国务院关于加快推进生态文明建设的意见》第 29 项要求从娃娃和青少年抓起，从家庭、学校教育抓起，引导全社会树立生态文明意识。把生态文明教育作为素质教育的重要内容，纳入国民教育体系和干部教育培训体系。组织好世界地球日、世界环境日、世界森林日、世界水日、世界海洋日和全国节能宣传周等主题宣传活动。第 31 项要求完善公众参与制度，及时准确披露各类环境信息，扩大公开范围，保障公众知情权，维护公众环境权益。健全举报、听证、舆论和公众监督等制度，建立环境公益诉讼制度，引导生态文明建设领域各类社会组织健康有序发展，发挥民间组织和志愿者的积极作用。

## 第二节　生态文明建设下的中国动物保护立法展望

中国生态文明建设需不需要动物保护立法？需要怎样的动物保护立法？应

当如何进行新时代新阶段的动物保护立法？中国动物保护立法的前景如何？等等，这些问题亟待我们研讨并给出明确的答案。

**一、中国动物保护立法是生态文明建设的必然要求**

生态文明建设是对可持续发展理念、科学发展观和构建社会主义和谐社会、人与自然和谐相处等理念的继承和发展。可持续发展是指既要满足当代人的需求，又对我们后代的需求不构成威胁的发展，是关注代内公平和代际公平的发展理念，也是世界各国唯一且正确的发展选择。要可持续就要充分考虑生态环境资源的可持续，考虑到生态环境的承载力，在追求经济发展社会进步的同时，将生态环境资源的承受能力作为底线。2003 年中共十六届三中全会提出了科学发展观，胡锦涛在阐明科学发展观时强调，要统筹人与自然和谐发展，要促进人与自然的和谐，实现经济发展和人口、资源、环境相协调，要牢固树立人与自然相和谐的观念。和谐是人类的一种理想秩序，包括人与人的和谐和人与自然的和谐两个方面。2004 年，中共十六届四中全会通过了《中共中央关于加强党的执政能力建设的决定》，胡锦涛在阐明社会主义和谐社会的基本特征时指出，"我们所要建设的社会主义和谐社会，应该是民主法治、公平正义、诚信友爱、充满活力、安定有序、人与自然和谐相处的社会"。法治是人类文明进步的重要标志。法治是以和平理性的方式解决社会矛盾的最佳途径。人与人的和睦相处，人与自然的和谐相处，国家与国家的和平共处，都需要法治加以规范和维护。自党的十八大提出生态文明建设建设以来，国家对可持续发展、科学发展观和构建和谐社会的应有之义作了推进，要求人与动物能够和平共处在同一片蓝天下，动物本应具有的生存空间、生存环境、生存权利得到应有的保护与尊重，从而也为人类更加合理的利用动物资源提供安全、正义的条件，最终实现动物保护与人类生存发展的共赢。而现实是，当前我国动物的生存现状不尽如人意、公民的动物保护意识薄弱，虐待动物、破坏、掠夺动物生存环境的事件屡有发生，动物自身的康乐与人的正常欲望或者超常规欲望（如食用活着的动物）之间的矛盾在一定范围内存在，动物保护法体系很不完备（主要是对野生动物和实验动物予以保护的一些法律规定，其他动物基本没有涉及）。同时，我们又面临着国际舆论和"畜牧、水产品国际贸易壁垒"的压力。这一切都迫切需要在西方发达国家关于动物福利法的理论和实践已经日趋成熟的今天，作为一个有着良好怜悯生物传统、勇于创新和致力于和平发展的国家，大胆吸收和借鉴国外先进的立法经验，适时制定出一部符合本国实际、具有本土特色的动物保护法。这样不但能提高国民保护环境和爱护动物的意识，而且能为我国经济、社会的可持续发展注入新的动力，从而适应全球环境保护发展趋势的要求。

此外，人与动物和谐相处也是指导各国加强动物保护法制建设的核心理念，该理念是人与自然和谐相处的理念在动物保护法中的具体反映。较早宣示和谐理念的环境资源法律是美国 1969 年颁布的《国家环境政策法》，该法在国会的目的和政策宣言中申明：促进人类与环境之间的充分和谐。《世界自然宪章》强调，"人类与大自然和谐相处，才有最好的机会发挥创造力和得到休息与娱乐"。1988 年发表的《我们共同的未来》及 1992 年联合国环境与发展会议通过的《联合国环境与发展宣言》已经确立"人与自然和谐"的可持续发展观。

### 二、中国动物保护法的立法路径选择

在动物保护法发展的过程中，既有持科学观点的专家从科学性角度提出自己的见解，也有持人文精神的学者从宗教、伦理、道德、信仰的角度提出自己的主张，他们往往争论不休；前者从"科学性"出发，指责动物福利保护立法是对愚昧、落后、迷信、无知、伪科学的迁就、妥协、投降和同流合污；后者从"人本主义"出发，指责动物福利保护立法是对人的尊严的亵渎、人的地位的贬低、人的利益的侵夺、人的社会秩序的干扰。理想的法律应该遵循自然生态规律和社会经济发展规律，应该尽可能地向客观规律靠拢。但是法律毕竟是法律，法律不等于客观规律和科学真理；有些人过分强调法律评价的主观价值，希望法律充分体现宗教信仰、伦理道德和人文精神，但法律的基础是现实的物质生活条件，法律决不能违背客观规律。法律是现实社会生活的反映，是各种社会利益调和、衡平的产物。各国动物福利立法的实践说明，只有形成科学精神与人文精神相结合的理念，才能有效处理和化解在制定动物保护法方面的分歧和矛盾。各国动物保护法制建设的实践说明，动物保护法中关于"人与自然和谐相处"等理念既不单纯是科学理性的产物，也不单纯是人文精神的产物，而是人类现实利益与理性智慧、科学态度与道德精神相结合的产物。

因为有着与西方国家不同的历史文化背景，所以在我国构建动物保护法律制度，完善动物保护立法绝不能够急于求成，企望一蹴而就。我们应立足于我国国情，同时也要借鉴国外先进经验。许多发达国家的动物保护立法已经达到相当高的水准，而且在针对不同动物所制定的福利标准也各有不同，细化程度非常高，同时在执法力度上也是非常严格，能够保障动物保护立法的实施。借鉴国外的先进经验，这样可以使得我们少走很多弯路，也可以使我国的动物保

护立法更加科学合理。但也不可以完全照搬，因为虽然国外有很多立法在技术层面上讲是非常完善的，但是在我国却不一定有能生存下去的土壤。所以，在借鉴国外成功经验的基础上，结合我国现有的生产力水平、社会文明发展程度以及公民科学文化素质等一系列我国特有的国情，先制定出一部在现阶段具有现实意义的动物保护法，不乏是一种实事求是的态度。

在我国，对动物福利进行立法，尚需在很多方面进行协商，但是也必须坚持一个最低限度的保护动物原则，否则动物福利立法就失去了其意义。所谓最低限度保护动物，是指在经济或其他条件难以满足动物福利标准时，先保证动物处于不受虐待的状态。在德国《动物福利法》的规定中能看到很多对从事动物饲养、动物实验的福利人员提出必须具备相关的知识技术的高要求，例如，其第4条规定的，"只有具备必要知识和技能的人才能从事杀灭脊椎动物"。然而，在我国目前如果要提出这样的要求，恐怕将有大量的牲口屠宰工作无法顺利进行，但如果我国在这方面完全不作任何规定，那么屠宰前注水、活杀的现状还是不会得到有效的改善。因此，我国在进行动物保护立法时必须坚持最低限度保护动物原则，最低限度的标准最主要体现于不虐待动物。不虐待动物是动物保护法的最低底线，因为虐待动物与否和经济发展水平无关，事实上在贫困的地区人和动物和谐相处的程度往往更高。在贫困的青藏高原，藏区的每一个牧民都非常善待他们的狗，把它本身视为家庭中的成员，有的甚至在食物方面都不存在区别。[1]

在制定动物保护法律制度时，还应该让专业人员与公众共同参与。首先，动物保护法对专业性的要求很强，每种动物在被剥夺表达正常行为的机会时所产生的应激行为各不相同，对于这些行为哪些是正常的、哪些是不正常的，只能由专门从事研究动物的专业人员来作出判断，而不能由我们从人类自身的角度出发去作出任意判断。另外，在制定动物福利标准时，也应由从事大量研究这类动物的专业人员给出，不同类型、年龄、性别、体重的动物对于环境的需求都是不一样的。这些标准不是由其动物所有人随意拟定或是凭心情好坏决定的，而应当经由专业人员科学的观察和反复的测试后才能得出的。其次，动物福利标准还必须经由广大公众的共同参与和配合才能成为一个切实可行的标准。如果一个标准的设定虽然有利于保持动物的最佳生活状态，但是却损害了动物所有人的基本权益，则该标准无疑是难以得到落实的，而用法律的强制力去要

---

[1] 倪正：《真实的藏獒》，国际文化出版公司2006年版，第43页。

求公众按照其无法做到的动物福利标准去对待动物也毫无疑问是不公正的。动物保护法因其特有的敏感性决定了其中任何一个动物福利标准的制定都必须征求广大公众的意见，而公众在参与的过程中也能容易接受动物保护的教育，增强动物福利的意识。最后，在为动物保护立法的过程中，除了应当征求专业人员的意见，还应当广泛征求公众的意见，只有充分调动两者参与的积极性，才有利于制定出一部科学的法律制度。

在我国动物保护立法模式的选择上，在衡量需要和可能、中国国情和国外先进经验、现实需要和目标适当超前以及理论与实际的关系后，应考虑走渐进式的立法模式。具体来说，我国现阶段应在《野生动物保护法》《实验动物管理条例》《畜牧法》等现有法律中增加体现动物福利内容的条款，通过这些条款保护动物的福利状况并增强公众的动物福利意识。然后再制定《防止虐待动物法》，全面禁止各种虐待动物的行为。在该法在我国实行一段时间后，公众已经普遍具备了动物福利的法律意识，最后再制定动物保护基本法，即《动物福利法》或《动物保护法》，该基本法可效仿德国《动物福利法》将各类动物的福利内容涵盖进去，无法涵盖进去的内容再授权有权机关另行制定。

中国的经济经历了一个 40 年的高速成长期，但是在社会快速行进的过程中，在某些方面，精神的成长在某种程度上没有得到应有的关照。当然，在社会的进步过程中，任何国家都不可避免地要付出成长的代价。对于一些问题的出现，也不能够完全和简单地仅仅归咎于相关法律的缺失，甚至可以说，有时候，法律并不是最为核心的问题，法律并非万能的，它需要其他多种的社会资源配置手段共同作用才能取得较好的效果。在不远的未来，相信我们的教育体制可以培养出自然而快乐的青年人，拥有完善的人格与素质的现代人，只有在这样的前提下，才能造就充满对社会、对周围人和对自然包括对动物的爱的公民，生态文明建设才能更好地实现。

## ↻ 思考题

1. 党的十九大报告中关于动物保护的内容。
2. 生态文明建设与动物保护的关系。
3. 中国动物保护立法的模式选择。

# 参考文献

**著作类：**

1. 韩德培主编：《环境保护法教程》，法律出版社 2007 年版。

2. 王曦编著：《国际环境法》，法律出版社 2005 年版。

3. 王曦主编：《联合国环境规划署环境法教程》，王曦译，法律出版社 2002 年版。

4. 宋伟编著：《善待生灵——英国动物福利法律制度概要》，中国科学技术大学出版社 2001 年版。

5. 常纪文：《动物福利法——中国与欧盟之比较》，中国环境科学出版社 2006 年版。

6. 曹菡艾：《动物非物——动物法在西方》，法律出版社 2007 年版。

7. 马建章、贾竞波编著：《野生动物管理学》，东北林业大学出版社 1990 年版。

8. 万自明等编著：《野生动植物执法》，中国林业出版社 2004 年版。

9. 陆承平主编：《动物保护概论》，高等教育出版社 2009 年版。

10. 莽萍、徐雪莉编：《为动物立法——东亚动物福利法律汇编》，中国政法大学出版社 2005 年版。

11. 孙江：《动物福利立法研究》，法律出版社 2008 年版。

12. 傅华：《生态伦理学探究》，华夏出版社 2002 年版。

13. 邝福光：《环境伦理学教程》，中国环境科学出版社 2000 年版。

14. 高利红：《动物的法律地位研究》，中国政法大学出版社 2005 年版。

15. 徐宏发、张恩迪编著：《野生动物保护原理与管理技术》，华东师范大学出版社 1998 年版。

16. ［法］亚历山大·基斯：《国际环境法》，张若思编译，法律出版社 2000

年版。

17.［英］彼得·辛格：《动物解放》，孟祥森、钱永祥译，光明日报出版社1999 年版。

18.［美］汤姆·雷根、卡尔·科亨：《动物权利论争》，杨通进、江娅译，中国政法大学出版社 2005 年版。

19.［美］罗伯特·乔：《野生动植物的管理》，徐宏发等编译，三联书店上海分店 1994 年版。

20.［美］罗德里克·弗雷泽·纳什：《大自然的权利》，杨通进译，青岛出版社 2005 年版。

21. 常纪文主编、［美］Gil Michaels：《动物保护法与反虐待动物法：专家建议与各界争锋》，中国环境科学出版社 2010 年版。

22. 段小兵：《防止虐待动物立法研究》，人民出版社 2014 年版。

**论文类：**

1. 刘永鑫："解读英国动物福利法完善我国动物福利立法"，载《绿色中国》2005 年第 12 期。

2. 许健、沈展昌："动物'权利主体论'质疑"，载《河北法学》2004 年第 1 期。

3. 高利红："动物福利立法的价值定位"，载《山东科技大学学报（社会科学版）》2006 年第 1 期。

4. 常纪文："动物福利立法的贸易价值取向问题"，载《山东科技大学学报（社会科学版）》2006 年第 1 期。

5. 张云雁："论动物保护立法的发展趋势"，载《政府法制》2003 年第 19 期。

6. 蔡守秋："论动物福利法的基本理念"，载《山东科技大学学报（社会科学版）》2006 年第 1 期。

7. 刘国信："世界各国的动物福利立法"，载《肉品卫生》2005 年第 3 期。

8. 曹明德："论生态法的基本原则"，载《法学评论》2002 年第 6 期。

9. 宋伟："中国法学界应当关注的话题：动物福利法"，载《森林与人类》2003 年第 1 期。

10. 李聪等："医学实验动物福利伦理现状与虚拟实验"，载《教育教学论坛》2019 年第 48 期。

11. 隋美霞等："生物学实验教学与动物福利的探讨研究"，载《高校实验室科学技术》2019 年第 2 期。

12. 赵硕等：“中国肉羊运输环节动物福利的规范研究”，载《家畜生态学报》2018 年第 8 期。

13. 孙晓萌：“福利保障视角下的流浪动物收容中心设计研究——以北京宋庄流浪动物收容 园区为例”，陕西师范大学 2018 年硕士学位论文。

14. M. T. Cirelli, *Legal Trends in Wildlife Management*, Rome, 2002.

15. Cath Knight, *the System of Wildlife Management and Conservation in Japan, with Particular Reference to the Asiatic Black Bear*, New Zealand Journal of Asian Studies 9, 1（June, 2007）.

16. J. D. Acevedo-Giraldo, J. A. Sánchez, *M. H. Romero. Effects of feed withdrawal times prior to slaughter on some animal welfare indicators and meat quality traits in commercial pigs*, Meat Science, 2019.

# 后 记

　　中国的动物保护法学是一门新兴的法律学科，直到 20 世纪中、后期才在我国成为一门逐渐成型的独立法律分支。

　　2009 年 9 月，《动物保护法》作为全校法学专业选修课程，正式列入法学本科专业教学计划，成为全国首例开设《动物保护法》课程的高校。面对这一现状，我们本着继续建设和发展《动物保护法》这一国内法学交叉学科的指导思想，组建了教研团队编纂了与《动物保护法》教学相配套的教材——《动物保护法概论》，这是中国第一部全面介绍野生动物和驯养动物保护法律制度的教科书。其不仅立足于我国动物保护的现实状况，并且充分体现了与国际动物福利法律制度发展趋势相接轨的特色。《动物保护法概论》首先从动物范畴的界定、动物的作用出发，对动物福利、动物权利以及动物保护法的内涵和立法原则等进行了细致的法理分析。其次，在此基础上对动物保护法的历史溯源、古今中外动物保护立法的产生、发展、演变及世界动物保护立法及实践等予以了实证梳理。尤其是系统介绍了动物保护立法先进国家和地区的野生动物和驯养动物保护的法律制度。最后，结合我国传统文化中的动物保护思想和现阶段动物保护实践，深入探讨了我国的动物保护组织、动物保护法的研究和教学及现有的动物保护立法的阙如，并进一步思考了和谐文化视野下我国动物保护法律制度完善的路径。

　　本教材于 2009 年 8 月由法律出版社第一次出版印刷，并于 2014 年 8 月再次加印。继西北政法大学开设动物保护法课程之后，山东大学、长安大学、河北经贸大学、中国环境管理干部学院和陕西省委党校等众多院校也都开设了类似课程并使用了该教材。《动物保护法概论》教材先后获得西北政法大学优秀教材特等奖、陕西普通高校优秀教材二等奖等多个奖项。

　　《动物保护法新编教程》是《动物保护法概论》的修订版，修订初衷源于我国 2017 年最新实施的《野生动物保护法》，编者希望以此为契机，对教材中我国动物保护法的内容做全面修改，并对教材在长期教学过程中反映出的不符合教学需求和教学规律的内容进行删减、修订和补充。

《动物保护法新编教程》由陈娟丽、孙江负责修订和重新编校，在本教材编纂过程中，大量借鉴、引用和调整了原书的体例、内容。

全书的统稿工作由陈娟丽和孙江完成，各章编写修订工作分工如下：

第一章 孙江 陈娟丽

第二章 孙江 陈娟丽（何力）〔1〕

第三章 陈娟丽 孙江（何力）

第四章 陈娟丽 孙江

第五章 陈娟丽 孙江（黄政）

第六章 孙江 陈娟丽

第七章 陈娟丽 孙江

第八章 陈娟丽

感谢中纪委纪检监察干部学院何力教授、西北政法大学黄政副教授对本教材做出的贡献。

感谢中国政法大学出版社对本教材的支持，编辑马旭为出版本书付出了艰辛的劳动，在此致谢！

感谢所有用各种形式关注和从事动物保护和推动动物保护立法的人们和组织！

本教材的编写参考了许多专家和学者的著作和研究资料，吸收了一些研究成果，但篇幅有限未能一一列出，敬请谅解，在此致谢！

由于时间和水平有限，书中不妥和疏漏在所难免，敬请广大同仁批评指正，不吝赐教，在此表示诚挚谢意！

编　者

2019 年 11 月 8 日于西北政法大学

---

〔1〕 鉴于中纪委纪检监察干部学院何力教授、西北政法大学黄政副教授对本书相关章节的贡献，在相关章节给予名誉署名。